Wolfram Engels
Armin Gutowski
Walter Hamm
Otmar Issing
Wernhard Möschel
Olaf Sievert
Carl Ch. von Weizsäcker
Hans Willgerodt

KRONBERGER KREIS

MEHR MARKT
WENIGER STAAT

Wolfram Engels
Armin Gutowski
Walter Hamm
Otmar Issing
Wernhard Möschel
Olaf Sievert
Carl Ch. von Weizsäcker
Hans Willgerodt

KRONBERGER KREIS

MEHR MARKT WENIGER STAAT

Eine Zusammenfassung der Studien
des Kronberger Kreises
aus den Jahren 1987 - 1989
zu den Ordnungsaufgaben der Gegenwart

Band 4

OLZOG

Die Deutsche Bibliothek - CIP-Einheitsaufnahme

Mehr Markt - weniger Staat:
eine Zusammenfassung von Studien des Kronberger Kreises aus den Jahren 1987 - 1989 zu den Ordnungsaufgaben der Gegenwart / Kronberger Kreis. Wolfram Engels ... - Landsberg am Lech : Olzog, 1997
ISBN 3-7892-9379-2

Die Herausgabe dieses Bandes wurde ermöglicht durch die
informedia-Stiftung
Gemeinnützige Stiftung für Gesellschaftswissenschaften
und Publizistik, Köln

Herausgegeben vom
Frankfurter Institut - Stiftung Marktwirtschaft und Politik
Kisseleffstr. 10, D-61348 Bad Homburg v.d.H.
Vorstand: Gert Dahlmanns

ISBN 3-7892-9379-2

Umschlagentwurf: M. Gesierich, Augsburg
Druck- und Bindearbeiten: Himmer, Augsburg

Printed in Germany

Vorwort

Nichts von dem Ererbten hat von sich aus Bestand. Auch individuelle Freiheit, soziale Sicherung und materieller Wohlstand müssen immer wieder aufs neue erworben werden, wenn wir sie behalten und der nächsten Generation als Chance weitergeben wollen. Angesichts der gewaltigen, alle Bereiche von Wirtschaft und Gesellschaft ergreifenden Veränderungen der Gegenwart gilt diese Einsicht Goethes heute erst recht.

Doch unsere Gesellschaft ist auf die Aufgabe der Zukunftssicherung in einer grundlegend veränderten Welt denkbar schlecht vorbereitet. In jahrzehntelanger Wohlstandsentwicklung hat sie ihre Erwartungen zunehmend an den Staat und seine immer weiter ausgebauten kollektiven Systeme gerichtet. Die materiellen und psychischen Folgekosten dieser Blickverengung sind vernichtend: ständig steigende, bald nicht mehr zu tragende Abgaben und, schlimmer noch, die schon weit fortgeschrittene Lähmung elementarer individueller Antriebskräfte. So sind wir dabei, unsere wertvollsten Ressourcen zu kappen. Verlängern wir die Linien der Vergangenheit in die Zukunft, muß der Jugendliche von heute später den größten Teil seines Arbeitseinkommens an öffentliche und kollektive Kassen abliefern. Das wäre nicht nur wirtschaftlich töricht, weil es noch mehr Menschen in die Schattenwirtschaft treibt. Es wäre auch inhuman, weil es den einzelnen tiefer in die Abhängigkeit führt und mit dem Bild vom eigenverantwortlichen Individuum nicht mehr vereinbar ist.

Um aus diesem Abwärtssog herauszukommen und in allen Lebensbereichen wieder mehr individuelle Entscheidungsfreiheit einzuführen, sind freilich viele Hindernisse abzubauen – allen voran die eingefahrenen Strukturen in Wirtschaft und Gesellschaft und, ganz entscheidend, die Unbeweglichkeit des Denkens. Noch bis vor kurzem hat die Politik die Illusion von immer größerem Wachstum, Verteilungsspielraum und staatlichem Vollkaskoschutz für alle Lebensrisiken genährt, den Markt immer weiter eingeschränkt und die elementarsten wirtschaftlichen Zusammenhänge zwischen Leistungs- und Sozialprinzip verdunkelt. Dadurch sind arbeitsplatzschaffende Investitionen unterlassen und dringend gebotene Reformen versäumt worden. Um so größer sind die Probleme, vor denen wir heute stehen.

Der Kronberger Kreis, wissenschaftlicher Beirat des Frankfurter Instituts, benennt die neuralgischen Punkte unserer Gesellschaft und gibt Antwort – nicht in abstrakter Manier, sondern mit konkreten Lösungsvorschlägen, die am Kern der Probleme ansetzen. Seine hier zusammengefaßten Veröffentlichungen aus den Jahren 1987 bis 1989 sind von unveränderter Aktualität. Sie spannen einen Bogen von den für die Dynamik unserer Wirtschaft wichtigen Einzelbereichen wie der Telekommunikation oder dem Rundfunkmarkt bis hin zu den grundlegenden Systemen der Besteuerung und der Sozialversicherung, die es im Interesse der Standortsicherung endlich zu reformieren gilt. Alle vorgeschlagenen Lösungen sind in sich und untereinander stimmig, damit sich in dem komplizierten Räderwerk unseres Wirtschafts- und Sozialsystems die einzelnen Teile nicht, wie heute so häufig, gegenseitig blockieren.

In diesen Arbeiten sind keine Puristen am Werk, und es wird keinem Umbruch der Gesellschaft das Wort geredet. Vielmehr sollen durch ordnungspolitische Wegweisung und Besinnung auf die in Individuum und Gemeinschaft vorhandenen Kräfte Marktwirtschaft und Sozialsystem miteinander versöhnt und die Bedingungen dafür geschaffen werden, daß das Ererbte auch unter veränderten Bedingungen erhalten und weitergegeben werden kann.

Bad Homburg, im Herbst 1997 Gert Dahlmanns

Inhalt

Mehr Markt in der Telekommunikation

Vorbemerkung

Die Märkte für Telekommunikationsleistungen befinden sich weltweit im Umbruch. Die Entwicklung geht eindeutig in Richtung Wettbewerb. Für die Bundesrepublik Deutschland hat die Regierungskommission Fernmeldewesen eher vorsichtig gehaltene Empfehlungen vorgelegt. Es steht zu befürchten, daß der Gesetzgeber daran auch noch Abstriche vornimmt. Gefordert sind indes wettbewerbsorientierte Einsicht und Tatkraft, wie sie die wichtigsten Konkurrenzländer der Bundesrepublik Deutschland aufgebracht haben.

Oktober 1987

Wolfram Engels, Armin Gutowski,
Walter Hamm, Otmar Issing, Wernhard Möschel
Carl Christian von Weizsäcker, Hans Willgerodt
(KRONBERGER KREIS)

I. Die Ausgangslage

Traditionelle Postverwaltungsstruktur

1. Die Ordnung der Telekommunikation in der Bundesrepublik Deutschland folgt einer traditionellen Postverwaltungsstruktur (Post, Telegraf, Telefon). Die Bundespost, ein Zwitter aus öffentlichem Unternehmen und Bestandteil der Staatsverwaltung, verfügt über eine gesetzlich geschützte Monopolstellung bei den öffentlichen Netzen für die Individualkommunikation. Diese Alleinanbieterstellung erstreckt sich auf die Dienste, welche mit solchen Netzen erbracht werden können. Private können auf der Basis von Mietleitungen arbeiten, im wesentlichen für eigene Zwecke. Ein Angebot an ein breiteres Publikum wird durch Zusammenschaltungsverbote und Drittverkehrsbegrenzungen behindert. Eine gewisse Auflockerung hat der von der Bundespost angebotene Bildschirmtext gebracht. Er kann von privaten Anbietern für Mehrwertdienste in verschiedenen Anwendungsbereichen genutzt werden (Warenbestellung, Homebanking u.a.). Auf den Endgerätemärkten hat die Deutsche Bundespost ein Monopol beim einfachen Fernsprechhauptanschluß und – trotz einer Intervention der EG-Kommission – bei den technisch anspruchsvolleren Modems. Bei Telexge-

räten besteht ein Wartungsmonopol. Bei den übrigen Endgeräten bietet die Deutsche Bundespost im Wettbewerb mit privaten Lieferanten an, zum Teil ist sie gar nicht als Anbieterin präsent (z.B. bei Telexgeräten). Die Bundespost ist indes in keinem Falle Herstellerin. Schließlich legt sie die Standards und sonstigen Bedingungen für den Anschluß von Teilnehmereinrichtungen an die Netze fest. Ebenso liegt die Kontrolle der Gerätezulassung in ihren Händen. Dabei ist die Deutsche Bundespost mit Umsatzerlösen im Jahre 1986 von ca. 50 Mrd. DM (Fernmeldewesen 34,5 Mrd. DM) und mit über 500.000 Beschäftigten (davon ca. 195.000 im Fernmeldebereich) das größte Dienstleistungsunternehmen Europas. Bei einem Volumen von ca. 18 Mrd. DM/Jahr (davon 16 Mrd. im Fernmeldebereich) ist sie überdies mit weitem Abstand der größte Investor in der Bundesrepublik.

Bescheidene wirtschaftliche Ergebnisse

2. Dieser Ordnungsrahmen stammt noch aus der Kaiserzeit. Er hat zu wirtschaftlichen Ergebnissen geführt, die – nicht überraschend – eher bescheiden gewesen sind: Telefon und Telex blieben z.B. über Generationen hinweg die einzigen Dienste. Noch 1963 kamen in der Bundesrepublik auf 100 Einwohner erst 6 Telefonanschlüsse. Impulse zu technischen Neuerungen entstanden vorwiegend im Nebenstellenbereich, bei dem private Anbieter seit dem Jahre 1900 zugelassen sind. Renommierte Untersuchungen, welche von der Bundespost selbst in Auftrag gegeben wurden, weisen in die Richtung, daß das Staatsunternehmen auch im internationalen Vergleich eher das Prädikat “mittelmäßig” verdient. Komfortmerkmale im Telefondienst wie Weiterleiten und Umleiten eines Gesprächs, “Anklopfen” bei Besetztzeichen oder die Möglichkeit, ein sog. R-Gespräch zu führen, welches der Empfänger bezahlt, sind ebenso unbekannt wie die Dienstleistung einer spezifizierten Rechnung. Das schnurlose Telefon ist erst seit kurzem erhältlich. Auf der Netzebene wurde die für einen Netzträger so überaus kostengünstige Digitalisierung in der öffentlichen Übertragung und Vermittlung in diesem Lande verschlafen. Sie wird gegenwärtig in einem finanziellen Kraftakt nachgeholt. Die Telefonnetze sind so ausgelegt, daß sie bei stärkerer Annäherung der Gebühren an die Kosten, also bei ökonomisch sinnvollem Verhalten, aufgrund der dann zu erwartenden Verkehrssteigerung zusammenbrechen würden. Der Aufbau eines Btx-Netzes für ca. 1 Mrd. DM ist bislang ein Fehlschlag geblieben. Mitte 1987 waren von 800.000 Anschlüssen erst 74.000 in Anspruch genom-

men. Von 400.000 Btx-Modems, welche die Deutsche Bundespost im Jahre 1981 geordert hatte, stehen 320.000 auf Lager. 1986 erzielte die Deutsche Bundespost Gebühreneinnahmen im Btx-Dienst in Höhe von bescheidenen 13,6 Mio. DM. Auch der auf viel Hochglanz propagierte flächendeckende Ausbau von ISDN-Anschlüssen könnte sich als Fehlschlag erweisen. Beim breiten Publikum dürfte es angesichts der Gebühren, die sich in Struktur und Höhe am Telefontarif anlehnen, an Nachfrage fehlen. Ähnliches ist für die professionelle Datenübertragung zu befürchten. Der Anschluß an ISDN erfordert nämlich, daß die Datensysteme auf eine neue, bisher unübliche Signalisierungs- und Übertragungsprozedur umgestellt und auf die einheitliche Datenrate von 64 kbit/s ausgerichtet werden. Dies kann – insbesondere in Verbindung mit der angewandten Telefontarif-Struktur – für viele Anwendungsfälle ein ökonomisches Hemmnis bedeuten. Für bestimmte Einsatzbereiche ist die vorgesehene Standardübermittlungsrate von 64 kbit/s ohnehin ungenügend. Gerühmt wird die technische Qualität der Deutschen Bundespost. Für einen Kunden bleibt freilich das Preis/Leistungsverhältnis insgesamt entscheidend. Welchen Sinn soll es machen, wenn die Lebenserwartung z.B. eines deutschen Telefons diejenige seines Benutzers überschreitet?

Service, Gebührenhöhe, Behinderungen

3. Manche Kritik wird am Service geübt. In der Bundesrepublik wartet man auf die Installation eines Telefonanschlusses im Durchschnitt 5 1/2 Wochen, in Frankreich z.B. 5 Tage. Die Entstörung, welche gerade bei Datennetzen möglichst rasch erfolgen sollte, ist unzureichend organisiert. Ab Freitagnachmittag wird sie zum Glücksfall. Bei der Zahl der öffentlichen Sprechstellen liegt die Bundesrepublik weit zurück. In Japan gibt es – relativ zur Einwohnerzahl – fast siebenmal so viel, in den USA mehr als dreieinhalbmal. Dabei ist die Deutsche Bundespost insgesamt eher teuer. Bei den Telefongebühren liegt sie international zwar im Mittelfeld, ist aber z.B. erheblich ungünstiger als die Telefongesellschaften in den USA. Die Zahl der Anrufe pro Anschluß beträgt dort denn auch das Dreifache, pro Kopf der Bevölkerung gerechnet fast das Vierfache. Wahlmöglichkeiten zwischen verschiedenen Telefontarifen, orientiert nach den Nutzungsschwerpunkten (Festgebühr, Gebühr nach Nutzungszeit und Kombinationen davon) gibt es bei uns ohnehin nicht. Das Verhältnis der Tarife für Gespräche im Nahbereich und für Ferngespräche ist besonders verzerrt: Letztere sind schon ab 100 km 40

mal so teuer, ohne daß dem eine entsprechende Kostendifferenz gegenüberstünde. Besonders hoch in den Gebühren liegt die Deutsche Bundespost bei Mietleitungen bestimmter Übertragungskapazität und bei einzelnen technischen Geräten wie z.B. Modems. Die gravierendsten Defizite dürften bei anwendungsspezifischen Diensten bestehen, welche maßgeschneiderte Problemlösungen für Nachfrager anbieten. Beispiele sind Kommunikationssysteme zwischen Warenhäusern und Lieferanten, welche Einkauf und Auftragsabwicklung sozusagen vollautomatisieren (Tradanet in Großbritannien), oder die elektronische Kontrolle von Millionen Paketen durch eine Transportfirma (SEINO in Japan). Die Deutsche Bundespost, welche sich traditionell auf die Erbringung standardisierter Basisdienste ausrichtet, ist für solche Marktleistungen schlecht gewappnet. Drittanbietern wird durch Benutzungsbeschränkungen, Gebührenpolitik und ein Prokrustesbett zugelassener Technik das Leben schwer gemacht. Entwicklungs- und Anwendungsbarrieren für Rechner- und Datendienste sind die Folge. Dies beeinflußt die Wettbewerbsfähigkeit in allen davon betroffenen Wirtschaftssektoren.

Entwicklungen im Ausland

4. Mit den USA, Großbritannien und Japan folgt – den Marktvolumina nach gerechnet– mittlerweile mehr als die halbe Welt einem anderen Ordnungsmuster, nämlich einer Wettbewerbslösung. Es ist kein Zufall, daß gerade diese Länder führend in der Anwendung von Computertechnik sind und die wichtigsten Finanzzentren auf dieser Erde beherbergen. Zugleich sind es wichtige Konkurrenzländer der Bundesrepublik. In den USA ist das dominierende Fernmeideunternehmen AT&T im Zuge eines Antitrustverfahrens entflochten worden. Die FCC, die unabhängige bundesstaatliche Aufsichtsbehörde, verfolgt seit Jahren einen klaren, soweit wie möglich auf Wettbewerb ausgerichteten Kurs. Im Fernverkehr gibt es mittlerweile heftige Konkurrenz. In Großbritannien wurde das frühere Staatsunternehmen British Telecom in eine Aktiengesellschaft umgewandelt. Mit Mercury wurde ein zweiter Netzträger lizenziert, der in modernster Glasfasertechnik ein flächendeckendes Netz errichtet. In Japan, das eine bewohnbare Fläche von der doppelten Größe der Schweiz aufweist, wurde Nippon Telegraph and Telephone privatisiert. Zusätzlich sind fünf konkurrierende, auf Flächendeckung ausgelegte Netze im Aufbau, drei davon terrestrisch (ein Richtfunknetz, ein Glasfasernetz an den Autobahnen, ein Glasfasernetz an den Eisenbahntrassen entlang), zwei auf Satellitenbasis. In den

Ballungsräumen von Tokio und Osaka werden unter Beteiligung der dortigen Stromversorgungsunternehmen überdies lokale bzw. regionale Netze errichtet. In zahlreichen weiteren Ländern stellt man Reformüberlegungen an, die auf nachhaltige Liberalisierung zielen. Die Bewegung reicht von Neuseeland bis zu unseren Nachbarstaaten Holland, Belgien und Frankreich. In Brüssel hat die Kommission der Europäischen Gemeinschaften den Entwurf eines Grünbuchs Telekommunikation vorgelegt, in welchem sie Gesichtspunkte politischer Konsensfähigkeit mit ihren juristischen Handlungsinstrumenten aus dem EWG-Vertrag zu verbinden sucht (Umformung von Handelsmonopolen, Dienstleistungsfreiheit, Wettbewerbsregeln). Auch hieraus wird ein nachhaltiger Änderungsdruck erwachsen.

Technische Revolution

5. Die Gründe für diese Entwicklung sind ziemlich einheitlich. Besonderes Gewicht kommt umstürzenden technischen Neuerungen zu. Dies beginnt bei neuen Übertragungswegen. Zum Kupferkabel sind Glasfaserkabel, Richtfunk, Zellenfunk und Satellitenübertragung getreten. Sie ermöglichen den Aufbau konkurrierender, zum Teil sehr viel leistungsfähigerer Netze, deren Kosten entfernungsunabhängig sind. Diese Entwicklung setzt sich fort in einer revolutionären Übertragungstechnik (digital statt analog). Dadurch ist eine schnellere, bessere und zugleich billigere Übertragung möglich. Auch wird die Kommunikation mit und zwischen EDV- Anlagen einfacher. Die sich ergebenden Kosteneinsparungen bedeuten zugleich eine Verringerung von Marktzutrittsschranken. Eine computergesteuerte Vermittlung erlaubt überdies die Nutzung von Netzen für eine Vielzahl neuartiger und ständig expandierender Dienstleistungen. "Intelligenz" kann insoweit innerhalb des Netzes gespeichert werden. Zugleich kommt es zu einer sehr viel stärkeren Differenzierung von Teilnehmerbedürfnissen als in der Vergangenheit. Die frühere Einheitlichkeit von Netzfunktionen löst sich auf. Neben die engmaschigen öffentlichen Vermittlungsnetze mit ihrer symmetrischen Teilnehmer-Teilnehmer-Kommunikation (z.B. Fernsprechen, Fernschreiben) treten spezielle EDV-Netze. Sie sind im allgemeinen weitmaschig und ermöglichen eine unsymmetrische Terminal-Rechner-Kommunikation. Hier interpretiert nicht der intelligente Mensch das Kommunikationsgut, sondern Software mit entsprechend komplexen Kommunikationsprotokollen. Nicht jeder, sondern nur autorisierte Benutzer dürfen auf die Daten und Anwendungsprogramme zugreifen.

Der Computer und Softwareanteil kann bei solchen Spezialnetzen über 90% der Kosten erreichen. Dieses Zusammenwachsen von Kommunikationstechnik und Datenverarbeitung hat neue technische Impulse ausgelöst, neue Wettbewerbsbeziehungen geschaffen, auch neue Abhängigkeiten. Denn die Konfiguration eines Netzes vermag jetzt Teilnehmereinrichtungen bis hin zu Geräten der Bürotechnik zu beeinflussen, wie umgekehrt technische Leistungsmerkmale solcher Geräte Anforderungen an die Übertragungsmedien nach sich ziehen. Dabei verwischen sich stark regulierte Bereiche und Wettbewerbsbereiche. Ordnungspolitische Defizite im Regulierungsbereich wirken sich unter diesen Umständen wie ein Flächenbrand nach allen Richtungen hin aus.

Industriepolitischer Schlüsselbereich

6. Zugleich sprechen gewichtige Anzeichen dafür, daß die industriepolitische Bedeutung der Telekommunikation dramatisch zunehmen wird. Sie entwickelt sich zu einem Schlüsselbereich einer modernen Volkswirtschaft. Die Kommission der Europäischen Gemeinschaften geht davon aus, daß gegen Ende dieses Jahrhunderts 7% des Bruttosozialprodukts in der Gemeinschaft direkt vom Telekommunikationsbereich abhängig sein werden im Vergleich zu gegenwärtig 2%. Der Weltmarkt für Telekommunikationsgeräte und -dienstleistungen sowie Informationstechnik zusammen weist bereits heute ein Volumen von 1.125 Mrd. DM pro Jahr auf. Die Kommission schätzt weiter, daß gegen Ende dieses Jahrhunderts indirekt mehr als 60% der Beschäftigung in der Gemeinschaft vom Telekommunikationsbereich stark beeinflußt werden.

Ordnungspolitische Motivation

7. Die Deregulierung der Telekommunikation in den wichtigsten Industriestaaten, insbesondere in Japan und in Großbritannien, ist die sorgfältig bedachte Antwort der dortigen politischen Kräfte auf die hier skizzierten Entwicklungen gewesen. Bei aller Komplexität der Motivationslage war das Bemühen entscheidend, unter optimalen Bedingungen zum weltweiten Kampf um die Zukunftsmärkte der Telekommunikation antreten zu können. Das bedeutet Wettbewerb. In der Bundesrepublik Deutschland ist es demgegenüber bereits zu Abwanderungsbewegungen gekommen: Daten- und Kommunikationszentren wurden ins europäische Ausland, vorzugsweise nach London, verla-

gert. Andere Unternehmen, z.B. einige japanische, haben ihre europäischen Hauptverwaltungen u.a. mit Rücksicht auf die deutsche Fernmeldestruktur erst gar nicht in diesem Lande installiert. Der Umstand, daß die jährliche Wachstumsrate im Export von Telefon- und Telegrafenausrüstungen weit hinter diejenige vergleichbarer Industrieländer zurückgefallen ist, mag als ein erstes Alarmzeichen gewertet werden.

II. Die optimale Lösung: Wettbewerb auf der Netzebene

Die realistische Alternative

8. Eine optimale Ausgestaltung des Fernmeldewesens erfordert Wettbewerb auf der Netzebene. Die Übertragungswege sind nicht nur technisch, sondern auch unter wettbewerbspolitischem Aspekt das Rückgrat des gesamten Telekommunikationsbereichs. Eine Monopolstruktur dort bleibt nicht auf die Ebene der Übertragungswege begrenzt, sie wirkt sich innerhalb der Bundesrepublik als Beschaffungsmonopol des Netzträgers für sämtliche Produkte und Dienstleistungen aus, welche netzspezifisch sind. Sie schlägt auf die Ebene der Dienste wie der Teilnehmereinrichtungen durch und strahlt aufgrund der benannten Konvergenz von Telekommunikation und Informationstechnik in zahlreiche angrenzende Märkte aus. Die realistische Altemative lautet: Fortdauernde Dominanz des Staatsunternehmens über einen ganzen Wirtschaftszweig oder entschlossene Öffnung zum Wettbewerb. Im folgenden werden die Wirkungen einander gegenübergestellt, die sich beim jeweils gewählten Ordnungsmuster ergeben.

Effizienzsteigerung

9. Wenig Zweifel bestehen, daß Phantasie und Motivation, Anreiz zu Flexibilität, Innovation und Rationalisierung nicht gerade dort vorherrschen, wo Monopole verwaltet werden, sondern wo Wettbewerb herrscht. Dies läßt sich selbst innerhalb der Deutschen Bundespost feststellen, wenn man dort Monopolbereiche und einzelne Wettbewerbsbereiche einander gegenüberstellt. Im deregulierten Ausland kann man sowohl bei AT&T als auch bei British Telecom wie Nippon Telegraph and Telephone eine deutliche Abkehr von beamtenmäßiger Administration hin zu unternehmerischer Mentalität beobachten. Die Deutsche Bundespost würde unter dem Aspekt unternehmerischer Lei-

stungsfähigkeit von einer entschlossenen Deregulierung als erste profitieren. Unter einem Monopolregime kommt es dagegen zu ökonomischen Ineffizienzen. Es gibt Schätzungen, wonach z.B. die Durchschnittskosten traditioneller Netzträger im staatlichen Monopol höher sein könnten als die Preise, zu denen ein an Gewinnmaximierung orientierter privater Monopolist anbieten würde.

Abbau politischer Kontrolle

10. Das Pendant zum Monopol ist die politische Kontrolle. Im wählersensitiven Bereich (Telefongebühren, Zuschnitt der Nahbereiche) ist sie wirksam. Da solche Kontrolle zugleich Aktionsparameter im Wählerstimmenmarkt ist, führt sie angesichts knapper politischer Mehrheitsverhältnisse in diesem Land ökonomisch eher zu Fehlentwicklungen. Die Verzerrungen beim Telefontarif und damit zusammenhängend der Aufbau der Netze sind ein Beispiel dafür (Ziffern 2-3). Auf der anderen Seite setzt sich im weniger wählernahen, d.h. im technischen Bereich, die Detailkenntnis des Netzträgers gegenüber der Politik durch. Dann ersetzt die Weisheit von Beamten diejenige des Informationssystems Markt. Es besteht keine Gewähr dafür, daß die Entscheidungsträger die richtigen Signale erhalten. Btx ist ein Beleg dafür (Ziffer 2). Wettbewerbliche Entscheidungsstrukturen begrenzen dagegen Fehler von selbst. Die Planung von ISDN unter straffem Monopolregime kann sich z.B. als eine Antwort auf Einheitsbedürfnisse von gestern erweisen und nicht auf differenzierten Bedarf von morgen. Ein ISDN-Konzept, eingeführt unter Bedingungen von Wettbewerb, befände sich demgegenüber in einem permanenten Markttest. Die Chance rechtzeitiger Anpassung und Fortentwicklung wäre notwendigerweise größer.

Optimale Angebotsstruktur

11. Die technische Entwicklung hat zur Herausbildung von Spezialnetzen neben den früheren Universalnetzen geführt (Ziffer 5). Firmennetze, Branchennetze, Dienstleistungsnetze, Zubringernetze zu solchen Netzen haben je unterschiedliche Funktionen. Bei bestimmten Verwendungen können Größen- und Verbundvorteile eine wichtige Rolle spielen, bei anderen Spezialisierungsvorteile. Das jeweilige Ausmaß ist abhängig von der technischen Entwicklung und von den sich ändernden, im einzelnen nicht vorhersehbaren Nachfragebedürfnissen. Vom Netzwettbewerb ist zu erwarten, daß er das jeweils richtige "Mischungsver-

hältnis", die optimale Angebotsstruktur ermittelt. Koexistenz, Aufgabenstellung und Eigenständigkeit solcher Netze würden im Such- und Lernprozeß des Wettbewerbs und nicht aufgrund einer hoheitlichen Entscheidung bestimmt. Zugleich könnten neue Techniken schneller eingeführt werden, Ingenieure hätten größere Entwicklungsfreiheit, könnten eingefahrene Bahnen eher verlassen.

Ausstrahlung auf die Diensteebene

12. Bei fortdauerndem Netzmonopol wäre der Dienstebereich unausweichlich geprägt durch ein Denken vom Netz her. Man bliebe fixiert auf die Verhinderung von Arbitrage-Aktionen, obwohl letztere nichts weiter sind als eine wirtschaftlichere Nutzung vorhandener Ressourcen. Die administrative, wettbewerbsdämpfende Philosophie der Telekommunikationsordnung überlagerte den gesamten Bereich. Wettbewerb auf der Netzebene würde demgegenüber positive Impulse bei den Diensten auslösen. Es entstünde ein Druck, daß diese flexibel, bedarfsgerecht, innovativ und besonders kostengünstig auf den Markt kommen. Private Nutzer und Diensteanbieter könnten aus einem breiter gefächerten Angebot von Netzdienstleistungen auswählen und optimal kombinieren. Das Entstehen neuer Mehrwertdienste, welche über eine bloße Nachrichtenübertragung hinausgehen, würde gefördert. Benutzungsbeschränkungen würden angesichts alternativer Angebote entfallen müssen. Der Zwang zur Kostenorientierung würde die gegenwärtig vorhandene Fehlleitung von Ressourcen beseitigen. Längerfristig wäre auch mit einer besseren, insbesondere gleichmäßigeren Auslastung der Netze zu rechnen (Verkehrsoptimierung). Die gegenwärtige Monopolstruktur benachteiligt im übrigen kleine und mittlere Unternehmen gegenüber Großunternehmen. Letztere können sich durch den Aufbau unternehmensinterner Netze auf Mietleitungsbasis oder durch Verlagerung ihrer Netzknoten ins Ausland begrenzte Ausweichmöglichkeiten verschaffen.

Abbau von Quersubventionierung

13. Wettbewerb im Netz würde überdies die undurchsichtigen Quersubventionsströme wirksam begrenzen, welche dann entstehen, wenn ein monopolistischer Netzträger zugleich auf der Diensteebene präsent ist oder gar dort in einzelnen Sektoren (z.B. Telefon) zusätzlich monopolistischerAnbieter ist. Wie groß z.B. die Quersubventionierung zwi-

schen privaten Haushalten und gewerblichen Nutzern ist, bleibt undurchsichtig. Vielfach wird behauptet, der gewerbliche Nutzer subventioniere die privaten Haushalte. Dies ist keineswegs erwiesen. Es ist nicht auszuschließen, daß gegenwärtig die privaten Haushalte die gewerblichen Nutzer subventionieren. Die eigentliche Einnahmequelle der Deutschen Bundespost ist der Fernsprechdienst mit seiner hohen Kostenüberdeckung. Hier erbringen Private ca. 55% des Gebührenaufkommens. Daraus werden von gewerblichen Kunden in Anspruch genommene spezielle Telekommunikationsdienste subventioniert. 2 Mrd. DM fließen gegenwärtig pro Jahr aus dem Telefonbereich in die klassischen Postdienste. Diese werden wiederum zu ca. 80% von der gewerblichen Wirtschaft in Anspruch genommen. Entscheidend ist freilich etwas Grundsätzliches: Telekommunikationskosten, welche Konkurrenten in ihren jeweiligen Märkten eher gleichmäßig treffen, werden ohnehin auf die Endverbraucher überwälzt. Dies wirkt dann wie eine Verbrauchsteuer. Da die Bezieher kleiner und mittlerer Einkommen einen sehr viel höheren Anteil ihres Einkommens für den Lebensunterhalt aufwenden müssen, werden sie überproportional belastet. Die Zeche für vordergründige Umverteilung und für fehlende Gesamteffizienz im Fernmeldemonopol zahlt der kleine Mann. Umgekehrt kämen die Leistungsvorteile einer wettbewerblich geordneten Telekommunikation letztlich ihm zugute. Die gelegentlich zu hörende These, bei einer Wettbewerbslösung hätten die Kleinen zugunsten nationaler Konzerne und internationaler Multis der Telekommunikations- und Computerbranche "draufzuzahlen", ist aus diesem Grunde unrichtig.

Beschaffungsmärkte

14. Netzmonopol bedeutet innerhalb der Bundesrepublik zugleich Beschaffungsmonopol des Netzträgers für alle Produkte und Leistungen, welche netzspezifisch sind. Dies betrifft insbesondere die Vermittlungstechnik. Sie stellt einen erheblichen Teil im jährlichen Beschaffungsvolumen der Deutschen Bundespost dar. Ein solches Monopol auf der Nachfrageseite verzerrt auf diesen Märkten die Wettbewerbsverhältnisse. Der Zugang ist nur über eine Vergabeentscheidung des einzigen Nachfragers möglich. Dies wirkt in sich wie eine Marktzutrittsschranke: Anbieter, die nicht zum Zuge gekommen sind, können nicht auf andere Nachfrager ausweichen. Die gesetzliche Absicherung solcher Strukturen steht im Widerspruch zu Bemühungen der Bundes-

regierung – z.B. im Rahmen des GATT – um einen Abbau aller Barrieren, welche den internationalen Austausch mit Gütern und Leistungen erschweren können. Freihandel liegt dabei im vitalen Interesse der Bundesrepublik Deutschland. Kein größerer Industriestaat ist so von ihm abhängig wie dieses Land. Die weitgehende Schließung dieser Märkte nach außen führt vielfach auch zu einem closed shop der Anbieter nach innen. Dies begünstigt eine Tendenz, Entwicklungskosten von sog. Systemträgern relativ mühelos auf den Nachfragemonopolisten durchzureichen, während man im Wettbewerb auf Auslandsmärkten zu Grenzkosten anbietet. Dies bedeutet letztlich, daß z.B. der deutsche Telefonkunde Telefonkunden im Ausland subventioniert. Gleichszeitig kann der Netzträger den Lieferanten teure nationale Systemleistungen aufzwingen, statt sich mit ihnen gemeinsam an dem Systemtrend größerer Märkte zu orientieren, was gleichzeitig die Exportchancen der einheimischen Industrie verbessert. Kleinere Anbieter haben demgegenüber immer wieder unter der praktischen Handhabung der Monopolmacht seitens des Netzträgers zu leiden. Eine Chance zur strukturellen Korrektur solcher dauerhaft gestörter Marktverhältnisse besteht nur, wenn die Monopolstellung als solche beseitigt wird. Das aber ist nur bei Wettbewerb auf Netzebene möglich.

Endgerätemärkte

15. Die völlige Freigabe der Märkte für Teilnehmereinrichtungen wird bereits von Art. 37 EWG-Vertrag und damit vom geltenden Recht gefordert. Fehlender Netzwettbewerb strahlt freilich auch auf diese Ebene negativ aus. Es entstehen Abgrenzungsschwierigkeiten zwischen Netzabschluß bzw. Monopolreichweite einerseits und Teilnehmereinrichtungen andererseits. Erinnert sei nur an den Streit, ob der deutsche Telefonhauptanschluß mit seinem eingebauten Netzabschluß, das schnurlose Telefon oder die Modems in diesem Sinne noch zum Netz gehören oder bereits Endgeräte bilden. Dabei handelt es sich nicht um Bagatellen, sondern um Auswirkungen auf einem Milliardenmarkt. Ähnliches gilt z.B. für die Frage, wo der zukünftige ISDN-Netzabschluß enden sollte. Wichtiger ist noch, daß der Netzmonopolist über seine Einkaufs-, Anschalt- und Nutzungsbedingungen einen nachhaltigen Einfluß auf die technische Ausgestaltung von Teilnehmereinrichtungen behalten wird. Dies schafft nicht nur Abhängigkeiten. Angesichts der Möglichkeit, heute Intelligenz einerseits in Benutzereinrichtungen anzusiedeln, andererseits im Netz (in den Vermittlungs-

computern), schlummert hier ein Konfliktpotential, dessen Ausmaß gar nicht abschätzbar ist. "Strategische" Entscheidungen des Netzträgers können damit zugleich die Bedingungen definieren, unter denen ihm Konkurrenz gemacht werden kann. All dies läuft auf Beschränkungen und Behinderungen im Wettbewerb hinaus mit den damit verbundenen Verlusten an Innovation und Anpassungsflexibilität.

Internationale Wettbewerbsfähigkeit

16. Die ständig wachsende Bedeutung der Kommunikation als einer Art von modernem Produktionsfaktor in zahlreichen Wirtschaftsbereichen steht außer Frage (Ziffer 6). Nichtoptimale Rahmenbedingungen müßten negativ auf diese ausstrahlen und auf Dauer die internationale Wettbewerbsfähigkeit des Standortes Bundesrepublik berühren. Dies gilt insbesondere für anwendungsspezifische Dienste (Ziffer 3).

Abbau institutionell bedingter Arbeitslosigkeit

17. Die anhaltend hohe Arbeitslosigkeit in der Bundesrepublik Deutschland ist zu einem erheblichen Teil durch mangelnde Flexibilität in zahlreichen Märkten verursacht (sog. institutionell bedingte Arbeitslosigkeit). Dies gilt in erster Linie auf hier nicht zu erörternden Märkten für Arbeitsleistungen (vgl. dazu KRONBERGER KREIS, "Arbeitslosigkeit – Woher sie kommt und wie man sie beheben kann", 1984, und KRONBERGER KREIS, "Mehr Markt im Arbeitsrecht", 1986). Dies gilt aber auch für zahlreiche sonstige Bereiche, welche dem Wettbewerbsprinzip entzogen sind. Der Telekommunikationssektor gehört dabei zu den volkswirtschaftlich gewichtigen unter diesen Ausnahmebereichen. Wir erwarten von einer entschlossenen Öffnung dieses Sektors zum Wettbewerb Investitionsanreize auf sämtlichen Ebenen und dadurch eine nachhaltig positive Ausstrahlung auf den Arbeitsmarkt. Wir befürchten umgekehrt, daß eine fortdauernde Dominanz des Staatsunternehmens als Investitionsbarriere wirkt und entsprechende Wachstumsimpulse behindert.

Begrenzung öffentlicher Wirtschaftstätigkeit

18. Das Ausmaß öffentlicher Wirtschaftstätigkeit ist in der Bundesrepublik zu hoch. Bei ungebrochener Dominanz der Deutschen Bundespost müßte dieses weiter zunehmen. Dies ergibt sich daraus, daß der

Telekommunikationsbereich gegenwärtig und auf längere Sicht schneller wächst als das Bruttosozialprodukt. Eine Wettbewerbslösung würde demgegenüber zu einer Begrenzung dieser Tätigkeit beitragen können.

Zukunftsbeständigkeit einer Wettbebewerbslösung

19. Auch eine Wettbewerbslösung wirft Probleme auf. Insbesondere entstehen Übergangsschwierigkeiten bei der Überführung von seit Generationen monopolisierten Märkten in ein Wettbewerbssystem. Es wird auf absehbare Zeit auch ein Regulierungsbedarf fortbestehen (vgl. Ziffer 41). Dennoch wäre eine solche große Lösung zukunftsbeständig. Sie orientiert sich an dem Grundwert wirtschaftlicher Freiheit und an gleichzeitig erreichbarer gesamtwirtschaftlicher Effizienz. Überdies bestehen erhebliche Zweifel, ob für die Bundesrepublik Deutschland eine weitgehend von Monopolrechten gekennzeichnete Struktur eine Perspektive hat:

- Bei voller Digitalisierung werden einheitlich nur noch bits über ein Übertragungsmedium geleitet. Die Monopolisierung bestimmter bit-Ströme, etwa der Sprachübertragung (Telefondienst) im Unterschied zur Datenübertragung, macht funktional keinerlei Sinn.

- Innerhalb der EG hat Großbritannien bereits eine sehr viel weiterreichende Lösung realisiert. In Frankreich zeichnet sich eine Entwicklung ab, welche der britischen Lösung näher steht als der deutschen. Aus beiden Ländern wird über Agenturbetriebe ein Wettbewerbsdruck entstehen, der sich von den deutschen Märkten mit Rücksicht auf die Vorschriften des EWG-Vertrages nicht fernhalten läßt. Die im Gefolge der British Telecom-Entscheidung des EUGH mittelbar für die Deutsche Bundespost erzwungene Tarifsenkung im Telexdienst ist ein Beispiel. Es könnte eine Situation entstehen, daß die vermeintlich stabilen deutschen Verhältnisse überstürzt und unkontrolliert ins Wanken geraten.

- Hinzuweisen ist auch auf den handelspolitischen Druck der USA, der politischen und militärischen Schutzmacht der Bundesrepublik Deutschland, in Richtung auf eine Öffnung des deutschen Telekommunikationssektors. Dies betrifft insbesondere die Beschaffungsmonopole der Deutschen Bundespost. Es mag sein, daß die USA europäische Protektionismen im Bereich Agrarpolitik und

Airbusproduktion noch hinnehmen. Für den Bereich der Telekommunikation ist dies – unabhängig von jedem Streit über Außenhandeissalden im einzelnen – nicht zu erwarten. Dabei besteht die nachhaltige Gefahr von Retorsionsmaßnahmen zu Lasten deutscher Anbieter auf dem inneramerikanischen Markt. Dieser repräsentiert 35% des Weltmarktes im Bereich Telekommunikation, wohingegen gegenwärtig kein Mitgliedsstaat der Europäischen Gemeinschaft auf mehr als 6% kommt. Wettbewerbslösungen und die damit grundsätzlich verbundenen freien Marktzugänge würden solche Konflikte schon im Ansatz beseitigen.

III. Einwände gegen Netzwettbewerb

Grundgesetz fordert kein Monopol

20. Gegen Netzwettbewerb werden zahlreiche Einwände erhoben. Eine genauere Analyse erweist, daß sie nicht tragfähig sind. Aus dem Grundgesetz ableitbare Rechtsbarrieren bestehen nicht. Die Verfassung mag, was zweifelhaft genug ist, die überkommenen Monopole der Deutschen Bundespost hinnehmen. Sie fordert diese aber nicht. Die Alleinstellungen der Bundespost ergeben sich vielmehr aus § 1 Fernmeldeanlagengesetz und damit aus einfachem Gesetz. Der Bundesgesetzgeber könnte es ändern.

Technische Kompatibilität

21. Die gelegentlich von technischer Seite zu hörende These, ohne monopolistischen Netzträger käme es aufgrund mangelnder Kompatibilität zu einem Chaos in der Kommunikation, geht in die Irre. Dies bleibt vielmehr ein Problem zweckmäßiger Standardisierung (Ziffer 35). Ein loser Zusammenhang besteht nur insofern, als unter einem Monopolregime solche Standardisierung leichter durchsetzbar sein kann. Eine Aufrechterhaltung des Monopols zu diesem Zweck wäre freilich unverhältnismäßig. Der Wunsch, für Glühlampen einheitliche Fassungen zu haben, bedeutet nicht, daß es nur einen Hersteller geben muß.

22. Historisch hing die Übernahme des Telegrafen- und später des Telefondienstes in staatliche Wahrnehmung u.a. auch mit militärischen Gründen zusammen. Das ist heute überholt. Eine weitere historische Ursache wirkt indessen noch fort, nämlich die eher merkantilistische Idee, über Monopolverleihungen Einkünfte für den Souverän bzw. den Staat zu erzielen. Sie wird sichtbar in der sog. Ablieferungspflicht der Deutschen Bundespost an den Bundeshaushalt in Höhe von früher 6 2/3% und jetzt von 10% der Umsatzerlöse (bei weitgehender Steuerbefreiung im übrigen). Solche Vorstellung entspricht nicht mehr jenem freiheitlichen Staats- und Verfassungsverständnis, wie es in der Bundesrepublik breiten Konsens findet. Monopolverleihungen sind unter heutigen Wirtschaftsbedingungen überdies ein wenig geeignetes Mittel der Staatsfinanzierung. Die Erfahrung zeigt, daß im Wege der Besteuerung von Unternehmen, welche auf Wettbewerbsmärkten agieren, für den Fiskus auf die Dauer mehr zu gewinnen ist.

Wünschenswert wäre indes bei Realisierung einer Wettbewerbslösung, daß die Deutsche Bundespost als Fernmeldeunternehmen einer identischen Steuerordnung unterliegt wie ihre eventuellen Konkurrenten auch. Dies würde im Rahmen der Mehrwertsteuer für den Bund gegenwärtig zu Mindereinnahmen von ca. 1,6 Mrd. DM führen. (Die sog. Gelbe Post ist hierbei ausgeklammert; auch wird unterstellt, daß ein rechnerischer Einnahmenzuwachs der Länder bereits durch eine Veränderung des Verteilungsschlüssels zugunsten des Bundes korrigiert ist.) Dies ist eine statisch-partialanalytische Rechnung. Man kann erwarten, daß diese Einbuße aufgrund der nachhaltigen Belebung, die sämtliche Telekommunikationsmärkte im Zuge einer Wettbewerbsöffnung erführen, nur vorübergehend wäre. Im Bundesfinanzministerium besteht man indes auf einer auch kurzfristigen Einnahmenneutralität. Dies muß nicht zu einer Reformblockade führen: Die steuerliche Gleichbehandlung wäre dann innerhalb einer fiskalpolitisch tragbaren Übergangsfrist zu realisieren. Die Verzerrung zu Lasten des überkommenen Fernmeldeunternehmens wäre verkraftbar: Die Größenordnungen sind eher bescheiden, private Konkurrenz würde erst allmählich spürbar, die Wettbewerbsvorsprünge der Deutschen Bundespost im übrigen blieben immens.

Subventionierung der klassischen Postdienste

23. Eng verknüpft mit dem eben behandelten Argument ist die Vorstellung, über Monopolgewinne im Fernmeldebereich eine fiskalpolitisch erwünschte Subventionierung der klassischen Postdienste gewährleisten zu können. Gegenwärtig sind dies ca. 2 Mrd. DM im Jahr. Eine solche Monopolbegründung kann keine zukunftsweisende Perspektive sein:

- Eine Quersubventionierung dieser Art hemmt die Wachstumsbereiche der Telekommunikation.

- Sie behindert zugleich die Entwicklung innerhalb der klassischen Postdienste. Dieser Sektor wird sozusagen in Unmündigkeit gehalten. Rationalisierungsdruck und Effizienzanreize schwächen sich ab. Ein eigenes Postmanagement würde sich dagegen auf seine Aufgabe konzentrieren und daran gemessen werden.

- Die Quersubventionierung wirkt wie eine Verbrauchsteuer, welche dem Telekommunikationskunden auferlegt wird.

- Sie wirkt ebenso blind und unkontrolliert auf die Personengruppen, denen die Subventionierung letztlich zugute kommt.

- Wollte man aus politischen Zielvorgaben heraus an einer Subventionierung einzelner Bereiche bewußt festhalten, z.B. des Paketdienstes in die DDR, so wäre die ordnungspolitisch sauberste Lösung eine Finanzierung aus dem allgemeinen Haushalt, wie dies etwa bei der Abgeltung der Straßenbenutzungsgebühren im Berlinverkehr üblich ist.

Wenn die Quersubventionierung entfällt, entsteht wieder das Problem der Belastungsneutralität für den Staatshaushalt. Als Zwischenlösung käme deshalb auch eine Plafondierung des Defizits innerhalb der klassischen Postdienste in Betracht zusammen mit einer Finanzierung aus dem Überschußbereich des Fernmeldewesens. Diese müßte freilich auf eine Übergangszeit begrenzt sein. Wir gehen dabei mit Rücksicht auf ausländische Erfahrungen, insbesondere in Großbritannien und Schweden, davon aus, daß das Rationalisierungspotential innerhalb der klassischen Post nicht ausgeschöpft ist. Ein solches entsteht im Zuge der technischen Entwicklung ohnehin ständig neu. Die Gegenthese, bei der Deutschen Bundespost seien bereits alle Rationalisierungsgrenzen erreicht, vermag deshalb nicht zu überzeugen.

Instrumentalthese

24. Einwände gegen Netzwettbewerb werden erhoben aus einem Verständnis der Deutschen Bundespost als eines Instruments staatlicher Wirtschaftspolitik heraus, etwa der Konjunkturpolitik oder der Arbeitsmarktpolitik. Wertvorstellungen dieser Art finden sich vornehmlich bei Gewerkschaften und den ihnen nahestehenden politischen Kräften. Dazu ist folgendens klarzustellen:

- Die historischen Erfahrungen mit sektoraler Wirtschaftslenkung durch Beschaffungsmaßnahmen und Gebührenpolitik sind eher negativ. Die verwandten Instrumente sind nicht geeignet, die erhofften Wirkungen mit einem Mindesteinsatz von Ressourcen zu erzielen. Zu berücksichtigen sind auch die negativen Drittwirkungen auf andere Bereiche.

- Monopolgewährleistung mit den bereits dargestellten Negativfolgen (Ziffern 9-19) erweist sich insoweit wiederum als ein unverhältnismäßiges Mittel.

- Zurückzuweisen ist die These, aus der überragenden Bedeutung von Kommunikation und Information in unserem Gemeinwesen ergebe sich die Notwendigkeit einer staatlichen Steuerung, im Extremfall bis hin zu einer monopolistischen Wahrnehmung. Dies beruht auf einer Verwechslung von politischer Relevanz einerseits und einer unmittelbaren staatlichen Gestaltung andererseits. Selbst Elementarbedürfnisse wie Ernährung, Behausung und Bekleidung vollziehen sich grundsätzlich über offene Märkte. Presse und Massenmedien, deren konstitutive Bedeutung für einen demokratischen Staat unbestritten ist, erfordern nach unserer Verfassungsordnung sogar eine Staatsferne.

Abbau von Arbeitsplätzen?

25. Ein weiterer Einwand ist die Befürchtung, ein durch Monopolaufhebung ausgelöster Wettbewerbsdruck könne bei der Deutschen Bundespost zum Abbau von Arbeitsplätzen führen. Darauf ist zweierlei zu entgegnen: Personelle Überbesetzung zeigt gesamtwirtschaftlich eine Fehlleitung von Ressourcen an. Sie verhindert, daß anderswo Arbeitsplätze entstehen oder gesichert werden. Erfahrungen in Ländern mit Übergang zu Netzwettbewerb weisen in die Richtung, daß es beim früheren Monopolunternehmen in der Tat zu entsprechenden Anpassungen kommen kann. Sie zeigen zugleich aber auch, daß solcher Abbau durch stärkeres Wachstum schon innerhalb des übrigen Telekommunikationsbereichs ausgeglichen werden dürfte. Mit anderen Worten: Ersetzt man die Interessentenperspektive der Deutschen Postgewerkschaft durch eine gesamtwirtschaftliche Betrachtungsweise, so ist von deutlich beschäftigungsfördernden Wirkungen einer Monopolbeseitigung auszugehen (vgl. auch Ziffer 17).

Natürliches Monopol

26. Der einzige Versuch einer ökonomischen Begründung ist die These vom natürlichen Monopol. Davon spricht man, wenn ein einziger Anbieter eine Leistung insgesamt kostengünstiger erbringen kann als jede größere Zahl von Unternehmen. Unter der zusätzlichen Voraussetzung fehlender Marktzutrittsresistenz, d.h. daß Konkurrenten in einzelnen Segmenten des Gesamtmarktes kostengünstiger sind, liegt dann aus dieser Sicht Marktversagen vor, der Monopolist müsse durch Hoheitsakt vor Konkurrenz geschützt werden. Diese für die Fernmeldenetze der Bundesrepublik nie empirisch untersuchte, sondern nur aufgrund intuitiver Plausibilität formulierte Hypothese läßt sich für den Fernverkehr aufgrund der neueren technischen Entwicklungen nicht mehr aufrechterhalten. Größenvorteile haben bei Mikrowellen- und Satellitenübertragung entscheidend an Bedeutung verloren. Für Verbundvorteile gilt dies aufgrund der sich auflösenden funktionalen Einheitlichkeit der Netze. Sich differenzierende Bedürfnisse und damit zusammenhängend individuelle Software sind in immer mehr Bereichen wichtigere Faktoren. Hervorzuheben ist, daß Digitalisierung und die wachsende Verwendung von Glasfaserkabel mit ihrer gewaltigen Übertragungskapazität an dieser Aussage nichts ändern. Glasfaserkabel könnten bei Eröffnung von Wegerechten nach Art des § 1 Telegraphenwege-

gesetz von vielen verlegt werden: Straßenwege, Schienenwege, Pipelines, Stromversorgungswege bieten eine Fülle von Möglichkeiten. Selbst im Ortsbereich ist die Hypothese vom natürlichen Monopol ins Wanken geraten. Erwähnt seien Telefonwettbewerb auf Zellenbasis, das bypassing über Kabel, Satellit oder Richtfunk und das von den USA her bekannte Phänomen der smart buildings und der shared tenant services. Die Vorstellung vom natürlichen Monopol mag für die sog. letzte Meile, die Zubringerleitung zum Endverbraucher, unter dem Aspekt der Kabelschächte, nicht notwendig ihres Inhalts, noch zutreffen (economies of density). Doch sollte selbst hier die potentielle Konkurrenz von Strom- und anderen Versorgungsunternehmen nicht übersehen werden. In den Großräumen von Tokio und Osaka in Japan realisiert sie sich bereits. Ein natürliches Monopol in einem so abgegrenzten Ortsbereich, z.B. München, bliebe überdies auf diesen Raum begrenzt, begründete jedoch nicht die Notwendigkeit eines Einheitsunternehmens für die Bundesrepublik als Ganze.

Entscheidend ist freilich etwas ganz anderes: Größen- und Verbundvorteile, welche bei einer statischen Betrachtung, insbesondere auf der Grundlage einer gegebenen Technik und eines gegebenen Bedarfs, vorstellbar sind, stellen nur einen Teilaspekt für das gesamtwirtschaftliche Wohlfahrtsziel dar. Neben den bereits erwähnten Spezialisierungsvorteilen (Ziffer 11) wären weitere Eigenschaften eines gesetzlich geschützten Monopolszu berücksichtigen wie überhöhte Faktoreinsatzkosten, organizational slacks, mangelnde Produktdifferenzierung, durch falsche Preise und Mengen hervorgerufene Fehllenkungen, übermäßiger politischer Einfluß usf. Bei fehlendem Wettbewerb erscheinen sie zwangsläufig. Überdies wären die Auswirkungen eines Monopols auf angrenzende Märkte in Rechnung zu stellen. Der gesamte Katalog der oben skizzierten Negativfolgen (Ziffer 9-19) wäre zu bedenken. D.h.: Selbst auf der Basis eines natürlichen Monopols müßte es noch zu einer Abwägung kommen, wenn man aus der Welt statisch-theoretischer Konstrukte in diejenige der Erfahrung überwechselt. Kurz: Es besteht kein Anlaß, Wettbewerb im Netz durch vorauseilenden Glauben an ein natürliches Monopol zu verbieten.

Hebammenfunktion

27. Eine gewichtige Einwandsgruppe wird in dem Schlagwort von der Infrastrukturaufgabe oder der "Daseinsvorsorge" zusammengefaßt. Bei

näherer Betrachtung sind dies die Postulate nach einer Hebammenfunktion, einer flächendeckenden Versorgung und der sog. Tarifeinheit im Raum.

Hebammenfunktion besagt, nur ein Monopolunternehmen sei in der Lage, die Einführung eines neuen Dienstes, z.B. Btx, so lange durchzuhalten, bis er eine ausreichende Nachfrage gefunden habe. Darauf ist folgendes zu entgegnen:

- Das Argument gilt für alle start up-operations. Das Problem bleibt, wer die richtige Entwicklung identifiziert, ob man die Weisheit von Ingenieuren, einer Regierung oder eines Parlaments für größer hält als die des Marktes. Die monopolfinanzierte Marktöffnung kann auch ein Fehlschlag sein (vgl. Ziffer 2). Die Erfahrung zeigt überdies, daß bei hinreichend hoher Gewinnerwartung in Märkten auch sehr lange Einführungsphasen, selbst unter Bedingungen großer Unsicherheit in Kauf genommen werden. Ein Beispiel ist das private Fernsehen in diesem Land mit gegenwärtig erheblichen Verlusten der Pionierunternehmen.

- Im Telekommunikationsbereich war vielfach eine umgekehrte Entwicklung zu beobachten: Märkte, die von Privaten erschlossen worden waren, etwa die Modems, wurden dann nachträglich monopolisiert.

- Es besteht keine Gewähr dafür, daß Monopolgewinne tatsächlich nur für solche Marktöffnungszwecke eingesetzt werden. Erfahrungsgemäß versickern sie in der allgemeinen Unwirtschaftlichkeit eines Monopolunternehmens. Die eher bescheidene Erfolgsbilanz der Deutschen Bundespost gerade bei Neuerungen paßt in dieses Bild (vgl. Ziffer 2).

- Im übrigen ist die Überlegung allenfalls für eine Einführungsphase tragfähig, sie bedingt kein staatliches Monopol von Dauer. Ausreichend wäre z.B. eine Anfangssubvention, über welche in einem offenen politischen Prozeß entschieden werden kann. Die Steuerbegünstigung für bleifreies Benzin mit dem dadurch mittelbar erleichterten Aufbau entsprechender Zapfstellen ist ein Beispiel. Auch gibt es weitere Finanzierungsoptionen, die gegenüber einer Monopolverleihung vorzugswürdig sind (vgl. Ziffer 30).

Flächendeckende Versorgung

28. Flächendeckende Versorgung oder Universalität der Dienste ist ein regionalpolitisches Interesse, welches insbesondere von den Bundesländern betont wird. Das Wesentliche ist dazu bereits im Sondervotum zum Bericht der Regierungskommission Fernmeldewesen gesagt worden:

- Das Postulat ist für Basisdienste wie etwa das Telefonnetz und alles, was damit gemacht werden kann, eher begründbar als für irgendwelche speziellen Anwendungen. Man findet auch nicht in jedem Dorf ein Drei-Sterne-Restaurant. In dem Bereich der Basisdienste ist eine flächendeckende Vollversorgung aber verwirklicht.

- Die Entfernungskomponente und damit die Standortfrage verlieren im Telekommunikationsbereich zunehmend an Bedeutung. Bei Satellitenübertragung z.B. spielt sie keinerlei Rolle mehr.

- Wettbewerb führt nach allen Erfahrungen nicht zur Unterversorgung, sondern eher zu einer Überversorgung. Insofern liegt auch die Argumentation, die Deutsche Bundespost brauche den monopolgeschützten Golddukatenesel Telefondienst, um gewaltige Netzinvestitionen in den nächsten Jahren finanzieren zu können, neben der Sache. Schlüssig wird eine solche Argumentation erst unter der Voraussetzung, daß eine ingenieur/beamtenmäßige Entscheidungsinstanz über dieses Land eine Netzstruktur stülpt, für die keine Zahlungsbereitschaft, also kein Bedarf besteht, z.B. eine Autobahn bis in jeden Vorgarten hinein. Dann verfällt man in der Tat auf solche Ideen der Zwangsfinanzierung.

- Abgelegene und dünn besiedelte Regionen amerikanischen Zuschnitts gibt es in der Bundesrepublik nicht. Kaum ein Land ist so gleichmäßig und so dicht besiedelt wie das unsere. Es bietet unter dem Aspekt einer flächendeckenden Versorgung vergleichsweise ideale Voraussetzungen.

- Es besteht keinerlei Gewähr dafür, daß Monopolgewinne der genannten Vorgabe wirklich zugute kommen. Auch ein Monopolunternehmen pflegt im übrigen einen stufenweisen Ausbau vorzunehmen, orientiert nach einer erkennbaren Dringlichkeit des Bedarfs.

Das Glasfaser-Overlay der Deutschen Bundespost, welches Ballungszentren untereinander verknüpfen soll, sei als Beispiel genannt. Unter Wettbewerbsbedingungen würde ein solcher Ausbau nach den ausländischen Erfahrungen sehr viel rascher vorankommen und damit früher flächendeckend vorhanden sein.

- Befürchtungen, unter Wettbewerbsbedingungen könne es im Telekommunikationsbereich zu einem Rückzug aus der Fläche nach Art von Streckenstillegungen der Deutschen Bundesbahn kommen, sind unbegründet. Ein ganz anderes, nämlich ein explodierendes Potential an technischem Fortschritt, sehr viel günstigere Kostenstrukturen, die Unabhängigkeit von nichtvermehrbaren Ressourcen wie Grund und Boden, fehlende negative Effekte wie Umweltbelastungen und schließlich hohe Gewinnanreize eröffnen eine ganz und gar andersartige Perspektive.

- Sollte die Politik gleichwohl auf der Möglichkeit eines steuernden Einflusses bestehen, so reicht das Instrument der Auflage gegenüber Netzträgern völlig aus. Eine Monopolverleihung wäre wiederum ein unverhältnismäßiges Mittel.

Tarifeinheit im Raum

29. Tarifeinheit im Raum bedeutet gleiche Gebühren für gleich definierte Dienste überall in der Bundesrepublik. Dies ist das gewichtigste Argument gegen Netzwettbewerb. Denn man hält das Postulat nur bei Unterbindung jeden Wettbewerbs für realisierbar, den man dort als Rosinenpicken abqualifiziert. Das Sondervotum im Bericht der Regierungskommission Fernmeldewesen hat darauf bereits die wesentlichen Antworten formuliert. Dazu ist folgendes zu präzisieren:

- Der genannte Grundsatz stellt bloße Anwendungstradition der Deutschen Bundespost dar. Er wird von keinem förmlichen Gesetz und von keiner Rechtsverordnung gefordert. Er widerstreitet sogar eher dem öffentlichrechtlichen Gebührenbegriff und dem damit verbundenen Äquivalenzprinzip.

- Er wird auch von der Deutschen Bundespost nicht eingehalten. Hinzuweisen ist auf die nicht kostengerechte Entfernungsabhängigkeit des Telefontarifs. Sie benachteiligt Flächenstaaten wie Bayern und Niedersachsen mit ihren dünner besiedelten Regionen und ihrer geringeren Zahl an städtischen Ballungszentren. Ähnliches gilt für Größe und Zuschnitt der sog. Nahbereiche mit ihrem 8-Minuten-Zeittakt. Ein Nahbereich ist um so wertvoller, je mehr Anschlüsse er aufweist. Die Bandbreite reicht dabei von 6.900 bis 1,6 Mio. Hauptanschlüssen. Der Durchschnitt liegt bei 120.000. Gewiß gibt es dabei für einzelne Nachfragebedürfnisse Sättigungsgrenzen in dem Sinne, daß es keinen Unterschied mehr macht, ob ein Nahbereich 30.000 oder 150.000 Anschlüsse umfaßt. Dennoch bleiben die Unterschiede groß. Man denke an den telefonischen Einzugsbereich von Serviceunternehmen wie etwa Reisebüros.

– Ferner wird der Einfluß der von Wettbewerb im Einzelfall erzwungenen regionalen Tarifdifferenzierungen auf das Budget privater Haushalte oder von Unternehmen überschätzt. Die Anteile der Fernmeldegebühren an den Gesamtkosten in denjenigen Wirtschaftsbereichen, bei denen entsprechende Untersuchungen vorhanden sind, liegen im Durchschnitt unter 1%. Das Gewicht der Fernsprechgebühren im Preisindex für die Lebenshaltung (Basis 1980) beträgt 1,46%. Die Monatsrechnung für den einzelnen Telefonhauptanschluß beläuft sich bei einem typischen Telefon-Warenkorb bei einem Arbeitnehmer auf ca. 47 DM, bei einem Angestellten auf 64 DM, in der Industrie auf 292 DM und bei Kreditinstituten/Versicherungen auf 378 DM. Anpassungen würden sich hier, selbst wenn sie ein Ausmaß von 20% erreichen mögen, in bescheidenen Größenordnungen halten. Dies belegen denn auch die Erfahrungen mit einer Politik der Tarifdifferenzierung in Großbritannien und auch in den USA. Dies gilt um so mehr, als andere Preise wie etwa Strompreise, Wasserpreise, Mieten und Grundstückspreise beträchtliche regionale Unterschiede aufweisen und zugleich größere Auswirkungen auf Unternehmen und private Haushalte haben. Das bedeutet nicht, daß die Kostenwirkungen eines Monopolregimes jetzt zu vernachlässigen wären. Die einzelwirtschaftlich geringen Größenordnungen addieren sich gesamtwirtschaftlich zu gigantischen Beträgen. Zugleich ist der untrennbare Zusammenhang mit anderen Defekten wie mangelnder Innovation, geringer Flexibilität, fehlender maßgeschneiderter Problemlösungen u.ä. immer mit in die Betrachtung einzubeziehen.

- Tarifeinheit im Raum läuft demgegenüber von der Idee her ökonomisch auf einen Zwang zur Diskriminierung hinaus: Mit unterschiedlich hohen Kosten produzierte Dienstleistungen müssen überall zu den gleichen Preisen angeboten werden. Dies führt schon für sich zu den bekannten Wirkungen der Einkommensumverteilung im Wege von (Quersubventionierungen zwischen Benutzergruppen und zur Fehlallokation von Ressourcen. Berücksichtigt man zusätzlich, daß zur Erreichung dieses dubiosen Zieles ein riesiger Wirtschaftsbereich letztlich den Effizienzwirkungen des Wettbewerbs entzogen wird, dann erscheint der dafür gezahlte Preis gesamtwirtschaftlich außerhalb jeglicher Proportion.

- Die These, bei Zulassung von Konkurrenz dürfe dann auch die Deutsche Bundespost keinen speziellen Auflagen mehr unterliegen, wenn sie denn "nicht pleite gehen solle", schießt über das Ziel hinaus. Nicht der Schutz der Deutschen Bundespost vor Wettbewerbern, sondern umgekehrt derjenige der Wettbewerber vor der Bundespost wird auf lange Zeit das relevante Problem sein. Die Vorstellung, daß alle Anbieter unter völlig identischen Bedingungen zu arbeiten hätten, geht auf modelltheoretische Übertreibungen mit ihrer schlichten Mechanik von Mengen und Preisen zurück. Zu erinnern ist nur an Standortunterschiede im weitesten Sinne, die etwa zwischen Unternehmen in Deutschland, Schweden, den USA oder Japan vorhanden sind, wenn sie in einem gleichen Markt als Wettbewerber aufeinanderprallen. Auch AT&T, Nippon Telegraph and Telephone und British Telecom sind im Vergleich zu ihren Konkurrenten asymmetrisch reguliert. Dies hat ihre unverändert positive wirtschaftliche Entwicklung nicht beeinträchtigt. Wäre die Deutsche Bundespost ein Privatunternehmen, so folgten spezielle Verhaltensanforderungen wie Belieferungszwang und Diskriminierungsverbot schon aus der Anwendung des Kartellgesetzes (§§ 22, 26 Abs. 2 GWB). Es wäre ein intellektueller Purzelbaum, aus solchen spezifischen Verhaltenspflichten, welche ein marktbeherrschendes Unternehmen gerade in eine Wettbewerbsordnung einzupassen suchen, umgekehrt einen Anspruch auf Monopolgewährleistung ableiten zu wollen. Zu bedenken ist schließlich, daß eine asymmetrische Regulierung in dem Maße abgebaut werden kann, wie funktionsfähiger Wettbewerb entsteht.

30. Zu sehen ist ferner, daß es zur Erfüllung politisch definierter Infrastrukturvorgaben bessere Optionen gibt als die Fallbeil-Lösung der Monopolverleihung. Auf das Instrument der Auflage ist bereits hingewiesen worden (Ziffer 28). Bei Tariffragen kommen Genehmigungsvorbehalte in Betracht. Möglich sind ferner pretiale Steuerungsmaßnahmen. Sie gehen von dem ökonomischen Grundsatz aus, Verteilungs- von Allokationsfragen möglichst getrennt zu halten, und sie wären zugleich transparenter, zielgenauer und verhältnismäßiger als eine Monopollösung:

- Derjenige Netzbetreiber, der mit der Wahrnehmung einer Infrastrukturaufgabe belastet ist, erhält einen entsprechenden Ausgleich aus dem Staatshaushalt. Das kann auch in Form einer Steuervergünstigung geschehen.

- Bei sozialpolitisch motivierten Zielen ist ein direkter Transfer aus dem Haushalt an Einzelpersonen die ordnungspolitisch sauberste Lösung. Dann wäre verbürgt, daß nur Destinatäre und zugleich alle Destinatäre solche Leistungen erhalten. Die Finanzierung würde nach Grundsätzen allgemeiner Steuergerechtigkeit geregelt und nicht als undurchsichtige Quersubvention. Der kaum genutzte Telefonhauptanschluß im Ferienhaus des Millionärs muß nicht unbedingt von der Gesamtheit der Benutzer subventioniert werden. Fragwürdig ist die Idee, private Wettbewerber über eine Art Sonderabgabe zur Finanzierung der Deutschen Bundespost heranzuziehen. § 211 der Telekommunikationsordnung (Ausgleichsgebühren bei privaten Verbindungs- und Abzweigleitungen) kennt ein solches Regime. Auch die Einführung der nutzungszeitabhängigen Tarifierung bei Mietleitungen hat man mit ähnlichen Gedanken rechtfertigen wollen. Daran ist nur richtig, daß ein Zoll (die Sonderbelastung) in der Regel weniger schädlich ist als eine Kontingentierung (Nutzungsbegrenzung). Wird politisch eine spezifische Finanzierungsquelle für Infrastrukturanliegen gewünscht, so wäre eine zweckgebundene Steuer, wie es früher einmal die Benzinsteuer war, vorzuziehen. Ober ihr Aufkommen und ihre konkrete Verteilung hätte dann der Gesetzgeber zu befinden, der freilich der Versuchung ausgesetzt bleibt, nach Art der Tirpitischen Sektsteuer die Zweckbindung eines Tages wieder abzuschaffen, die Steuer indessen beizubehalten. Immerhin wären all diese Optionen vorzugswürdig gegenüber einer Monopollösung. Dies gilt selbst für die Idee einer Sonderabgabe.

Dominanz ausländischer Großkonzerne

31. Gelegentlich ist die These zu vernehmen, bei einer Aufhebung des Monopols, über welches die Deutsche Bundespost bei sämtlichen Übertragungswegen verfügt, komme es in den deutschen Telekommunikationsmärkten unausweichlich zu einer Dominanz ausländischer Großkonzerne. Wir halten dies angesichts der gegebenen Marktverhältnisse für abwegig. Für die Befürchtung, unsere Gesellschafts- und Rechtsordnung sei außerstande, Wettbewerbsprobleme in den Griff zu bekommen, besteht kein Anlaß. Es gilt eher das Gegenteil: Die Aufgabe einer Machtbegrenzung und -kontrolle bei staatlichen Monopolunternehmen ist sehr viel schwieriger zu leisten als bei Privatunternehmen in grundsätzlich offenen Märkten. Nicht nur die Geschichte von AT&T ist dafür ein gutes Beispiel.

Die faktische Investitionssituation

32. Von technischer Seite ist die Frage zu hören, ob angesichts der faktischen Investitionssituation bei der Deutschen Bundespost für konkurrierende Netze überhaupt noch Platz sei (Glasfaser-Overlay, ISDN bei den Zubringerleitungen, Breitbandverkabelungen bis ins nächste Jahrhundert). Darauf ist zu entgegnen:

– Dieser Einwand läuft auf eine hoheitlich vorwegdefinierte Bedarfsbefriedigung hinaus. Doch fehlt dem Staat die Fähigkeit zu solcher Definition. Will man damit nur sagen, daß die Situation in der Bundesrepublik jedenfalls für die Zukunft im internationalen Vergleich passabel sein wird, so liegt ein unzulängliches Wettbewerbskonzept zugrunde. In der Wettbewerbstheorie spricht man vom Vergleichsmarktkonzept. Dieses ist gegenüber funktionierendem Wettbewerb immer nur Ersatz, soweit man Monopolsituationen untereinander vergleicht, sogar nur Ersatz vom Ersatz. Der Einwand ist überdies nicht schlüssig: Wenn private Konkurrenten ohnehin keine Chance hätten, bedürfte es keines gesetzlichen Monopolschutzes. Es ist ähnlich wie in der Diskussion zum Ladenschlußgesetz: Man behauptet, es bestehe gar kein Bedürfnis nach flexiblen

Öffnungszeiten und wehrt sich zugleich mit aller Kraft gegen jede Liberalisierung.

– Im Tatsächlichen bliebe einzuräumen, daß es die Konkurrenz gegen die Deutsche Bundespost schwer hätte. Monopolunternehmen pflegen sich gegen drohenden Wettbewerb zu wappnen. Das Verhalten der öffentlich-rechtlichen Rundfunk- und Fernsehanstalten ist Anschauungsmaterial aus unserem Land in diesen Tagen. Einzelne meinen, schon ISDN sei Bestandteil einer solchen vorausgreifenden Defensivstrategie. Wie dem auch sei, auch hier besteht kein Anlaß zu vorschnellen Resignationslösungen. Man sollte die Investoren und die Märkte entscheiden lassen. Die grundsätzlichen Aussichten erscheinen gut. Allein im Fernsprechnetz geht die Bundespost für die nächsten 20 Jahre von einer Verkehrsverdoppelung aus. Dies gilt noch auf der Basis der geltenden Gebühren. Bei im Wettbewerb erzwungenen Gebührensenkungen wäre der Zuwachs noch sehr viel höher. Unstreitig ist ferner, daß die gegenwärtigen Netze solchen Verkehrszuwachs nicht bewältigen können. Auch die Digitalisierung ruft aufgrund der damit verbundenen höheren Bandbreite zusätzlichen Kapazitätsbedarf hervor. Der gesamte Sektor eher spezieller Leistungen und Anwendungen käme ohnehin noch hinzu. Für Private wäre viel Raum.

IV. Die Vorschläge im einzelnen

Lizenzierung auf der Netzebene

33. Aus dem Vorhergehenden folgt, daß die Öffnung der Übertragungswege für den Wettbewerb das Entscheidende ist. Wir gehen dabei in diesem Bereich nicht von völliger Gewerbefreiheit aus, sondern empfehlen – auch insoweit ausländischen Vorbildern folgend – einen Lizenzierungszwang. Dieser ist nicht unter irgendeinem Aspekt der Bedürfnisprüfung oder eines Schutzes vorhandener Anbieter zu rechtfertigen; beides wäre der Ordnungsidee Wettbewerb entgegengesetzt. Maßgeblich ist vielmehr eine Berücksichtigung von Drittwirkungen: So ist jeder konkurrierende Netzträger, der nicht nur für eine eng geschlossene Benutzergruppe anbietet, darauf angewiesen, daß er über die örtlichen Zubringerleitungen des bisherigen Monopolunternehmens erreicht werden kann. Dies bedingt die Möglichkeit entsprechender technischer Zusammenschaltungen (vgl. auch Ziffer 41). Ein terre-

strischer Netzträger ist auf die Erteilung von Wegerechten, z.B. entlang der Bundesfernstraßen oder der Eisenbahntrassen, angewiesen. Ein störendes Aufreißen der eigentlichen Verkehrsflächen ist damit nicht notwendig verbunden. Insoweit empfehlen wir auch eine entsprechende Ausdehnung des § 1 Telegraphenwege-Gesetz. Verfassungsbedenken aus Art. 14 Grundgesetz (Eigentumsschutz) sehen wir dabei nicht: Bund, Länder und Gemeinden als Teile des Staates sind nach der Rechtsprechung des Bundesverfassungsgerichts im Prinzip nicht grundrechtsfähig.

Bei Richtfunk oder Satellitenverbindungen wird die Zuteilung entsprechender Frequenzen erforderlich. Da solche Zuteilungen für dritte Anbieter eine Parallelverwendung ausschließen, erscheint eine Art Zuverlässigkeitsprüfung sinnvoll. Sie sollte sich auf Finanzkraft, technisches Wissen und die Vorlage eines Investitionsplanes beziehen. Praktisch könnte dies im Wege von Ausschreibungsverfahren ermittelt werden. Wir stellen uns dabei die Zulassung mindestens eines terrestrischen, auf Glasfaserbasis anbietenden Netzträgers vor. Auch ausländische Interessenten könnten dabei zum Zuge kommen. Zusätzlich könnte an einen Ausbau bereits vorhandener, wenn bislang auch geschlossener privater Netze gedacht werden, etwa bei den Energieversorgungsunternehmen. In Betracht käme auch das sog. Basa-Netz der Deutschen Bundesbahn. Dieses wäre aufgrund des dort bestehenden politischen Einflusses freilich eine deutlich unterlegene Option. Sie erscheint deshalb nur als eine zusätzliche Konkurrenzmöglichkeit sinnvoll. Wie in Japan kann weiter an den Aufbau konkurrierender Satellitennetze gedacht werden. Hierfür bietet sich eine Zusammenarbeit mit anderen europäischen Ländern an, in denen man in der Telekommunikation eine wettbewerbliche Strategie verfolgt (Großbritannien, in Zukunft wahrscheinlich auch Frankreich). Beim zellularen Funktelefon sollte wie in den USA, Großbritannien, Japan, Schweden und demnächst wohl auch Frankreich in jedem Falle neben der Deutschen Bundespost ein weiterer Betreiber zugelassen werden. Dies ermöglicht im Sprachbereich Konkurrenz auf der Ortsebene und treibt den technischen Fortschritt voran: Während man in der Bundesrepublik zum Transport eines solchen Geräts noch ein Automobil benötigt, sind in den USA zellulare Telefone erhältlich, die man in eine Manteltasche stecken kann.

Dienste, Teilnehmereinrichtungen

34. Bei den Diensten sind alle Vorbehaltsrechte aufzuheben. Dies gilt auch für das Telefon. Das schließt noch nicht aus, daß für eine Übergangszeit begrenzte Regulierungen sinnvoll sein können, etwa beim einfachen Wiederverkauf von Übertragungskapazität (vgl. Ziffer 41). Bei den Teilnehmereinrichtungen entspricht eine völlige Freigabe dem bereits geltenden Recht (vgl. Ziffer 15), aber noch nicht der geübten Praxis (Monopole der Deutschen Bundespost beim Fernsprechhauptanschluß, bei einzelnen Modems, Wartungsmonopol bei Telexgeräten). Diese Praxis ist zu ändern. Jeder Kunde sollte das Recht haben, einen Netzabschluß installieren zu lassen, der ihm den Anschluß eines Gerätes seiner Wahl erlaubt (sog. Steckerlösung). Zu präzisieren wäre, daß private Anbieter für diese Installation zugelassen werden sollten. Überdies sollte die Deutsche Bundespost verpflichtet werden, bei Neuanschlüssen oder bei erforderlich werdenden Reparaturen nur noch eine solche Steckerlösung vorzusehen. Da bei Teilnehmereinrichtungen die Voraussetzungen für Wettbewerb immer günstiger sein werden als auf der Netzebene, empfiehlt es sich, den Netzabschluß in dem Sinne restriktiv zu definieren, daß das Netz nicht weiter reicht als unbedingt nötig (vgl. Ziffer. 15).

Standardisierungsfragen

35. Die Standardisierungsfragen treffen weder in politischen Kreisen noch in einer breiteren Öffentlichkeit auf jene Aufmerksamkeit, die ihnen zukommen sollte. Dies gilt für Zuständigkeit, Interessenkonflikte, Offenheit, Transparenz und Kontrolle der Entscheidungsverfahren. Es gilt für die Standardisierungsbreite (was wird standardisiert?) ebenso wie für die Standardisierungstiefe (detaillierte technische Festlegungen oder Schaffung von Anpassungseinrichtungen wie sog. gateways oder Architekturlösungen, welche nur das Systemaußenverhalten regeln, interne Funktionen und Protokolle eines Systems indessen unberührt lassen) und die Frage des optimalen Zeitpunkts einer Standardisierung. Diese kann auf der einen Seite zu positiven externen Effekten führen (weitergehende Kommunikationsmöglichkeiten für alle Beteiligten, Planungssicherheit, Kostensenkungen; im Extremfall wird dadurch ein Marktangebot erst möglich). Auf der anderen Seite können damit die typischen Negativwirkungen von Kartellen bei Forschung und Entwicklung verbunden sein (Unterdrückung von Innovation, Zementierung eines technischen

Entwicklungsstandes, Verzögerung bei der Markteinführung wie -durchsetzung). Sie kann zur Monopolisierung von Märkten benutzt werden, nach außen als nichttarifäres Handelshemmnis wirken. Im Einzelfall kommt ihr industriestrategische Bedeutung zu. Beispiele sind die verschiedenen Fernsehstandards wie NTSC, PAL, SECAM oder der Streit um die Standards bei den direktstrahlenden Satelliten. In der Bundesrepublik liegt die Verantwortung für die fernmeldetechnische Standardisierung in Händen der Deutschen Bundespost. Daran knüpft sich vielfache Kritik: Als Staatsunternehmen, welches traditionell auf die Vorhaltung von Basisdiensten ausgerichtet ist, neigt es zu Überstandardisierung (z.B. beim Btx, bei einzelnen Modems usf.). Die Funktionshäufung (Regelaufsteller, Schiedsrichter und Mitspieler) lädt sozusagen strukturell zum Mißbrauch ein. Die Gewährleistung der eigenen Marktposition steht über allem. Im sich abzeichnenden säkularen Interessenkonflikt, in welchem Ausmaß zukünftig "Intelligenz" im Netz angesiedelt oder für Teilnehmereinrichtungen zugänglich bleiben soll, kann man sich unschwer die grundsätzliche Richtung ausmalen. Da die Bundespost nicht selbst herstellt, auch keine größere Forschungskapazität aufweist, wird sie bei manchen Standardisierungsaufgaben abhängig von der deutschen Fernmeldeindustrie, die ihr in entsprechenden Arbeitskreisen zuarbeitet. Das führt zu closed shop-Wirkungen.

DIN-Lösung

36. Wir empfehlen dem gegenüber in Anlehnung an das US-amerikanische und das britische Modell (ANSI-T1 Committee bzw. British Standards Institute) die Standardisierungsaufgabe an das DIN (Deutsches Institut für Normung e.V) zu übertragen. Das DIN ist in den übrigen Wirtschaftsbereichen die für die Bundesrepublik zuständige Normierungsorganisation. Es ist als solches aufgrund eines Vertrages mit der Bundesregierung anerkannt. Seine Arbeit hat sich bewährt. Eine hoheitliche Zuständigkeit innerhalb der Standardisierung ist nur noch dort geboten, wo eine internationale Vertretung aufgrund entsprechender Abkommen durch eine Hoheitsinstanz zu erfolgen hat (empfohlene Zuständigkeit: Bundeswirtschaftsministerium, vgl. Ziffer 39) oder ein Standard durch Rechtsverordnung oder gar förmliches Gesetz zwingende Verbindlichkeit erhalten soll. Inhaltlich zeichnet sich ab, daß unter dem Einfluß der Computertechnik Standards in der Telekommunikation offener werden sollten, eher funktionsspezifisch als dienstespezifisch, herstellerunabhängig, eher konstatierend als determinierend,

eher auf Architekturlösungen als auf starre technische Spezifikationen zielend. Wichtiger als solche nur abstrakt formulierbaren Kriterien erscheint uns ein offener Prozeß der Entscheidungsfindung, an welchem alle Interessenten – Hersteller aus Fernmeldeindustrie, EDV-Industrie und Bürotechnik, Netzbetreiber unter Einschluß der Deutschen Bundespost, Diensteanwender, sonstige Nachfrager – beteiligt sind. Die Statuten des DIN, wonach alle Interessenten an den sie betreffenden Normungsaufgaben gleichberechtigt mitwirken können, stellen dies sicher.

Gerätezulassung

37. Die Zulassungsprüfung von Teilnehmereinrichtungen, die mit dem Netz verbunden werden, nimmt gegenwärtig das Zentralamt für Zulassungen im Fernmeldewesen (ZZF) wahr. Es ist eine zentrale Mittelbehörde nach Art einer Oberpostdirektion und als solche dem Bundespostministerium direkt unterstellt. Die wichtigsten Zulassungskriterien sind, daß Netzeinrichtungen und die dort tätigen Personen nicht gefährdet werden, daß die geprüften Geräte nicht den Fernmeldeverkehr anderer Benutzer beeinträchtigen und daß sie die Standardisierungsbedingungen erfüllen. Wir empfehlen, das ZZF aus dem Bundespostministerium herauszulösen und der von uns vorgeschlagenen Regulierungsstelle, nämlich dem Bundeswirtschaftsministerium zu unterstellen (Ziffer 39). Anderenfalls bestünde die unbefriedigende Regelung, daß die Deutsche Bundespost zugleich Regelaufsteller, Schiedsrichter und Mitspieler ist, fort. Die Prüfkriterien sollten wie in Japan die Frage der Kompatibilität und damit der Standardisierung nicht mehr umfassen. Letzteres macht ein Prüfverfahren unnötig schwerfällig und aufwendig. Erwünschte Kompatibilität kann getrost den Rechtsbeziehungen zwischen einem Hersteller bzw. einem Lieferanten einerseits und dem Kunden andererseits überantwortet bleiben. Wer z.B. ein nicht verwendungsfähiges Telefon verkauft, haftet den Käufern aus dem Gewährleistungsrecht des Bürgerlichen Gesetzbuches. Vom Inhalt der Prüfkriterien zu trennen ist die Frage, wie ihr Vorliegen nachgewiesen wird. Dies könnte durch Erteilung eines Zertifikats durch das ZZF geschehen; als Aussteller käme freilich auch ein entsprechend anerkanntes Prüfinstitut in Betracht. Man kann weiter an die Erteilung eines Prüfzeichens nach Art des VDE-Zeichens denken. Ähnlich wie in den USA könnte grundsätzlich auch die Abgabe einer Herstellererklärung ausreichen (sog. self-certification). Alle drei genannten Arten eines Zertifizierungsverfah-

rens können der Selbstverwaltung der Wirtschaft überlassen werden. Einer ausschließlichen Befugnis einer staatlichen Behörde bedarf es dazu nicht.

Wiederum zu unterscheiden ist das konkrete Anschließen einer Teilnehmereinrichtung an das Netz. Dieser Vorgang bedarf gegenwärtig einer Genehmigung durch das örtliche Fernmeldeamt. Im Zuge einer Steckerlösung (Ziffer 34) sehen wir dafür keine Notwendigkeit mehr. Soweit konkurrierende private Netzträger in Erscheinung treten, kann man die Regelung einer Gerätezulassung diesen selbst überlassen, solange sie nicht mit dem öffentlichen Netz des überkommenen Staatsunternehmens verbunden sind. Letzteres wäre freilich der Normalfall.

Privatisierung?

38. Die Deutsche Bundespost wird gegenwärtig als Sondervermögen des Bundes verwaltet. In der Konsequenz der hier vorgeschlagenen Wettbewerbslösungen liegt es, den Telekommunikationsbereich von den übrigen Postdiensten zu trennen und zugleich in die Rechtsform einer Aktiengesellschaft überzuführen. Dieser Weg wurde nicht nur in Großbritannien und Japan beschritten. Solche Umwandlung ist in den Niederlanden bereits beschlossen. In Belgien wird sie von der sog. de Bondt-Kommission empfohlen. In der Bundesrepublik hält eine allgemeine Meinung die Privatisierung für verfassungsrechtlich versperrt, da nach Art. 87 Abs. 1 Grundgesetz die Deutsche Bundespost in bundeseigener Verwaltung geführt wird. Wir melden eher Skepsis an: Da die Monopole der Deutschen Bundespost nur einfachgesetzlich gewährleistet sind (vgl. Ziffer 20), ist der Gesetzgeber nicht gehindert, Konkurrenz zur Bundespost zuzulassen. Im Nebenstellengeschäft oder auch im Paketdienst war dies schon immer der Fall. Eine wettbewerbliche Ordnung schließt die Möglichkeit, ja die Hoffnung ein, daß die überragende Marktdominanz der Deutschen Bundespost allmählich abgebaut wird: Das öffentliche Unternehmen kann zum Marktteilnehmer unter vielen werden. Von daher liegt die Schlußfolgerung nahe, daß sich aus Art. 87 Abs. 1 Grundgesetz zwar nicht von seinem Wortlaut, aber von seinem Sinn her nur eine Verpflichtung des Gesetzgebers ergibt, eine Rahmenordnung dergestalt zu schaffen und aufrechtzuerhalten, daß die Telekommunikationsaufgaben im Markt auch erfüllt werden können. Doch vermag niemand verläßlich vorherzusagen, wie das in einem Streitfall zur Letztentscheidung berufene Bundesverfassungsgericht ent-

scheiden würde. Praktisch bedeutet dies, daß die Politik nicht bereit ist, ein solches Verfassungsrisiko auf sich zu nehmen. Man muß nach Ersatzlösungen suchen. Dies erscheint uns auch insoweit sinnvoll, als die Deregulierungsdebatte nicht durch eine Privatisierungsdebatte zusätzlich belastet werden sollte. Das schließt nicht aus, daß man in späteren Zeiten einen solchen Schritt verwirklicht, wenn die Frage durch tatsächliche Entwicklungen ggf. ihre politische Sprengkraft verloren hat.

Organisationsstrukturen

39. Das heißt zum gegenwärtigen Zeitpunkt, daß man sich in der Tendenz an dem verfassungsrechtlich unverfänglichen Modell der Deutschen Bundesbahn orientiert und auf diese Weise eine stärkere Verselbständigung des öffentlichen Telekommunikationsunternehmens zu erreichen sucht. Genau dieses Beispiel zeigt freilich auch, daß dieses Ziel notwendigerweise verfehlt wird, wenn das Unternehmen einem eigenen Ministerium unterstellt bleibt, welches sowohl für die hoheitliche Regulierung wie für alle das Unternehmen betreffenden Gesetzesinitiativen zuständig ist. Der Minister sitzt dann unvermeidlich als Chef-Lobbyist des eigenen Unternehmens am Kabinettstisch. Dies ist noch ausgeprägter als etwa im Verhältnis von Landwirtschaftsminister und Landwirtschaft. Wir stellen daher folgenden Vorschlag zur Diskussion: Es wird wieder ein Bundesschatzministerium eingerichtet. Ihm wird die Verwaltung sämtlicher Bundesunternehmen zugewiesen, darin eingeschlossen das öffentliche Telekommunikationsunternehmen. Hoheitsaufgaben wie Zuständigkeit für Gesetzesinitiativen, Regulierungen, soweit sie auf dieser Ebene wahrzunehmen sind (z.B. mit Rücksicht auf Art. 80 Grundgesetz Rechtsverordnungen), werden einem anderen Ministerium überantwortet. Wir denken dabei an das Bundeswirtschaftsministerium. Es hat ohnehin die Kompetenz für Fragen der Wettbewerbspolitik und -gesetzgebung. Dies wäre eine Arbeitsteilung, wie sie für Energieunternehmen mit Bundesbeteiligung gegenwärtig zwischen Bundesfinanzminister einerseits und Bundeswirtschaftsminister andererseits besteht. Das Bundespostministerium würde auf die klassischen Postdienste begrenzt sein. Mit mehr als 300.000 Beschäftigten bliebe diese Aufgabe umfangreich genug.

Benutzungsverhältnisse

40. Rechtsbeziehungen zwischen der Deutschen Bundespost und ihren Kunden sind gegenwärtig hoheitlich geregelte Benutzungsverhältnisse. Ab 1. Januar 1988 ist dafür die Telekommunikationsordnung vom Juli 1986 mit ihren Hunderten von Detailregelungen maßgebend. Diese innerhalb der Deutschen Bundespost gern als "Jahrhundertwerk" bezeichnete TKO ist eine Rechtsverordnung des Bundespostministers. Unmittelbare Folge ihres hoheitlichen Charakters ist, daß ihr Inhalt nicht einer Gerichtskontrolle nach den Maßstäben des Gesetzes über Allgemeine Geschäftsbedingungen ausgesetzt ist. Ebenso scheidet nach herrschender Praxis eine Überprüfung in Anwendung des Kartellgesetzes aus (§ 99 Abs. 1 GWB). Schwierigkeiten ergeben sich immer wieder auch bei der Frage, ob die Deutsche Bundespost bei "anstößigem" Anbieterverhalten den Anforderungen des § 1 UWG (gute Sitten im Wettbewerb) unterliegt. Wir regen deshalb an, die Rechtsbeziehungen zwischen Bundespost und ihren Kunden vollständig dem Privatrecht zu unterstellen. Einzelne Regelungsinhalte der TKO müßten als Vertragsbedingungen formuliert werden. § 99 Abs. 1 GWB sollte, soweit die Bundespost betroffen ist, in jedem Fall aufgehoben werden. Für den Kunden wird keine Verbesserung erreicht, wenn man der Deutschen Bundespost ermöglicht, "zweispurig" zu fahren, d.h. sich je nach Opportunität entweder des Privatrechts oder der Mittel des öffentlichen Rechts zu bedienen.

Aufsichtsbehörde

41. Der Übergang aus Monopolstrukturen, die seit Generationen verfestigt sind, in eine Wettbewerbsordnung ist nicht einfach. Regulierungsnotwendigkeiten bestehen fort. Es sei nur an die Frage der Zugangskosten erinnert, wenn Kunden privater Netzbetreiber die Zubringerleitungen des überkommenen Staatsunternehmens benötigen. Im deregulierten Ausland wurde gerade diese Frage freilich ohne größere Schwierigkeiten gelöst. Für eine Übergangszeit mag bei privaten Diensteanbietern, welche Festverbindungen von Netzträgern angemietet haben, eine Regulierung des einfachen Wiederverkaufs von Übertragungkapazität sinnvoll sein, um allzu abrupte Tarifanpassungen z.B. im Telefonverkehr etwas abzufedern. (In Großbritannien ist solcher einfacher Wiederverkauf erst einmal bis 1989 untersagt.) Die Dynamik der Entwicklung mit entsprechend zugeordnetem Regulierungsbedarf ist

ohnehin nicht exakt abschätzbar. Wir empfehlen deshalb, eine spezielle Aufsichtsbehörde zu schaffen. Dies könnte in Anlehnung an das britische Office of Telecommunications (OFTEL) geschehen. Es hat sich in der Praxis glänzend bewährt. Eine unabhängige Aufsichtsbehörde ist ferner in Frankreich geplant. In den USA entspricht solche agency-Lösung, dort die FCC, ohnehin der Tradition. Man könnte für die Bundesrepublik ähnlich etwa dem Bundesaufsichtsamt für das Versicherungswesen ein selbständiges Bundesaufsichtsamt für das Telekommunikationswesen schaffen. Es sollte dem Geschäftsbereich des Bundeswirtschaftsministers zugeordnet sein. Die Überantwortung einer solchen Aufgabe an eine neu einzurichtende Abteilung innerhalb des Bundeskartellamtes kommt ebenfalls in Betracht. Dabei sind Formen der Arbeitsteilung zwischen Ministerium und Aufsichtsbehörde bezüglich unterschiedlicher Regulierungsgegenstände denkbar. Abgrenzungsnotwendigkeiten ergeben sich ggf. auch für jene allgemeine Wettbewerbskontrolle, welche die Kartellbehörden ausüben.

V. Verbesserungsvorschläge zu den Empfehlungen der Regierungskommission Fernmeldewesen

Zwiespältige Bewertung

42. Gemessen an den hier gemachten Vorschlägen stellen sich die Empfehlungen der Regierungskommission Fernmeldewesen vom September 1987 (Mehrheitsbericht) als eher behutsam dar. Ihre Bewertung unter dem Blickwinkel "Mehr Markt in der Telekommunikation" bleibt zwiespältig. Auf der einen Seite besteht die Möglichkeit, daß bei ihrer Verwirklichung – gewollt oder ungewollt – ein Prozeß in Gang kommt, an dessen Ende eine völlige Umgestaltung der gegenwärtigen Strukturen steht. Auf der anderen Seite ist das Risiko zu sehen, daß der status quo unter geringfügiger Auflockerung zementiert und insbesondere die Dominanz des Staatsunternehmens Deutsche Bundespost über einen ganzen Wirtschaftszweig endgültig festgeschrieben wird. Die Chance zu rechtzeitiger und durchgreifender Reform könnte dann politisch für lange Zeit vertan sein. Wir halten ähnlich dem Sondervotum im Bericht der Regierungskommission die Empfehlungen des Mehrheitsberichts jedenfalls für verbesserungs- und ergänzungsfähig. Sie lassen sich in Teilen auch mit den hier vorgelegten Vorschlägen kombinieren.

Netzmonopol

43. Der Mehrheitsbericht der Regierungskommission bestätigt im Grundsatz das Monopol der Deutschen Bundespost im Hinblick auf sämtliche Übertragungswege. Dies wird mit dem Vorbehalt verbunden, daß Mietleitungen von der Bundespost zu "angemessenen und wettbewerbsfähigen Bedingungen" angeboten werden, worüber die Bundesregierung zu wachen hat. Hinzu tritt die Anregung, die bereits heute nach § 2 FAG mögliche Zulassung privater Fernmeldeanlagen liberaler zu handhaben. Beides zielt in eine wünschenswerte Richtung, bleibt indessen, da ohne institutionelle Vorkehrung, bloßer Appell. An zwei Rändern soll das Netzmonopol gelockert werden. Nach § 3 FAG sind private Kabelverbindungen zwischen Betriebsgrundstücken bis zu einer Entfernung von 25 km genehmigungsfrei, falls sie ausschließlich innerbetrieblichen Zwecken dienen. Die Kommission empfiehlt die Aufhebung dieser 25 km-Begrenzung. Größere Wirkung wird dies kaum haben, da ein solches Kabel unverändert nicht mit einem öffentlichen Netz verbunden, auch nicht für den Verkehr mit Dritten geöffnet werden darf und Private – anders als die Deutsche Bundespost – nicht über Wegerechte an öffentlichen Verkehrswegen verfügen, schon gar nicht über unentgeltliche. Daneben soll der individuelle Datenverkehr niedriger Bitraten über Satelliten nicht dem Netzmonopol unterliegen. Amerikanische Erfahrungen zeigen, daß dies ohne Kombination mit der Möglichkeit zur Sprachübertragung wenig attraktiv ist. Die Begrenzung auf niedrige Bitraten sperrt den Zugang zu technisch und ökonomisch zukunftsträchtigen Anwendungen, wenn auch nicht ausgeschlossen werden kann, daß sich dies im Zuge technischer Entwicklungen einmal ändert. Überdies soll die Bundespost unverändert ihr Monopol bezüglich der erforderlichen Zuweisung von Frequenzen behalten.

Stärkere Auflockerung

44. Findet der Gesetzgeber in Deutschland nicht die Kraft, weitere konkurrierende Netzträger zuzulassen, so empfehlen wir eine nachhaltigere Lockerung des Monopols: Die Begrenzung des Datenverkehrs über Satellit auf niedrige Bitraten sollte nicht übernommen werden. Sie ist auch nicht im Grünbuch Telekommunikation der EG-Kommission enthalten, woran sich die Regierungskommission angelehnt hat. Sie begründet diese Begrenzung damit, auf diese Weise eine konkurrieren-

de Sprachübertragung technisch ausschließen zu können. Dessen bedarf es nicht, da die reine Sprachübertragung nach den Vorstellungen der Regierungskommission ohnehin im Monopol der Deutschen Bundespost verbleiben soll. Zusätzlich müßte gewährleistet sein, daß die Deutsche Bundespost innerhalb ihrer Frequenzverwaltung nicht die Nutzung solcher Übertragungswege behindert, etwa durch eine prohibitive Gebührenpolitik. Wichtiger als die Zulassung privater Kabelverbindungen für den internen Bedarf, die ohnehin schwerlich konkurrenzfähig sein können, wäre die Zulassung von privaten Richtfunkstrecken. Sie setzen keine Wegerechte voraus und verursachen einen geringeren Investitionsaufwand. An die Stelle der Ermessensvorschrift des § 2 FAG sollte dabei ein grundsätzlicher Rechtsanspruch auf das Betreiben solcher Verbindungen treten. Ablehnungen sollten nur dann gerechtfertigt sein, wenn zwingende öffentliche Interessen entgegenstehen. Wir denken dabei an im Einzelfall entgegenstehende Verpflichtungen der Bundesrepublik aus internationalen Abkommen oder an fehlende Frequenzen. In jedem Falle unerheblich sollten Konkurrenzinteressen des Staatsunternehmens selbst sein. Mit Netzwettbewerb hätte all dies wenig zu tun. Es bestünde – im wesentlichen beschränkt auf Großnachfrager – nur eine Möglichkeit, partiell zur Selbstversorgung überzugehen. Immerhin würde auch daraus ein gewisser Wettbewerbsdruck erwachsen. Ein solcher Schritt würde dort stehenbleiben, wo in den USA die Liberalisierung auf der Netzebene einmal begonnen hatte (Above 890-Entscheidung aus dem Jahre 1959).

Drittverkehr, Mobilfunk

45. Ein Schritt zu stärkerem Netzwettbewerb wäre die Zulassung solcher privater Übertragungswege mit der Möglichkeit, sie ganz oder auch nur begrenzt Dritten zur Verfügung zu stellen. Dies entspräche in etwa dem Entwicklungsstand der USA aus dem Jahre 1969 (MCI-Entscheidung mit der Zulassung kommerzieller Fernnetze für Spezialdatendienste) bzw. 1971 (Specialized Common Carrier-Entscheidung). Aus dieser amerikanischen Entwicklung lassen sich weitere Differenzierungen nach Art des Kommunikationsgutes, der Benutzergruppe und der gewählten Übertragungswege ablesen. Wir halten es nicht für besonders sinnvoll, Entwicklungen, welche anderwärts längst zu einem Abschluß gekommen sind, für die Bundesrepublik Deutschland in aller Mühseligkeit in Gang zu setzen und dann neu zu durchlaufen. Wenn Wettbewerb das eigentliche Ziel ist, sollte man nicht bei Halbherzig-

keiten stehenbleiben. Immerhin wären solche Zwischenlösungen ein Fortschritt gegenüber dem gegenwärtigen Zustand. In jedem Fall sollte im begrenzten Feld des Mobilfunks ein weiterer Netzträger zugelassen werden (vgl. Ziffer 33). Der Bundespostminister hat diesbezüglich bereits Aufgeschlossenheit erkennen lassen.

Pflichtleistungen

46. Bei den Diensten, welche mit Hilfe der Netze erbracht werden können, beläßt der Hauptbericht das Telefon im Monopol der Bundespost. Insgesamt bleiben damit, bezogen auf die Fernmeldeumsätze der Deutschen Bundespost aus dem Jahre 1986, ca. 96% der Umsätze unter einem Monopoldach. Der Bericht kennt eine Kategorie sog. Pflichtleistungen, weilche die Deutsche Bundespost kraft politischer Entscheidung zu erbringen hat, im Gegensatz zu sog. freien Leistungen. Bei ersteren sind Auflagen wie flächendeckendes Angebot und Tarifeinheit möglich und Quersubventionen aus dem Monopolbereich zulässig. Die für 1990 vorgesehene nutzungszeitabhängige Tarifierung bei Mietleitungen, auf welche private Diensteanbieter angewiesen sind, soll beibehalten werden. Wir empfehlen demgegenüber, die Kategorie sog. Pflichtleistungen nicht als eine generelle aufzunehmen. Allein schon die Möglichkeit der Subventionierung aus dem Monopolbereich hat nachhaltig abschreckende Wirkung auf private Marktzugänge. Da zwischen Pflichtleistungen und den unreguliert bleibenden freien Leistungen Substitutionsbeziehungen auftreten können (z.B. im Verhältnis von Telexdienst zu Mailbox-Diensten), strahlt dies negativ auch auf den freien Sektor aus. Gleiches gilt unter dem Aspekt, daß zunächst freie Leistungen später zu Pflichtleistungen erklärt werden können. Pflichtleistungen sollten vielmehr auf jene Ausnahmefälle beschränkt werden, bei denen die Deutsche Bundespost aufgrund eines internationalen Abkommens der Bundesrepublik zur Erbringung eines spezifischen Dienstes verpflichtet ist. Im wesentlichen ist dies der – gegenwärtig stark defizitäre – Telegrammdienst.

Nutzungszeit abhängige Tarifierung bei Festverbindungen

47. Eine nutzungszeitabhängige Tarifierung für Festverbindungen sollte nicht verwirklicht werden. Dies widerstreitet jeder Kostenorientierung und bestraft gerade die erfolgreichen privaten Diensteanbieter: Je besser ihre Kapazitätsauslastung, desto höher das Entgelt. Das mit

solcher Tarifierung verfolgte Anliegen, eine Arbitrage zwischen Festverbindungen und Wählverbindungen zu verhindern, hat bei einer Beibehaltung des Telefonmonopols seine wesentliche Begründung verloren. Sie führt dann im Kern dazu, private Wettbewerber "unter Kontrolle" zu halten.

Gleichheit der Wettbewerbsbedingungen

48. Auf die Frage, wie im echten Wettbewerbsbereich (freie Leistungen, Endgeräte) zwischen der Deutschen Bundespost und eventuellen privaten Anbietern jedenfalls annäherungsweise eine Gleichheit der Wettbewerbsbedingungen erreicht werden soll, gibt der Hauptbericht zwei Antworten: Die einzelnen Bereiche innerhalb der Bundespost sind buchhalterisch-rechnerisch zu trennen. Ein Wirtschaftsprüfer soll durch Testat jährlich feststellen, daß eine Übertragung von Monopolgewinnen in den Wettbewerbsbereich nicht stattgefunden hat. Die innerbetrieblichen Verrechnungspreise der Bundespost für die Netznutzung sollen den Tarifen entsprechen, welche private Diensteanbieter für ihre Mietleitungen bezahlen. Wie beides in einem so integrierten Unternehmen wie dem Fernmeldebereich der Deutschen Bundespost praktisch bewältigt werden kann, ist nicht erörtert. Wir halten von solchen Instrumenten wenig. Ihre Leistungsfähigkeit ist, wie umfängliche Erfahrungen im Zusammenhang des Konzernrechts und des Kartellrechts belegen, gering. Wir regen demgegenüber an, die Deutsche Bundespost zu verpflichten, hier über rechtlich und organisatorisch völlig verselbständigte Tochtergesellschaften (z.B. GmbH's) anzubieten. Dies sollte mindestens in den Bereichen gelten, in denen es am ehesten zu Wettbewerb kommen kann, insbesondere bei den sog. Mehrwertdiensten. Diese Tochtergesellschaften hätten dann ihre Netzkapazität beim Netzträger zu gleichen Bedingungen einzukaufen wie ihre privaten Mitbewerber. Solche Technik ist in den USA in der Figur der sog. separate subsidiary verbreitet. In Großbritannien findet sie sich z.B. für British Telecom im Verhältnis zur diensteanbietenden Tochtergesellschaft British Telecom Enterprises (BTE). Wir greifen damit zugleich den Vorschlag der Regierungskommission auf, daß für freie Leistungen und ergänzende Geschäftsfelder Tochtergesellschaften der Telekom in privater Rechtsform gegründet werden können. Anders als bei der Kommission steht für uns hier nicht die Idee größerer Beweglichkeit für das Staatsunternehmen Telekom im Vordergrund – danach könnten dies

auch bloße Marketinggesellschaften bleiben –, sondern die Absicht eines strukturellen Wettbewerbsschutzes.

Rechtsbeziehungen zum Kunden

49. In ganz ähnlicher Weise regen wir an, in Übereinstimmung mit der Regierungskommission die bisherigen hoheitlichen Benutzungsverhältnisse zwischen der Deutschen Bundespost und den "Teilnehmern" zwar in privatrechtliche Vertragsformen überzuführen. Dies sollte aber mit den von uns vorgeschlagenen Ergänzungen geschehen: Umformung einer zu reformierenden TKO in Allgemeine Geschäftsbedingungen, Aufhebung des § 99 Abs.1 GWB (vgl. Ziffer 40). Wiederum geht es uns um verbesserten Rechtsschutz für den privaten Kunden, nicht um "Entfesselung" des Staatsunternehmens.

Standardisierungszuständigkeit

50. Einen schwerwiegenden Mangel im Bericht der Regierungskommission sehen wir darin, daß die Zuständigkeit zur Standardisierung unmittelbar und diejenige zur Gerätezulassung mittelbar über das ZZF beim Bundespostministerium belassen werden soll und die Idee einer verselbständigten Regulierungsinstanz nach dem Muster des britischen OFTEL unter Hinweis auf "deutliche politische Züge" der Hoheitsinstanz verworfen wird. Dies hängt sachlich mit der beifallswerten Empfehlung der Regierungskommission zusammen, Unternehmensaufgaben einerseits und Hoheitsaufgaben andererseits zu trennen. Nur halten wir die Erwartung, ein zukünftiges Bundesministerium für Post und Telekommunikation rücke "in die Rolle einer unparteiischen Regulierungsinstanz", für wenig einleuchtend: Nach den Vorschlägen der Kommission vertritt das Ministerium die Bundesrepublik sozusagen als 100%ige Anteilseignerin. Es beruft das Führungspersonal bei Telekom, genehmigt die Wirtschaftspläne des Unternehmens, bestimmt über die Klassifizierung von Pflichtleistungen, über eventuelle Quersubventionen, kann Infrastrukturauflagen wie flächendeckende Versorgung und Tarifeinheit erlassen, ist für die Tarifgenehmigung im Monopolbereich, also bei den Mietleitungen und beim Telefondienst zuständig. Der Minister trägt gegenüber der Öffentlichkeit die politische Verantwortung. Wir können nicht sehen, wie unter solchen Bedingungen eine Interessenidentifizierung von Telekom und Ministerium abgebaut werden kann. Die Zusammenballung der Funktionen (Regelauf-

steller, Schiedsrichter und Mitspieler) in einer Hand bleibt unverändert. Soweit demgegenüber an das japanische Beispiel gedacht ist, wo das Ministerium für Post und Telekommunikation die primäre Regulierungsinstanz bildet, sollten die Unterschiede im Sachverhalt nicht übersehen werden: Nippon Telegraph and Telephone als das frühere öffentliche Monopolunternehmen ist privatisiert und steht als Unternehmen (ebenso wie die privaten Aktionäre) damit unter dem Schutz des Gesellschaftsrechts gegenüber Einflußnahmen des staatlichen Großaktionärs. Überdies befindet sich Nippon Telegraph and Telephone heute auf sämtlichen Ebenen im Wettbewerb mit weiteren Anbietern. Das ist eine völlig andere Ordnungsstruktur, als sie die Regierungskommission mehrheitlich für die Deutsche Bundespost vorschlägt. Wir halten demgegenüber eine Herauslösung der Standardisierungs- und der Zulassungskompetenz aus dem Bundespostministerium ebenso für angezeigt wie die Schaffung einer selbständigen Aufsichtsbehörde (Ziffern 36 ff und 41).

Open Network Architecture

51. Die Negativwirkungen fehlenden Netzwettbewerbs lassen sich weiter begrenzen, wenn man dem Konzept der sog. Open Network Architecture (ONA) nähertritt. Es wurde 1985 in den USA vorgeschlagen. In der Computer 111-Entscheidung hat die FCC festgelegt, daß die Bell Operating Companies bis Februar 1988 ihre ONA-Pläne vorlegen müssen. Die EG-Kommission hat in ihrem Entwurf eines Grünbuchs Telekommunikation in etwas vager Form diese Idee aufgegriffen (Open Network Provision). Die Regierungkommission empfiehlt, die Diskussion aufgeschlossen zu beachten. Das ONA-Konzept sieht vor, daß auf einem Telekommunikations-Grundnetz Dienste verschiedener Anbieter betrieben werden, die miteinander in Wettbewerb stehen. Einer der Anbieter kann auch der Betreiber des Grundnetzes sein. Die Diensteanbieter können die Leistungen des Grundnetzes mit eigenen Leistungen anreichern und als Dienst an ihre Kunden, die Anwender, weitergeben. ONA beruht dabei auf dem Prinzip, daß die verschiedenen Bausteine und Einzelleistungen des Grundnetzes jedem Dienst bedarfsgerecht und zu gleichen Bedingungen zur Verfügung gestellt werden. Diese Bausteine aus dem Grundnetz werden als "Grunddienstelemente" bezeichnet und durch Schnittstellen voneinander abgegrenzt. Solche Schnittstellen sollen für jeden Diensteanbieter gleichwertige Anschlußmöglichkeiten vorsehen (Comparatively Efficient Interconnection,

CEI). Jeder Diensteanbieter soll damit nach seiner freien Wahl all jene Bausteine benutzen können, die er für seinen speziellen Dienst benötigt. Solche können beispielsweise sein:

- örtliche Anschlußleitungen,
- Vermitteln,
- Teilkapazitäten von Multiplex- oder Breitbandverbindungen,
- Signalisierung aus dem Grundnetz,
- automatischer Aufbau von Verbindungen,
- Ausweichen auf andere Adressen bei Besetzt- oder Störungsfall,
- Identifizierung von Anrufern oder Absendern,
- besondere Gebührenabrechnung.

ONA sieht also die Entbündelung von Netzleistungen vor. ONA teilt sozusagen das Grundnetz in Subnetze. Denn die Diensteanbieter konfigurieren in Wirklichkeit mit Hilfe der Bausteine ihre eigenen "Dienst-Netze". ISDN würde damit zu einem "Netzwerk für Netze" und wäre nicht mehr ausschließlich ein Endbenutzernetz. Als modulares Netzkonzept steht ONA damit in einem gewissen Widerspruch zur Einheitlichkeitsphilosophie von ISDN. Auch sind die technischen Probleme einer Entbündelung von Netzelementen gegenwärtig noch nicht geklärt. Es ist deshalb zu vermuten, daß die Deutsche Bundespost und die deutsche Fernmeldeindustrie diesem Konzept ablehnend gegenüberstehen werden. Wir machen freilich darauf aufmerksam, daß Siemens sich einem ONA-Konzept wird unterwerfen müssen, wenn es mit seinem elektronischen Vermittlungssystem weiterhin auf dem US-amerikanischen Markt präsent bleiben will. Gerade dann, wenn der Gesetzgeber sich in der Bundesrepublik nicht zu einer Wettbewerbslösung auch auf der Netzebene durchringen kann, regen wir an, dieses Konzept in das ordnungspolitische Kalkül mit einzubeziehen. Ein ONA-Konzept könnte aufgrund seiner Flexibilität zu einer besser aufeinander abgestimmten Parallelentwicklung von neuer Netzinfrastruktur und einer neuen Dienstleistungsstruktur führen als ein einfaches Mietleitungskonzept, von dem die Regierungskommission Fernmeldewesen im wesentlichen ausgegangen ist.

Rückzug der Deutschen Bundespost aus den Endgerätemärkten

52. Sollten die Monopolstrukturen des Staatsunternehmens Deutsche Bundespost, was zu befürchten steht, in der Substanz unangetastet

bleiben, so regen wir – in völligem Gegensatz zu den Absichten der Regierungskommission – an, daß sich die Deutsche Bundespost in einer Übergangszeit aus den sog. Endgerätemärkten zurückzieht. Wir lassen dahingestellt, ob die Vorstellung, die Deutsche Bundespost könne tendenziell unbegrenzt Tätigkeitsfelder erschließen bis hin zur Produktion, verfassungsrechtlich zutreffend ist. Immerhin hat das Bundesverfassungsgericht es in der Direktruf-Entscheidung als zweifelhaft bezeichnet, ob eine Datenfernverarbeitung durch die Bundespost für Dritte verfassungsrechtlich überhaupt zulässig wäre (BVerfGE 46, 120, 151 unter Hinweis auf das 1. Fernsehurteil BVerfGE 12, 205, 226 ff). Zwar sprechen für eine Präsenz der Deutschen Bundespost auf diesen Märkten einige Gesichtspunkte, etwa Verbundvorteile. Sie sollten freilich geringer bewertet werden als jene Nachteile der Wettbewerbsverfälschung und der fast unausweichlichen Marktbeherrschung, die sich aus der Präsenz eines staatlichen Monopolunternehmens ergeben, welches einen gesamten Wirtschaftssektor dominiert. Solche Präsenz wird weniger plausibel, wenn es zu einer sog. Steckerlösung kommt (vgl. Ziffer 34). Die Versorgung mit Teilnehmereinrichtungen könnte man getrost dem Handel und dem privaten Mittelstand überlassen. Dazu bedarf es nicht des Einsatzes von Beamten. Würde sich die Deutsche Bundespost in solche Märkte einkaufen, so läge darin in der Regel ein nach § 24 Abs. 1 GWB vom Bundeskartellamt zu untersagender Unternehmenszusammenschluß. Der Gesetzgeber sollte bei der Beschreibung des Tätigkeitsspielraums für ein Staatsunternehmen nicht jene wettbewerbspolitisch negativen Bewertungen vergessen, welche er im Gesetz gegen Wettbewerbsbeschränkungen über bestimmte Marktstrukturen ausgesprochen hat.

Ein Alternativvorschlag: Trennung von Monopol- und Wettbewerbsbereich

53. Wenn sich keine der oben erläuterten Optionen realisieren läßt, unterstützen wir einen Altemativvorschlag, den bereits das Sondervotum im Bericht der Regierungskommission Fernmeldewesen formuliert hat. Eine im Denkansatz ähnliche Konzeption ist für die Niederlande im Bericht der Steenbergen-Kommission enthalten sowie für die Bundesrepublik in einem von dem früheren Ministerialdirektor im Bundespostministerium Arnold ausgearbeiteten Vorschlag. Er basiert auf einer völligen Trennung von Monopolbereich einerseits und Wettbewerbsbereich andererseits:

- Die Deutsche Bundespost behält das Monopol bei den physikalischen Übertragungswegen. Sie kann auch Nachrichten vermitteln, verarbeiten usf., ohne darauf ein Monopol zu haben. (Ein solches besteht bei diesen Funktionen auch heute nicht). Ihr obliegt im Sinne überkommener Infrastrukturvorstellungen ein flächendeckender Ausbau der Fernmeldenetze mit einheitlichen Bedingungen und Gebühren im Raum. Die Gebühren sind so zu bemessen, daß diese Aufgabe erfüllt werden kann.

- Sämtliche Vertriebsfunktionen, von der Vermarktung von Netzanschlüssen über Dienstleistungen bis hin zu Endgeräten der Telekommunikation reichend, werden in eine rechtlich und organisatorisch völlig getrennte Betriebseinheit ausgegliedert (z.B. Teledienst genannt).

- Alle Telekommunikationsleistungen mit Ausnahme der im Monopol befindlichen Übertragungswege können von Privaten erbracht werden. Dies gilt auch für den Fernsprechdienst.

- Die Bedingungen und Gebühren, zu denen die Deutsche Bundespost Netzanschlüsse erstellt sowie Übertragungskapazität und sonstige Netzleistungen zur Verfügung stellt, sind für Teledienst wie für private Anbieter von Telekommunikationsleistungen gleich. Die Nachteile fehlenden Netzwettbewerbs dauern bei dieser Variante fort. Auch entstehen Verluste an Verbundvorteilen zwischen Netzbetreiber und Dienstebetreibern. In solchen Nachteilen läge der Preis, der für den Verzicht auf Wettbewerb in der Netzebene bezahlt werden muß. Der Vorzug dieses Modells liegt darin, daß es die Voraussetzungen dafür schafft, wenigstens außerhalb der Übertragungswege wirksamen Wettbewerb zu ermöglichen.

Das soziale Netz reißt

Vorbemerkung

Wenn das System der sozialen Sicherung in den nächsten Jahren nicht gründlich reformiert wird, dann bricht es in absehbarer Zeit zusammen: Das System der Alterssicherung gerät durch die Zunahme des Rentneranteils an der Bevölkerung in den kommenden Jahrzehnten zunehmend unter Druck. Die Kosten des Gesundheitswesens steigen ohnehin zu schnell. Der Alterungsprozeß der Bevölkerung wird diese Ausgabensteigerung noch beschleunigen. Die finanziellen Lasten der Altenpflege wachsen rasch an. Für die öffentlichen Haushalte zeichnet sich eine schwere Finanzklemme ab, da die Kosten der Sozialhilfe steigen und die Zahl der aktiven, die Hauptsteuerlast tragenden Bürger ab-, die Zahl der kaum steuerzahlenden Rentner zunimmt. Überdies muß auch der Staat bei seinen eigenen Bediensteten mit wachsenden Altersversorgungslasten rechnen. Gleichzeitig haben die Wachstumsraten abgenommen und ist die Produktivität immer langsamer gestiegen.

Jede einzelne dieser Entwicklungen wäre schon je für sich schwer zu bewältigen. Die eigentliche Dramatik liegt darin, daß alle Probleme gleichzeitig auftreten. Gäbe es ein kräftiges Wirtschaftswachstum, so könnten die zusätzlichen Lasten aus zusätzlichem Einkommen getragen werden. Aber das Wachstum droht gerade wegen der Entwicklung der sozialen Sicherungssysteme erstickt zu werden. Voraussetzung für ein kräftiges Wachstum wären hohe Kapitalbildung und hohe Investitionen. Die gesamtwirtschaftliche Ersparnis hat sich jedoch relativ zum Sozialprodukt seit 1960 fast halbiert, und die Nettoinvestitionen der Produktionsunternehmen sind fast auf ein Drittel des Niveaus von 1960 zurückgefallen.

Die Entwicklungen im Sozialsystem und in der Wirtschaft sind nicht unabhängig voneinander. Eigentlich gilt: Wer im Alter versorgt sein will, der muß entweder Kinder haben, die ihn im Alter unterhalten, oder er muß Kapital bilden, das er im Alter verzehren kann, oder er muß bis an sein Lebensende arbeiten. Dieser Zusammenhang gilt auch für ein Volk als Ganzes. In unserem System der Alterssicherung braucht der einzelne aber weder Kinder zur Alterssicherung, noch muß er Vermögen bilden, noch hat er mit wesentlichen finanziellen Einbußen zu rechnen, wenn er sich früher zur Ruhe setzt. Belastet man den erwerbstätigen Teil der Bevölkerung übermäßig mit Steuern und Sozialabgaben, so wird die Schattenwirtschaft weiter wachsen, und junge, gut ausgebildete Erwerbstätige werden das Land verlassen. Versucht man, das System zu retten, indem auf andere Einkommen als die Arbeitseinkünfte zurückgegriffen wird, belastet man also die Unternehmen mit zusätzlichen Steuern, dann werden die produktiven Investitionen außer Landes getrieben. Die Leistungsfähigkeit der Wirtschaft, die schließlich die entscheidende Quelle der Einkommen ist, wird durch die steigenden Kosten des Sozialsystems beeinträchtigt. Wir geraten damit in einen Teufelskreis: Das Sozialsystem ist so konstruiert, daß dessen Kosten ständig steigen. Diese höheren Kosten wären nur aus einem höheren Einkommen aufzubringen. Das Wachstum selbst wird aber durch die Sozialpolitik stranguliert.

Es kann heute nicht mehr darum gehen, an dieser oder jener sozialpolitischen Stellschraube zu drehen, dem einzelnen mehr oder weniger soziale Sicherheit zu versprechen. Es geht darum, die eingebaute Selbstzerstörung des Gesamtsystems zu durchbrechen. Wenn der einzelne heute im eigenen Interesse vernünftig handelt, dann schädigt er die Gemeinschaft. Wir müssen zu einem System kommen, in dem Eigeninteresse und Gemeinwohl wieder zur Deckung gebracht sind.

August 1988

Wolfram Engels, Walter Hamm
Otmar Issing, Wernhard Möschel, Olaf Sievert
Carl Christian von Weizsäcker, Hans Willgerodt
(KRONBERGER KREIS)

I. Sozialpolitik am Abgrund

1. Ausufernde Sozialsysteme

Es gibt keine Vokabel, die in den vergangenen Jahrzehnten so viel bewirkt hat wie das unscheinbare Wort "sozial". Dieses Adjektiv, in Kombination mit Substantiven von A wie "Arbeit" bis Z wie "Zulage", durchzieht heute unseren Sprachgebrauch. Das Wörtchen "sozial" steht dabei schlechthin für gut, und was "gut" sein will, muß auf jeden Fall "sozial" erscheinen. Es ist daher nicht verwunderlich, daß der inflationäre Gebrauch der Vokabel "sozial" sich auch in politischen Regelungsmechanismen niederschlägt. Ob bei Krankheit oder im Alter, bei Invalidität oder Arbeitslosigkeit, bei Hausbau oder Miete, bei Mutterschaft oder Vermögensbildung, überall schützen und stützen kollektive Systeme der sozialen Sicherung die Bürger.

Diese Politik hat schwerwiegende Folgen. Im Jahr 1986 wurden vom Staat und privaten Stellen rund 605,7 Mrd. DM für Sozialleistungen ausgegeben. Das war knapp ein Drittel des Sozialprodukts. Pro Kopf der Wohnbevölkerung wurden im Jahr 1960 1.137,- DM für Sozialleistungen aufgewendet. Bis 1986 hat sich dieser Betrag mit 9.891,- DM fast verneunfacht. Im gleichen Zeitraum hat sich das nominale Volkseinkommen je Einwohner nur reichlich verfünffacht.

Die Tatsache, daß dieser soziale Leistungsstand teuer, wahrscheinlich zu teuer erkauft worden ist, wird den meisten Bürgern kaum bewußt. Dies ist nicht zuletzt die Folge einer Politik, welche die Kosten der kollektiven Sicherheit zu verschleiern sucht. Durch die Spaltung der Sozialabgaben in Arbeitgeber- und Arbeitnehmerbeiträge, durch die steuerfinanzierten Zuschüsse zu den Systemen der sozialen Sicherung und durch die Vielzahl von Finanztransfers wird der Eindruck vermittelt, daß soziale Leistungen nur relativ wenig kosten. Daß das um die Arbeitgeberbeiträge zur Sozialversicherung erhöhte Bruttoeinkommen eines Durchschnittsverdieners heute mit mehr als 31% zur Finanzierung kollektiver Aufgaben im Bereich der Systeme der sozialen Sicherung herangezogen wird, ist nur wenigen bekannt (siehe Abbildung 1, S. 54).

Bisher haben Sozialpolitiker aller Parteien den Sozialstaat ausgebaut und möglichst alle Bürger in möglichst vielen Lebenslagen möglichst umfassend versorgen wollen, obwohl sich die gesellschaftlichen und wirtschaftlichen Rahmenbedingungen seit Einführung der kollektiven Sicherungssysteme nachhaltig zum Besseren verändert haben: Der Lebensstandard der Bürger war noch nie so hoch wie heute. Gleichzeitig scheinen die Bürger die hilfsbedürftigsten und unselbständigsten seit vielen Generationen zu sein. Zu diesem Schluß muß man jedenfalls kommen, wenn der Bevölkerungsanteil der Bürger, die heute Zwangsmitglieder der Systeme der sozialen Sicherung sind, mit dem entsprechenden Anteil zur letzten Jahrhundertwende verglichen wird. Obwohl die weitaus meisten der bundesdeutschen Haushalte heute in der Lage wären, Lebensrisiken in eigener Verantwortung zu tragen, ist der Staat

Abb. 1:

Nettolohn, Lohnsteuer und Sozialabgaben (Arbeitnehmer- u. Arbeitgeberanteil) in % des Bruttoeinkommens aus unselbständiger Arbeit[*)]

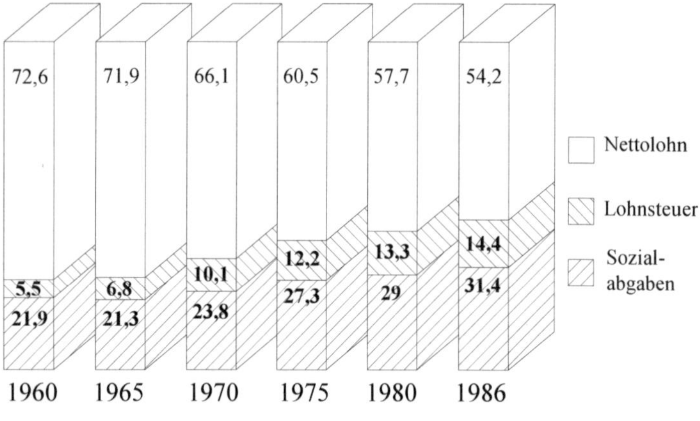

*)Bruttoeinkommen aus unselbständiger Arbeit = Bruttolohn zzgl. Sozialbeiträge der Arbeitgeber
Quelle: Bundesministerium für Arbeit- und Sozialordnung, Arbeits- u. Sozialstatistik, Hauptergebnisse 1987

immer noch ängstlich darauf bedacht, sie vor jeder selbstverantwortlichen Sicherung gegen Risiken zu schützen, mit der Folge, daß Freiräume und Leistungswille ungebührlich eingeschränkt werden. Vergessen wird dabei, daß staatliche Systeme nicht mehr leisten können, als durch den Leistungswillen und die Leistungsfähigkeit der Bürger ermöglicht wird. Dieser Widerspruch einer Politik, die einerseits die wirtschaftliche Leistungsfähigkeit der Bürger sichern und erweitern will, diese aber andererseits durch den Ausbau der kollektiven Sicherungssysteme immer mehr einschränkt, muß beseitigt werden.

1.1 Entwicklung der Altersvorsorge: Rückblick und Ausblick

Von den drei traditionellen Säulen der Altersversorgung – der staatlichen, der betrieblichen und der privaten – trägt die staatliche das größte Gewicht. Sie stellt mit ihren drei Subsystemen – der Rentenversicherung, der Zusatzversorgung für die im öffentlichen Dienst Beschäftigten und der Beamtenversorgung – heute die Hauptsicherung für das Alter dar, während die betriebliche und die private Vorsorge dieses System bisher nur ergänzen.

Von den rund 233 Mrd. DM an Leistungen für die Alters- und Hinterbliebenenversorgung (Gesetzliche Rentenversicherung, Beamtenpensionen, berufsständische Versorgungswerke u.a.) im Jahre 1986 entfielen rund 182 Mrd. DM bzw. knapp 80% auf die Leistungen der gesetzlichen Rentenversicherung. Nach der Erhebung von 1985 umfaßt sie 21,2 Mio. Pflichtversicherte, also praktisch alle erwerbstätigen Arbeiter und Angestellten. Mit denen, die daraus einen Anspruch auf Hinterbliebenenversorgung ableiten, erwarten über 90% der Bevölkerung eine Altersversorgung aus der gesetzlichen Rentenversicherung.

Die gesetzliche Rentenversicherung umfaßt derzeit nicht nur einen größeren Teil der Bevölkerung als früher; ihre Leistungsbezieher, d.h. die Rentner, haben auch an der allgemeinen Wohlstandssteigerung stärker teilgenommen als die arbeitende Bevölkerung (siehe Abbildung 2).

Abb. 2:
Durchschnittsnettolohn und -rente 1973 bis 1986
(1970=100)

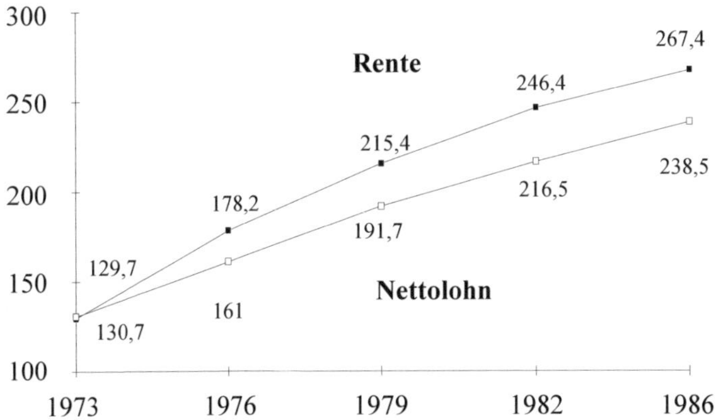

Durchschnittsrente: Jahresrente eines durchschnittlich verdienenden Versicherten nach 45 Versicherungsjahren.
Quelle: Verband Deutscher Rentenversicherungsträger

Diese Entwicklung hängt mit der Einführung der dynamischen Rente im Jahre 1957 zusammen. Nach der damals festgelegten und in ihrer Struktur seither unveränderten Rentenformel richtet sich die zu zahlende individuelle Rente bei Rentenbeginn nicht nur nach den gezahlten Beiträgen und Versicherungsjahren, sondern auch nach der Entwicklung der durchschnittlichen Bruttoarbeitsentgelte. Steigt nun, wie in der Vergangenheit geschehen, die Belastung der Erwerbstätigeneinkommen mit Steuern und Sozialabgaben, so führt die Bruttolohnorientierung dazu, daß die verfügbaren Arbeitseinkommen weniger steigen als die Renten. Denn für Renten sind in der Regel keine Steuern zu entrichten. Dieser Bruttolohnorientierung folgten bis 1977 auch die laufenden, im Bestand befindlichen Renten. Seit dieser Zeit ist der Gesetzgeber von der strengen bruttolohnorientierten Anpassung der Renten mehrmals abgewichen. Durch eine Reihe von Maßnahmen – u.a. Verschiebung der jährlichen Rentenanpassung, von der tatsächlichen Entgeltentwicklung abweichende Anpassungssätze und die Einführung einer zunehmenden Eigenbeteiligung der Rentner an ihrer Krankenversicherung – hat er die Entwicklung des Rentenniveaus beeinflußt. Ohne diese Eingriffe hätte das Netto-Standard-Rentenniveau, also das Verhältnis von Nettodurchschnittsrente nach 45 Versicherungsjahren und durchschnittlichem Nettoentgelt, 1986 89,5% statt 71,6% betragen. Aber auch ein Rentenniveau von 71,6% stellt, gemessen an den 63,9% von 1970, eine überdurchschnittliche Teilhabe der Rentner an der Wohlstandssteigerung dar.

Für die Entwicklung der Ausgaben der Rentenversicherung war von großer Bedeutung, daß abgesehen von den oben erwähnten Vorsichtsmaßnahmen auch die Anpassung der schon laufenden Renten fast durchweg nach dem Trend der Bruttolöhne vorgenommen wurde, auch als dieser größer war als der der Nettolöhne. Welches Gewicht diese Rentenanpassung für die Rentenausgaben hat, wird aus einer Beispielsrechnung des Versicherungsmathematikers Georg Heubeck deutlich: Wenn die Rente eines Mannes im Alter von 63 Jahren einsetzt, wird sie im Durchschnitt voraussichtlich insgesamt 17 Jahre für den Mann und weitere acht Jahre zu 60% für die mit gewisser Wahrscheinlichkeit überlebende Ehefrau bezahlt. Das sind zusammen 25 Jahre. Wird zur Vereinfachung die 60%ige Witwenrente auf volle 100% hochgerechnet, so ist die nominelle Jahresrente für Mann und Frau 21,5 Jahre zu zahlen. Bei einer jährlichen Anpassung der Rente um 2% würden die Rentenausgaben bei unveränderter Lebenszeit statt dem 21,5fachen das

28,1fache der ersten Jahresrente ausmachen. Bei vierprozentiger Anpassung steigt die Zahl der Anfangsjahresrenten schon auf 37,9 und bei sechsprozentiger Anpassung betragen die Rentenausgaben sogar 52,5 Anfangsjahresrenten.

Obwohl die Beiträge durch die Anhebung der Beitragssätze und der Bemessungsgrenzen in der Vergangenheit stark gestiegen sind (siehe Abbildung 3), war die Rentenversicherung für die meisten Erwerbstätigen bisher ein gutes Geschäft: Nach Berechnungen des Verbandes Deutscher Rentenversicherungsträger hätten beim Rentenzugang 1981 die tatsächlich in der Vergangenheit entrichteten Arbeitnehmer- und Arbeitgeberbeiträge bei verzinslicher Ansammlung und unter Berücksichtigung der für vorzeitige Invaliditätsfälle und Witwenrenten benötigten Teile im Durchschnitt nur für eine Altersrente von etwa 74% der tatsächlich gewährten Rente gereicht. Andere Berechnungen – wie z.B. die des Versicherungsmathematikers Heubeck – veranschlagen diese "Eigenfinanzierungsquote" für Anfang der 80er Jahre nur auf ein Drit-

Abb. 3:
Monatliche Beitragsbemessungsgrenzen und Höchstbeiträge in der Rentenversicherung 1970 bis 1987 (in DM)

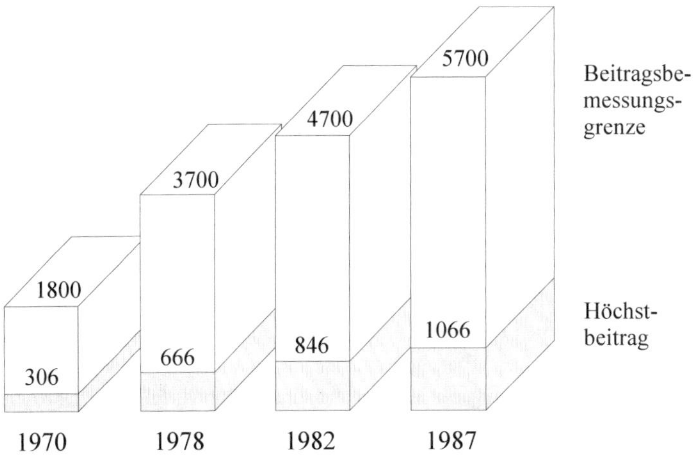

Arbeitgeber- und Arbeitnehmeranteil
Quelle: Bundesministerium für Arbeit und Sozialordnung

tel der tatsächlich gewährten Rente. Obwohl sich wegen der zwischenzeitlich gestiegenen Beitragssätze und der reduzierten Anpassung in den letzten Jahren diese "Eigenfinanzierungsquote" erhöht hat, dürfte die Differenz zwischen Eigenfinanzierung und tatsächlicher Rente auch noch heute beträchtlich sein.

Überdies wird das Verhältnis zwischen Beitragsleistungen und Rente für einen Rentner um so günstiger, je früher er in Rente geht. Bei Inanspruchnahme einer vorgezogenen Rente zahlt der Versicherte weniger lang Beiträge und bezieht entsprechend länger Rente. Beide Faktoren werden aber bisher bei der Festsetzung der Rentenhöhe nur ungenügend berücksichtigt. Entsprechend hat der Trend zum frühen Renteneintritt nach Einführung der flexiblen Altersgrenze im Jahre 1972 drastisch zugenommen: Von den Männern des Jahrganges 1906 (also vor Einführung der flexiblen Altersgrenze) gingen noch 60% mit dem 65. Lebensjahr – also bei Erreichen des "normalen" Rentenalters – in Rente. Von den Männern des Jahrganges 1910 (also nach Einführung der flexiblen Altersgrenze) waren es nicht einmal mehr 40%. Während sich dieser Trend zum früheren Renteneintritt bei den Männern von Jahrgang zu Jahrgang verstärkt hat, verlief der Trend bei den Frauen etwas gemäßigter, da sie schon seit 1957 generell die Möglichkeit hatten, ab dem 60. Lebensjahr eine Rente zu beziehen. Sowohl diese Vorverlegung des Rentenzugangsalters als auch die Verlängerung der Lebensdauer haben die Rentenbezugszeiten erhöht. So betrug die mittlere Lebenserwartung der 60jährigen Männer 1960/62 15,5 Jahre, 1982/84 lag sie bereits bei 16,8 Jahren. Die entsprechenden Werte bei den Frauen betrugen 18,5 bzw. 21,2 Jahre.

Aufgrund der erheblichen Leistungsausweitungen gerieten die Rentenversicherungsträger in finanzielle Schwierigkeiten. Die Finanzreserven, die 1973 noch für 9,4 Monatsausgaben reichten, schrumpften bis 1987 auf 1,8 Monate. Die Schwierigkeiten wurden zeitweise überspielt, weil die Rentenversicherung Selbständige zu günstigen Bedingungen aufnahm. Das erhöhte zunächst einmal die Einnahmen, denen erst viel später Ausgaben gegenüberstehen. Auf diese Weise wurde gewissermaßen eine Hypothek auf die Zukunft aufgenommen, die Einzahlung aber sofort konsumiert.

Die Verschlechterung der finanziellen Situation trat ein, als die Altersstruktur noch relativ günstig war. Die Fähigkeit der Rentenversicherung, ihren bisherigen Verpflichtungen ohne Abstriche in Zukunft auch weiter nachzukommen, wird davon abhängen, wie sich das Verhältnis zwischen Beitragszahlern und Rentnern entwickelt, und davon, welche Steigerung der Beitragssätze die Erwerbstätigen hinzunehmen bereit sind. Bis zur Jahrtausendwende, für die schon eine genaue Vorausberechnung möglich ist, wird sich die Altersstruktur noch nicht dramatisch verschlechtern. Von dieser Veränderung der Altersstruktur würden dann keine erheblichen zusätzlichen Belastungen ausgehen, wenn das normale Pensionsalter heute noch und auch weiterhin bei 65 Jahren läge: Auf 1.000 erwerbsfähige Bürger im Alter von 20 bis unter 65 Jahren entfallen heute 243 Bürger, die 65 Jahre und älter sind. Dieses Verhältnis verschiebt sich bis zum Jahre 2000 auf 1.000 zu 282. Eine wesentlich stärkere Verschlechterung des Verhältnisses zwischen Erwerbsfähigen und Älteren tritt allerdings dann ein, wenn generell schon die Sechzigjährigen Rentenbezieher werden: Dann müssen an der Jahrtausendwende 1.000 Erwerbsfähige 472 Rentner ernähren (siehe Abbildung 4).

Abb. 4:
Veränderung des Alterslastquotienten (in %)

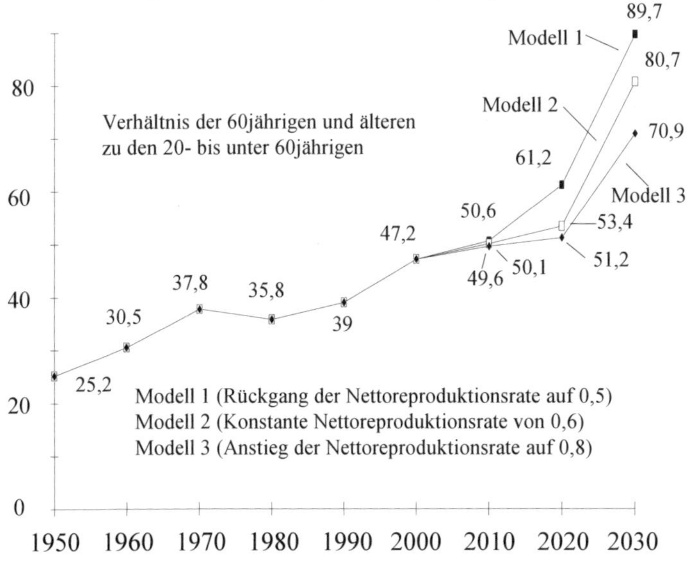

Quelle: Statistisches Bundesamt, "Bevölkerung gestern, heute und morgen", Mainz 1985

Bevölkerungsprognosen über sehr lange Zeiträume sind wegen der damit verbundenen Annahmen, wie z.B. über die Geburtenhäufigkeit, die Wanderungsbewegungen und die Sterblichkeit, mit erheblichen Unsicherheiten behaftet. Alle vorhandenen Prognosen deuten aber darauf hin, daß ab der Jahrtausendwende die Relation der Sechzigjährigen und Älteren zu den Zwanzig- bis unter Sechzigjährigen stark ansteigen wird. So ist z.B. je nach den Annahmen über die Geburtenhäufigkeit nach Prognosen des Statistischen Bundesamtes damit zu rechnen, daß im Jahre 2030 der Alterslastquotient zwischen 70,9% und 89,7% liegt (siehe Abbildung 4). Zwar ist nicht auszuschließen, daß in Zukunft die Geburtenhäufigkeit konstant bleibt oder sogar ansteigt (Modell 1 und 3), wie auch in Berechnungen des Verbandes Deutscher Rentenversicherungsträger (VDR)[1] unterstellt wird, aber der wahrscheinliche Fall ist das nicht. Seit über 20 Jahren nimmt die Geburtenhäufigkeit ab, und es sind keine Veränderungen der Bedingungen in Sicht, die diese Entwicklung umkehren könnten. Daher wäre ein Alterslastquotient von 89,7% nicht der unwahrscheinlichste Fall.

Noch ungünstiger stellt sich die Perspektive der gesetzlichen Altersversicherung dar, wenn man die Anzahl der Beitragszahler mit der Anzahl der jeweils zu versorgenden Rentner vergleicht. Nach Vorausschätzungen des Verbandes Deutscher Rentenversicherungsträger (VDR) wird sich der Rentnerquotient (Zahl der Rentner in Relation zu den Beitragszahlern) von derzeit 488 Rentnern zu 1.000 Beitragszahlern auf 1.122 zu 1.000 im Jahre 2030 erhöhen.

Diese Abhängigkeit von der Bevölkerungsentwicklung ist nicht schicksalhaft und unvorhersehbar über das Altersvorsorgesystem hereingebrochen. Schon seit langem ist bekannt, daß es so wie in der Vergangenheit nicht weitergehen kann. Seit 1964 ist die Nettoreproduktionsrate[2] von 1,17 auf 0,6 gefallen. Die ersten genaueren Projektionen für die gesetzliche Rentenversicherung wurden 1975 aufgestellt. Seitdem sind sie von Jahr zu Jahr nach unten korrigiert worden. Die jüngste Projekti-

---

1) "Zur langfristigen Entwicklung der gesetzlichen Rentenversicherung", Gutachten der Kommission des Verbandes Deutscher Rentenversicherungsträger, Juni 1987

2) Eine Nettoreproduktionsrate von 1 bedeutet, daß die Frauen im Alter von 15 bis 45 so viele Töchter, daß die Müttergeneration zahlenmäßig voll ersetzt wird.

on des Verbandes Deutscher Rentenversicherungsträger (VDR)[3] kommt zu dem Schluß, daß bei Beibehaltung des geltenden Rechts und damit auch bei Aufrechterhaltung des gegenwärtigen Rentenniveaus bis zum Jahre 2030 – je nach unterstellter günstiger oder ungünstiger wirtschaftlicher Entwicklung – die Beitragssätze von derzeit 18,7% auf 36,7% bis 41,7% der Bruttolöhne steigen müßten.

Um derartig hohe Beitragssätze zu vermeiden, schlägt der VDR vor, die Mehrkosten "ausgewogen" auf Beitragszahler, Rentner und Bund zu verteilen. Nach seinen Vorstellungen sollen 70% der Mehrbelastung auf die Rentner und Beitragszahler entfallen: Durch veränderte Anpassung der Renten an die wirtschaftliche Entwicklung, die Neuregelung beitragsloser Zeiten und die Verlängerung der Lebensarbeitszeit nach der Jahrtausendwende sowie durch höhere Beitragssätze (je nach unterstellter wirtschaftlicher Entwicklung 26,6% bis 28,8% im Jahre 2030) soll ein weiteres Auseinanderklaffen der Schere zwischen Einnahmen und Ausgaben verhindert werden. Rund 30% der Mehrbelastung sollen auf den Bund entfallen. Sein Zuschuß zu den Rentenausgaben soll von derzeit 17,7% auf 20% erhöht und entsprechend der Entwicklung der Rentenausgaben und des Beitragssatzes fortgeschrieben werden.

Obwohl die Formel von der gleichmäßigen Lastenverteilung auf Beitragszahler, Rentner und Steuerzahler sehr griffig ist, wird nach den Berechnungen des Verbandes Deutscher Rentenversicherungsträger selbst die Mehrbelastung der Beitragszahler durch die Reform fast doppelt so hoch ausfallen wie die der Rentner. Überdies besteht das, was als Mehrbelastung der Rentner angegeben wird, zum größten Teil darin, daß künftig die Renten nur noch im Ausmaß der Nettoeinkommensentwicklung der Erwerbstätigen steigen sollen, daß also die Rentner in Zukunft nicht stärker an der allgemeinen Wohlstandsentwicklung teilhaben als die Erwerbstätigen. Hinzu kommt, daß es mit der einmaligen Erhöhung des Bundeszuschusses auf 20% nicht getan ist. Nach der Formel des VDR müßte der Bundeszuschuß bis zum Jahre 2015 auf 25,1% und bis zum Jahre 2030 auf 30,3% der Rentenausgaben steigen. Das entspräche in den Jahren 2015 und 2030 jeweils einem Zuschuß von 186 Mrd. DM bzw. 502 Mrd. DM. Ein Zuschuß von 502 Mrd. DM würde, gemessen an dem für das Jahr 2030 prognostizierten

---

3) "Zur langfristigen Entwicklung der gesetzlichen Rentenversicherung", a.a.O.

nominalen Sozialprodukt, einen Anteil von 4,5% darstellen. Im Jahre 1986 lag der Anteil des Bundeszuschusses am Bruttosozialprodukt bei 1,3%. Eine derartige Anhebung des Bundeszuschusses läßt sich nicht ohne Steuererhöhungen realisieren. Da 90% der Steuerzahler gleichzeitig Mitglied der gesetzlichen Rentenversicherung sind, läuft dieser Vorschlag darauf hinaus, ihnen einen weiteren Teil der Mehrbelastung in Form von Steuererhöhungen zu präsentieren.

Damit werden die Anpassungslasten in erster Linie denjenigen Erwerbstätigen aufgebürdet, die nach Beginn einer solchen Reform erst in das Erwerbsleben eintreten, während die Belastung der Rentner und der dann älteren Erwerbstätigen relativ gering bleibt. Anders ausgedrückt: Während sich die Beitragsleistungen der heutigen Rentner – versicherungsmathematisch gerechnet – im Durchschnitt stärker verzinst haben als Anlagen am Kapitalmarkt, müssen die nach Beginn einer solchen Reform in das Erwerbsleben Eintretenden damit rechnen, daß ihre gesamten Leistungen für die Rentenversicherung (Beiträge und Steueranteil) eine geringere Verzinsung erzielen als am Kapitalmarkt.

Überdies beruht das Modell des Verbandes Deutscher Rentenversicherungsträger selbst für die unterstellte ungünstigste Entwicklung in der Rentenversicherung auf relativ optimistischen Annahmen über die Geburtenhäufigkeit und über die wirtschaftlichen Entwicklungslinien, wie z.B. die des Arbeitsmarktes, die der wirtschaftlichen Wachstumsraten und die der gesamten Abgabenquote (siehe hierzu S. 72f). Sind die Entwicklungen ungünstiger als angenommen oder kann der erforderliche Bundeszuschuß nicht aufgebracht werden, was wahrscheinlich ist, so ist der Rentenanspruch der jüngeren Erwerbstätigen noch viel weniger wert. Das Modell verstößt daher gegen den obersten Grundsatz jeglicher Rentenreform, daß nämlich das System als Ganzes sicher sein muß.

1.2 Die gesetzliche Krankenversicherung: Ein Dauerpatient

Rund 90% der Bevölkerung sind unmittelbar als krankenversicherte Arbeitnehmer oder mittelbar als mitversicherte Familienangehörige gegenüber den gesetzlichen Krankenkassen anspruchsberechtigt. Das Ausgabenvolumen dieser Krankenkassen ist von 3,75 Mrd. DM im Jahre 1955 über 25,2 Mrd. DM im Jahre 1970 auf 119,6 Mrd. DM im

Abb. 5:
Die Ausgabensteigerung in der gesetzlichen Krankenversicherung 1970 bis 1986 (1970=100)

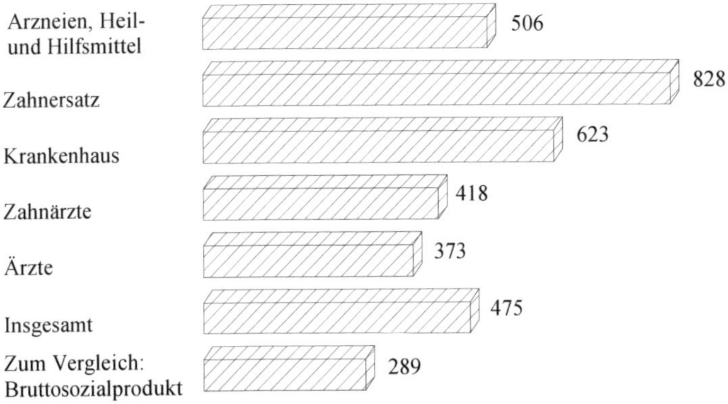

Quelle: Bundesministerium für Arbeit und Sozialordnung

Jahre 1986 gestiegen. Das entspricht einer Steigerung von 375% seit 1970. Im gleichen Zeitraum hat das Bruttosozialprodukt nur um 189% zugenommen (siehe Abbildung 5).

Um solche Ausgabensteigerungen finanzieren zu können, mußten von 1970 bis 1987 die Beitragssätze von durchschnittlich 8,2% auf 12,7% des beitragspflichtigen Einkommens angehoben werden und die monatli-

Abb. 6:
Monatliche Beitragsbemessungsgrenzen und Beiträge in der Krankenversicherung 1970 bis 1987 (in DM)

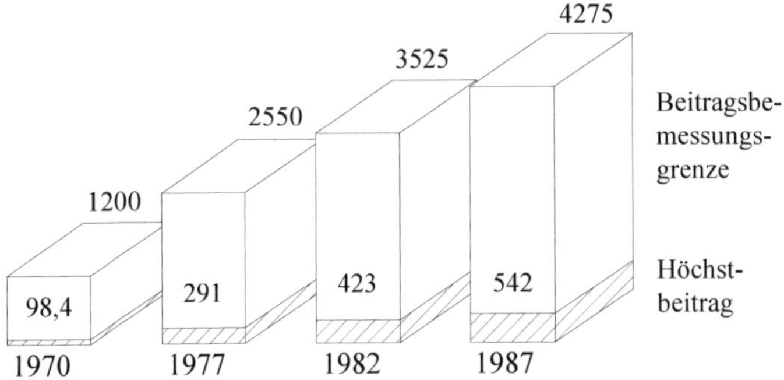

Arbeitnehmer- und Arbeitgeberanteil
Quelle: Bundesministerium für Arbeit und Sozialordnung

chen Beitragsbemessungsgrenzen des Einkommens von 1.200,- DM auf 4.275,- DM steigen (siehe Abbildung 6, S. 63). Dabei zeigt dieser Beitrag nur einen Teil der Lasten des Gesundheitssystems an, die von den Arbeitnehmern zu tragen sind.

Wird alles zusammengezählt, was dieses System den Arbeitnehmer kostet, weil es letztlich von seinem Lohnpotential abgezogen wird – sein eigener Beitrag, der Arbeitgeberbeitrag, die Kosten der Lohnfortzahlung für die Unternehmen (1986 rund 41 Mrd. DM) und die über Steuern finanzierten Gesundheitsleistungen –, so muß ein Arbeitnehmer heute schon weitaus mehr als den durchschnittlichen Beitragssatz von 12,7% des Bruttolohnes für das Gesundheitssystem aufwenden.

Gegen eine weitere Steigerung der für die Gesundheit getätigten Aufwendungen bestünden keine Bedenken, wenn diese, wie in jedem Wettbewerbsmarkt, auf der freien und selbstverantwortlichen Entscheidung der Konsumenten beruhte. Das ist aber im bundesdeutschen Gesundheitswesen, soweit es durch die gesetzliche Krankenversicherung abgedeckt wird, nicht der Fall. Staatliche Organe bestimmen, welche Leistungen dem Versicherten zum Nulltarif von seiner Krankenkasse bezahlt werden. Die Nachfrager von Leistungen, die Patienten, sind mit den unmittelbaren Zahlern der Leistungen, den Krankenkassen, nicht identisch. Und die Anbieter von Leistungen, die Ärzte und Krankenhäuser, bestimmen im wesentlichen Art und Menge der zu konsumierenden Leistungen, ohne daß ein Anreiz zu kostenbewußtem Umgang mit den Krankenkassenbeiträgen bestünde.

Aufgrund dieser Systemmerkmale sind im gegenwärtigen Gesundheitssystem alle Beteiligten – Patienten, Ärzte, Krankenhäuser, Krankenkassen, pharmazeutische Industrie – fehlmotiviert und haben kaum Anreize zu ausgabensparendem Verhalten. Manche Versicherten lassen sich gerne krankschreiben, auch wenn sie nicht ernsthaft krank sind. Der Arzt, der diesem Wunsch widersteht, hat mit Einkommenseinbußen zu rechnen. Zudem muß der Arzt dem in Wirklichkeit nichtkranken Patienten aus Gründen der Vorsicht zunächst Glauben schenken, ihn untersuchen und damit Leistungen zu Lasten der Krankenkassen erbringen. Die Krankenhäuser wiederum haben wegen des Kostendeckungsprinzips, das im Grundsatz auch nach der Krankenhausfinanzierungsreform von 1984 beibehalten wurde, wenig Interesse an einer wirtschaftlicheren Betriebsführung. Einige Krankenkassen versuchen ihrerseits, sich mit höheren Leistungen für die freiwillig Versicherten bei steigenden Beitragssätzen gegenseitig zu übertreffen. Die Nachfrage nach verordneten Medikamenten ist wegen fehlender Anreize bei Ärzten und Versicherten wenig preisempfindlich; oft wird der Wettbewerb über hohe Vertriebs- und Werbungskosten ausgetragen.

Die Folge davon war und ist eine immer weiter steigende Inanspruchnahme der Solidarkassen. Um dem entgegenzuwirken, griff der Staat in immer kürzeren Abständen ein. Doch seine Maßnahmen zur Kostendämpfung haben den bürokratischen Regelungsmechanismus noch komplizierter gemacht. Ein nachhaltiger Erfolg blieb diesen Interventionen versagt, weil sie es bei einem System beließen, das elementare menschliche Antriebskräfte verkennt und wirtschaftliche Mechanismen außer acht läßt.

Sicherlich sind die beklagten Ausgabensteigerungen nicht nur Folge systembedingter Unwirtschaftlichkeit. Gestiegene Lebenserwartung, wachsender Lebensstandard und medizinischer Fortschritt kommen als weitere, wenig beeinflußbare Ursachen für den wachsenden Bedarf an Gesundheitsleistungen hinzu. Um so wichtiger ist es, die tieferen, beeinflußbaren Ursachen der Unwirtschaftlichkeit aufzuspüren und zu beseitigen.

Der derzeit vorgelegte Reformplan des Bundesarbeitsministeriums leistet dies allenfalls teilweise. Er sieht vor, daß die Krankenkassen bei ihren bisherigen Aufgaben um etwa 14,5 Mrd. DM entlastet werden. Die Hälfte dieser Einsparungen soll freilich in neu zu übernehmende Leistungen fließen: in die Unterstützung der häuslichen Pflege und den Ausbau der Gesundheitsvorsorge. Die andere Hälfte soll zu einer Senkung des Beitragssatzes führen, die rechnerisch bei 0,7 Prozentpunkten (von durchschnittlich 12,7%) liegt.

Um die Entlastungen herbeizuführen, sollen einige Leistungen der Krankenkassen ganz gestrichen werden (Sterbegeld, Fahrtkosten bei ambulanter Versorgung, Ausweitung der Liste von Arzneimitteln, die nicht zu Lasten der Krankenversicherungen verordnet werden dürfen). Für Zahnersatz wird der derzeitige Zuschuß für die Versicherten in Höhe von etwa 70% bis 80% auf 40% bis 60% der Gesamtkosten für notwendige zahnärztliche und zahntechnische Leistungen gesenkt. Bei der ambulanten Behandlung sollen die Ausgaben durch verschärfte

Kontrollen, finanzielle Vorgaben für die verordneten Leistungen und durch eine strengere Bindung der Honorare an den Grundsatz der Beitragsstabilität begrenzt werden.

Ein großer Teil der Einsparungen – etwa 2 Mrd. DM jährlich – wird aus der schrittweisen Einführung von Festbeträgen für Arzneimittel erhofft. Diese Festbeträge, die gewährleisten sollen, daß die Versicherten die medizinisch notwendigen Leistungen ohne Zuzahlung erhalten, orientieren sich in ihrer Höhe an den jeweils vergleichbaren preiswerten Arzneimitteln und bringen so Elemente bedingter Selbstbeteiligung ins Spiel. Zunächst sollen 1989 Festbeträge für wirkstoffgleiche Präparate eingeführt werden. Bis 1991 sollen in dieses System auch Arzneimittel mit pharmakologisch-therapeutisch vergleichbaren Wirkstoffen und mit pharmakologisch vergleichbaren Wirkprinzipien durch einen Bundesausschuß von Ärzten und Krankenkassen einbezogen werden. Für Arzneimittel, die nicht einbezogen werden, wird ab 1991 eine prozentuale Selbstbeteiligung der Versicherten eingeführt.

Diese Reformpläne folgen überwiegend konsequent der Logik des Systems. Um die Fehlsteuerung des Verhaltens der Beteiligten zu korrigieren und um die Inanspruchnahme von Leistungen zu reduzieren, werden Leistungen aus dem Leistungskatalog der gesetzlichen Krankenkassen gestrichen, neue bürokratische Regelungsmechanismen ersonnen und bestehende verschärft. Eine Dämpfung der Ausgabenexpansion wird nur durch die Aussparung von Leistungen und durch die verstärkten Elemente der Selbstbeteiligung erfolgen. Die neuen Regelungsmechanismen werden mit Sicherheit dazu führen, daß die Beteiligten neue Ausweichmanöver ersinnen und damit die Dämpfungsbemühungen durchkreuzen.

Dies gilt auch für die Festbeträge bei Arzneimitteln. Ein Festbetrag ist im Prinzip nichts anderes als ein Höchstpreis für ein bestimmtes Standardmedikament. Der Versicherte erhält es auch weiterhin zum Nulltarif und damit ohne Selbstbeteiligung. Nur hinsichtlich der Medikamente, die teurer sind als das jeweilige Standardpräparat, gibt es einen Anreiz zur Sparsamkeit. Da die Ausgabensteigerungen dieses Bereiches insbesondere auf das Anwachsen der Mengen und weniger auf den Anstieg der Preise zurückzuführen sind, kann von dieser Seite kaum mit einer befriedigenden Begrenzung der Ausgabendynamik gerechnet werden. Hinzu kommt, daß sich die Pharmaunternehmen den veränderten wirtschaftlichen Rahmenbedingungen anpassen werden. Die Festbetragsregelung erfaßt nur Präparate mit "gleicher" Qualität. Neuerungen, also Qualitätsänderungen, unterliegen nicht dieser Regelung. Sie sind daher in Zukunft nicht nur Träger des therapeutischen Fortschritts, sondern lassen sich auch durch eine entsprechende Preisgestaltung zur Kompensation des Erlösdrucks einsetzen. Damit dürfte es einer Reihe von Unternehmen gelingen, den beabsichtigten Einsparungseffekt zu unterlaufen. Mehr als man heute denkt, wird es also auf die erst für die Zeit nach 1991 angekündigten Selbstbeteiligungssätze ankommen.

Gleichzeitig ist aber die Unterstützung der häuslichen Pflege in die gesetzliche Krankenversicherung einbezogen und damit ein Treibsatz für weitere Kostensteigerungen gezündet worden. Die Idee, die billige Hauspflege zu fördern, um bei der teuren, teilweise mit Sozialhilfe finanzierten Pflege in Altenpflegeheimen zu sparen, ist im Prinzip richtig. Zu beachten ist jedoch – wie in anderen Bereichen des Gesundheitswesens auch – das Problem des Mißbrauchs: Da Pflegebedürftigkeit ebensowenig vollkommen objektiv feststellbar ist wie Krankheit, ist damit zu rechnen, daß die Anzahl der pflegebedürftigen Personen rasch ansteigt.

Zu befürchten ist, daß sich diese Reform in die Serie der erfolglosen Bemühungen der Vergangenheit einreiht. Nach wie vor werden die Beteiligten und ihre Motivationen fehlgesteuert. Weiterhin wird überwiegend auf staatliche Reglementierung und Bevormundung statt auf Eigenverantwortung und Eigeninteresse gesetzt. Anstatt zumindest eine generelle und gleichmäßige Selbstbeteiligung für alle Kassenleistungen einzuführen und vom Sachleistungs- zum Kostenerstattungsprinzip überzugehen, wurden neue bürokratische Regelungsmechanismen ersonnen, die das System noch weiter verkrusten und noch undurchschaubarer machen werden.

Mit der geplanten Reform ist eine dauerhafte Kostendämpfung im Bereich der gesetzlichen Krankenversicherung nicht zu erreichen. Den wenig breit angelegten Ausgabensenkungen stehen erhebliche Leistungsverbesserungen insbesondere im Bereich der häuslichen Pflege gegenüber. Für 1991 wird in diesem Bereich mit Ausgaben in Höhe von 6,4 Mrd. DM gerechnet. Da hier aber eine starke Expansion zu erwarten ist und da die Fehlmotivation und Fehlsteuerung aller Beteiligten nicht beseitigt wird, muß damit gerechnet werden, daß die Neigung, verstärkt Leistungen in Anspruch zu nehmen, in der Zukunft eher noch zunehmen wird. Der Beitragssatz für das Jahr 2000, der vom Sachverständigenrat für die Konzertierte Aktion im Gesundheitswesen auf 14,3% geschätzt wurde, dürfte daher eher über 15% liegen. Danach beschleunigt sich der Alterungsprozeß der Bevölkerung. Ein Rentner zahlt aber heute nicht nur weniger Beitrag zur Krankenversicherung als ein Erwerbstätiger; er nimmt außerdem das Gesundheitswesen etwa 2,6mal so stark in Anspruch wie jener. Nach einer Schätzung des Instituts der deutschen Wirtschaft bedeutet dies, daß allein aus Gründen der Altersstruktur die Beiträge bis zum Jahre 2030 um weitere 3,4 Prozentpunkte steigen müssen.

Für das Jahr 2030 schätzt der Verband Deutscher Rentenversicherungsträger den Beitragssatz in der gesetzlichen Krankenversicherung auf knapp 20%. Bei dieser Schätzung wird allerdings angenommen, daß der Einfluß des Alterungsprozesses auf den Beitragssatz durch die Anhebung des Beitragssatzes der Rentner auf das Niveau der Aktiven sowie durch den Rückgang der beitragsfrei mitversicherten Familienangehörigen weitgehend kompensiert wird. Dabei ist zunächst zu beachten, daß eine Erhöhung des Beitragssatzes der Rentner letztendlich nur eine Verschiebung der Lasten zu den Rentnern bedeutet und damit die Last insgesamt nicht schmälert. Auch der Rückgang der beitragsfrei mitversicherten Familienangehörigen (hauptsächlich die unter Zwanzigjährigen) wird den Einfluß des Alterungsprozesses auf den Beitragssatz nicht wesentlich verringern können. Bis zum Jahre 2030 wird sich die Alterslastquote (Verhältnis der Sechzigjährigen und Älteren zu den Zwanzig- bis unter Sechzigjährigen) mehr als verdoppeln, während die Jugendquote (Verhältnis der unter Zwanzigjährigen zu den Zwanzig- bis unter Sechzigjährigen) nur um ca. 7 Prozentpunkte abnimmt. Berücksichtigt man, daß die über Sechzigjährigen durchschnittlich das Vierfache an Ausgaben verursachen wie die unter Zwanzigjährigen und die Ausgaben der Rentner im Durchschnitt mehr als das Doppelte ihres Beitrages betragen, so ist bei unveränderten Rahmenbedingungen damit zu rechnen, daß im Jahre 2030 der Beitragssatz eher über 20% liegt.

1.3 Wachstumsbereich Sozialfürsorge

Die stärksten Ausgabensteigerungen hat es in den letzten Jahren im Bereich der Sozialfürsorge gegeben (siehe Abbildung 7). Zur Erklä-

Abb. 7:
Sozialhilfe 1960 bis 1986
(in Mio. DM)

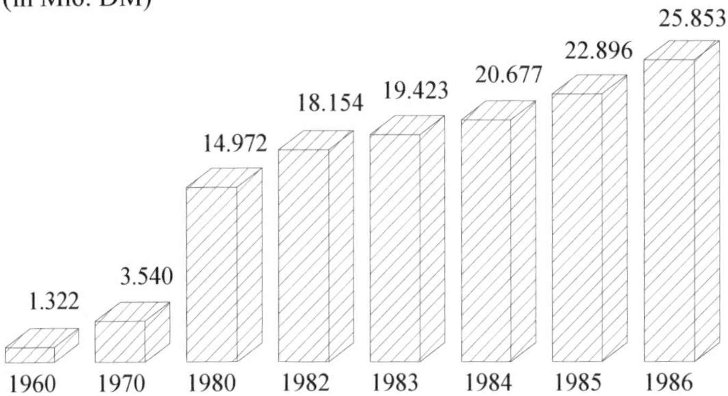

Quelle: Bundesministerium für Arbeit und Sozialordnung, Arbeits- und Sozialstatistik, Hauptergebnisse 1987

rung wird meistens darauf verwiesen, daß die Anzahl der Langzeitarbeitslosen, die nach Ablauf des Arbeitslosengeldes auf Arbeitslosenhilfe oder Sozialhilfe angewiesen sind, zugenommen habe. Doch wird damit nur der kleinere Teil der explosiven Ausgabensteigerung erklärt.

Die Sozialhilfe richtet sich nach den sogenannten Regelsätzen: Sie betragen – beispielsweise in Frankfurt – für den Haushaltsvorstand 408,- DM im Monat, für die Ehefrau 320,- DM und für Kinder im Alter bis zu 20 Jahren 180,- DM bis 360,- DM. Weiterhin werden von einem örtlichen Sozialhilfeträger für eine vierköpfige Familie Mietkosten (netto) in Höhe von bis zu 815,- DM und Kosten für die Umlage (z.B. Heizkosten) bis zu 260,- getragen. Für eine Familie mit zwei in der Ausbildung befindlichen Kindern im Alter von 12 und 17 Jahren ergibt sich nach dem Bundessozialhilfegesetz eine monatliche Leistung von 2.435,- DM. Dabei sind besondere Hilfen für Gesundheitskosten und Fahrtkosten oder Leistungen wie Kleidergeld und Weihnachtsgeld noch nicht eingerechnet. Um das verfügbare Einkommen des Sozialhilfeempfängers zu erreichen, müßte ein alleinverdienender Arbeitnehmer mit gleichgroßer Familie rund 3.500,- DM brutto im Monat verdienen. Bei dieser Höhe der Sozialhilfesätze kommt es für viele dazu, daß sich Arbeit kaum noch lohnt, da der Nettolohn oft niedriger liegen würde als die Sozialhilfe.

Die stärksten Kostensteigerungen hat es aber in einem anderen Bereich gegeben. Die Anzahl der Rentner, die in Altersheimen und Altenpflegeheimen leben müssen, ist erheblich gestiegen, und die Pflegekosten dieser Heime übersteigen in der Regel auch hohe Renten. Bleiben die heutigen Rahmenbedingungen erhalten, so ist abzusehen, daß die Kosten der Sozialfürsorge nicht nur weiterhin schnell, sondern sogar noch beschleunigt steigen. Das würde selbst dann gelten, wenn die Arbeitslosigkeit und die damit verbundenen Sozialhilfeaufwendungen stark zurückgingen. Noch wird der allergrößte Teil der Pflegebedürftigen in der Familie betreut. Zukünftig erreichen aber immer mehr Kinderlose das Rentenalter. Die Zunahme der Altenpflegefälle und der Kosten der Altenpflege werden daher zum entscheidenden Faktor für die Sozialhilfe. Der Anteil der Alten an der Gesamtbevölkerung wird sich in den kommenden Jahrzehnten mehr als verdoppeln, und der Anteil der Alten, die in Heimen und Pflegeheimen untergebracht werden müssen, dürfte noch stärker steigen – allein schon wegen der steigenden Anzahl an Kinderlosen.

1.4 Arbeitslosigkeit: Vollbeschäftigung in den 90er Jahren?

In Prognosen zur Gesamtbelastung der Arbeitnehmereinkommen mit Abgaben wird regelmäßig unterstellt, daß die Beiträge zur Arbeitslosenversicherung sinken werden. In den neunziger Jahren läßt der Zustrom geburtenstarker Jahrgänge zum Arbeitsmarkt nach. Später geht die Zahl der Erwerbspersonen auch absolut kräftig zurück. Der demographische Faktor läßt – für sich allein genommen – rein rechnerisch Vollbeschäftigung bis Mitte der neunziger Jahre erwarten.

Dabei sollte jedoch nicht übersehen werden, daß die demographische Entwicklung allenfalls nur ein Faktor unter mehreren ist, von denen die Beschäftigung abhängt. So wuchs die Bevölkerung der Bundesrepublik von 1946 bis 1965 von 48 auf 62 Millionen. Gleichzeitig ging die Anzahl der Arbeitslosen drastisch zurück: Von über 10% im Jahre 1950 auf rund 1% der abhängigen Erwerbstätigen im Jahre 1965. Ähnliches konnte im vergangenen Jahrzehnt in den Vereinigten Staaten beobachtet werden.

In der Bundesrepublik wurde die Arbeitslosigkeit nach der Rezession von 1967 innerhalb eines Aufschwungjahres beseitigt. Nach der Re-

Abb. 8

Abhängig Beschäftigte und Arbeitslose 1950 bis 1986

(in Mio.)

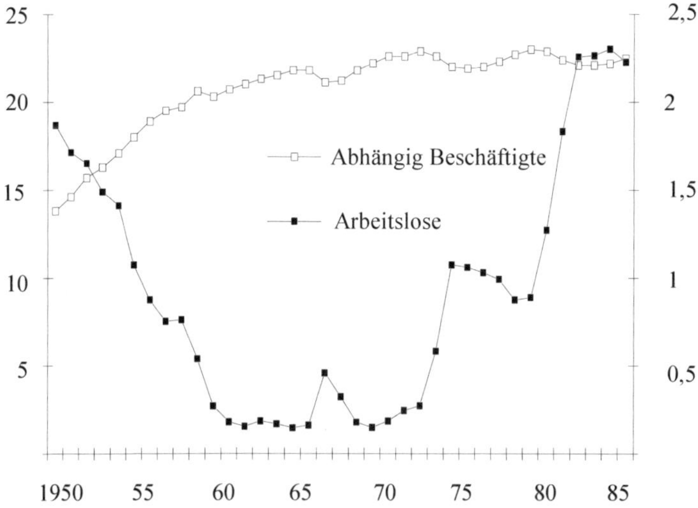

Quelle: Statistisches Bundesamt

zession von 1975 ging die Arbeitslosigkeit in den Jahren 1976 bis 1979 immerhin noch deutlich zurück. Im Aufschwung seit Herbst 1982 dagegen nahm sie kaum mehr ab (siehe Abbildung 8). Die hohe Arbeitslosigkeit ist längst keine Konjunkturerscheinung mehr. Sie ist vielmehr Ausdruck einer schweren Fehlkoordination am Arbeitsmarkt. So ist zu befürchten, daß die nächste Rezession bei einem Sockel von über 2 Millionen Arbeitslosen einsetzt.

Die Beschäftigung hängt von einer Vielzahl von Faktoren ab.[4)] Wie auf anderen Märkten gilt auch am Arbeitsmarkt der elementare Zusammenhang: Je höher der Preis, desto geringer die Nachfrage. Der Bedarf an zu leistender Arbeit ist niemals knapp wie Rohöl, Gold oder andere Güter. Knapp ist nur die Möglichkeit, hohe Arbeitskosten zu erwirtschaften. Wie hoch die Arbeitskosten bei Vollbeschäftigung sein können, hängt wesentlich von der Arbeitsproduktivität (d.h. der Produktion pro Arbeitsstunde) ab. Sie wird ihrerseits hauptsächlich durch die Aus-

4) Siehe hierzu KRONBERGER KREIS (Hrsg.),“Arbeitslosigkeit – Woher sie kommt und wie man sie beheben kann”, Band5/1984

stattung der Arbeitsplätze mit Realkapital (Maschinen etc.), also von den produktiven Investitionen bestimmt.

Vereinfacht ausgedrückt gibt es damit zur Erhöhung der Beschäftigung zwei Wege. Entweder wird die Arbeitsproduktivität bei gegebenen Arbeitskosten erhöht, oder die Arbeitskosten werden bei gegebener Produktivität gesenkt. Wenn sich nun in den kommenden Jahrzehnten die Arbeitskosten allein schon wegen der steigenden Sozialabgaben stark erhöhen werden, dann bedeutet das, daß selbst zur Erhaltung des derzeitigen Beschäftigungsniveaus entweder in erheblichem Maße im Inland produktiv investiert werden muß oder daß es zu einer Anpassung in der Lohnpolitik kommen muß. Ist beides nicht der Fall, so ist trotz der sinkenden Anzahl der Erwerbspersonen nicht damit zu rechnen, daß in Zukunft die Arbeitslosigkeit nennenswert zurückgeht. Es ist daher in den kommenden Jahrzehnten zwar etwas leichter, Vollbeschäftigung zu erreichen als in den 70er und 80er Jahren, aber die demographische Entwicklung allein macht Vollbeschäftigung noch nicht wahrscheinlich.

1.5 Die Entwicklung der Abgabenlast

Bleibt es bei den heutigen Rahmenbedingungen einschließlich der Höhe des Netto-Rentenniveaus, so müßte man sich auf eine nicht mehr tragbare Abgabenlast einstellen: Nach den Berechnungen des Verbandes Deutscher Rentenversicherungsträger (VDR) würden im Jahre 2030 bei Beibehaltung des derzeitigen Rechts die Beitragssätze zwischen 36,7% und 41,7% liegen. Werden im Bereich des Gesundheitswesens keine wesentlichen Kostendämpfungen erzielt, so werden im Jahre 2030 die Beitragssätze zur gesetzlichen Krankenversicherung eher über den prognostizierten 20% des VDR liegen. Hinzu kommen die Beiträge zur Arbeitslosenversicherung, die unter günstigen Bedingungen etwas sinken können. Legt man hier die noch sehr günstige Projektion des VDR mit 1,1% bis 1,6% zugrunde, so könnte die Gesamtbelastung eines durchschnittlichen – um die Arbeitgeberbeiträge zur Sozialversicherung erhöhten – Arbeitseinkommens mit Sozialabgaben knapp 50% betragen. In diese Rechnung sind allerdings die von den Arbeitgebern zusätzlich zu zahlenden Sozialabgaben wie z.B. die Lohnfortzahlung im Krankheitsfalle, die ja letztlich ebenfalls das Lohnpotential der Arbeitnehmer schmälern, nicht einbezogen. Weiter ist zu berücksichtigen, daß die vom VDR prognostizierten Beitragssätze noch auf relativ günstigen Annahmen beruhen. Sinkt die Geburtenhäufigkeit weiter, wird der Einfluß des Alterungsprozesses im Gesundheitswesen nicht durch den Rückgang der mitversicherten Familienangehörigen kompensiert, was wahrscheinlich ist, und kommt es nicht zu einem nennenswerten Rückgang bei der Arbeitslosigkeit, so kann nicht ausgeschlossen werden, daß die Sozialabgabenlast bis auf 60% oder mehr steigt.

Auch die Steuerbelastung muß steigen. Zum ersten kommt es zu Steuerausfällen, weil der Anteil der lohn- und einkommensteuerpflichtigen Arbeitnehmer an der Bevölkerung sinkt, und der Anteil der – im Prinzip steuerfreien – Rentner steigt. Zum zweiten erhöht sich das Volumen der Rentenausgaben relativ zum Sozialprodukt. Bleibt es selbst beim bisherigen Staatszuschuß zur Rentenversicherung von 17,7% der Rentenausgaben, so muß der absolute Betrag überproportional steigen. Drittens steht auch der Staat vor erheblichen Altersversorgungslasten bei seinen Bediensteten. Die Beamtenruhegehälter und die Zusatzversorgung im öffentlichen Dienst werden sich überproportional zum Sozialprodukt erhöhen. Schließlich werden die Altenpflegekosten scharf ansteigen. Auch diese Last muß teilweise über Steuern getragen werden. Dem stehen nur geringe Ersparnisse wegen der geringeren Kinderzahl gegenüber.

Um die Größenordnungen zu verdeutlichen, um die es dabei geht, kann die Altersstruktur der Bevölkerung im Jahre 2030 auf das Jahr 1987 übertragen werden. Es wird also gefragt, welche zusätzlichen Lasten die öffentlichen Haushalte im Jahre 1987 zu tragen gehabt hätten, wäre die Altersstruktur des Jahres 2030 heute schon Realität. Der Bundeszuschuß zur Rentenversicherung hätte dann um rund 30 Mrd. DM höher sein müssen; der Steuerausfall hätte zwischen 40 und 50 Mrd. DM gelegen. Die Altersversorgung der Staatsbediensteten hätte etwa weitere rund 10 Mrd. DM erfordert. Bei den Altenpflegekosten und bei den Ersparnissen der öffentlichen Haushalte wegen abnehmender Kinderzahl sind nur ganz vage Schätzungen möglich. Wird angenommen, daß sich die Einflüsse gegenseitig kompensieren, so wären die öffentlichen Haushalte in dieser Rechnung 1987 mit 80 bis 90 Mrd. zusätzlich belastet gewesen. Das ist erheblich mehr als sämtliche Unternehmenssteuern im Jahre 1987 zusammen erbracht haben. Wie immer diese Steuerlast aufgebracht werden soll, sie schmälert zum überwiegenden Teil die Realeinkommen der Erwerbstätigen. Selbst wenn die äußerst optimistische Schätzung des VDR mit 20% Lohnsteuerbelastung des Bruttolohnes zugrundegelegt wird, dürfte im Jahre 2030 die Gesamtlast eines durchschnittlichen Lohnempfängers zwischen 60% und 65% des um die Arbeitgeberbeiträge erhöhten Bruttolohnes liegen. Fallen die Annahmen allerdings nur etwas ungünstiger aus als erwartet, so ist auch eine Gesamtabgabenlast von 70% nicht auszuschließen. Da die Lohnsteuer aber im Gegensatz zu den Sozialabgaben progressiv ausgestaltet ist, kann die marginale Belastung, also die Belastung einer zusätzlich verdienten Mark, bei unveränderten Rahmenbedingungen auf 80% steigen.

2. Wachstum: Rückblick und Ausblick

2.1 Wachstum und Sozialsystem

In der politischen Diskussion wird die Krise des Sozialsystems verharmlost. Berücksichtigt werden lediglich Einzelprobleme. Diese sind zwar schon je für sich kaum tragbar: Renten, Gesundheitskosten, Altenpflege, Sozialfürsorge, Arbeitslosigkeit. Die Wucht der Probleme liegt aber gerade darin, daß alle Systeme in ähnlicher Weise krisenhafte Entwicklungen erwarten lassen und daß diese Entwicklungen zu einer

Abb. 9:
Veränderung des realen Bruttosozialprodukts von 1951 bis 1986 (in %)

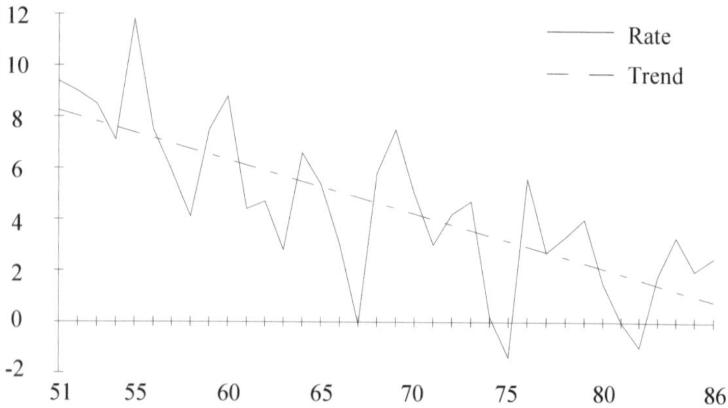

in Preisen von 1980
Quelle: Sachverständigenrat, verschiedene Gutachten

Verminderung der Realkapitalbildung, des technischen Fortschritts und damit des Wirtschaftswachstums führen können.

Schon in der Vergangenheit sind die Wachstumsraten des Bruttosozialprodukts fast kontinuierlich zurückgegangen (siehe Abbildung 9). Ursachen dafür gibt es viele. Der Staatsanteil am Sozialprodukt und der öffentliche Dienst sind gegenüber Ende der 60er Jahre stark gewachsen, ohne daß in entsprechendem Umfang zusätzliche produktive Leistungen des Staates bereitgestellt worden wären. Der Strukturwandel wird behindert durch Regulierungen, Subventionen und mobilitätshemmende Maßnahmen. Unproduktive Aktivitäten werden künstlich am Leben erhalten, moderne und produktive Bereiche im Wachstum beeinträchtigt. Die Bürokratisierung und Verrechtlichung bindet erhebliche Kräfte. Die wichtigsten Elemente volkswirtschaftlicher Fehlsteuerung bilden allerdings wahrscheinlich die Sozialsysteme.

Abb. 10:
Veränderung der Produktivität je Erwerbstätigen von 1963 bis 1986 (in %)

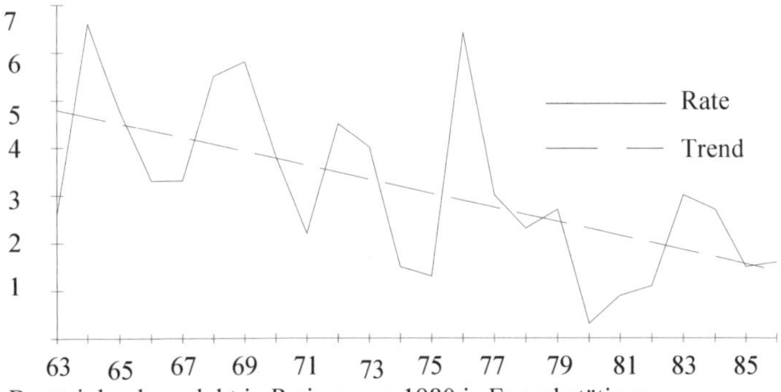

Bruttoinlandsprodukt in Preisen von 1980 je Erwerbstätigen
Quelle: Jahresgutachten 1987/88 des Sachverständigenrates

Die Interdependenz zwischen Finanzierbarkeit der Sozialsysteme und wirtschaftlichem Wachstum wird zu wenig beachtet. So wird in einer Studie von Prognos[5], auf die sich die Kommission des Verbandes Deutscher Rentenversicherungsträger bei ihrem Reformvorschlag weitgehend stützt, selbst für den Fall, den Prognos für den ungünstigsten

5) "Gesamtwirtschaftliche Entwicklungen und gesetzliche Rentenversicherung vor dem Hintergrund einer schrumpfenden Bevölkerung", Basel 1987.

hält, damit gerechnet, daß das Sozialprodukt der Bundesrepublik in den kommenden fünfzig Jahren ständig weiter zunimmt, die Wachstumsraten zwar geringer werden, doch positiv bleiben. Entscheidend hierfür ist die Vorstellung, daß – im ungünstigen Fall – die Erwerbsbevölkerung nach dem Jahre 2015 um 1,5% jährlich schrumpft, aber doch ein gesamtwirtschaftlicher Produktivitätsfortschritt von etwa 2% erreichbar erscheint, also etwa so viel wie in den letzten Jahren gerade noch erzielt wurde (siehe Abbildung 10, S.75). Selbst wenn man einen so beschriebenen Spielraum für weiteres Wachstum als solchen nicht anzweifelt, muß man fragen: Ist es realistisch, darauf zu setzen, daß er genutzt wird, wenn die Menschen, die ihn nutzen sollen, dabei eine Soziallast zu tragen haben, die sie als unfair empfinden müssen und von den erwartbaren Gegenleistungen her als weit ab von ihren eigenen Interessen ansehen? Hier ist Skepsis angezeigt. Denn

- zu welchen Löhnen vor Steuern und Sozialabgaben werden die Menschen (in der offiziellen Wirtschaft) bereit sein zu arbeiten, wenn sie von einer zusätzlichen verdienten Mark 70 Pfennig oder gar noch mehr abführen müssen?

- zu welchem erwarteten Gewinn vor Steuern werden die Unternehmen unter so ungünstigen Bedingungen und entsprechend hohen Risiken Investitionen wagen, die doch die Voraussetzung dafür sind, daß es zu der Produktivitätssteigerung, die zunächst nur angenommen wurde, auch tatsächlich kommt?

- wieviel Produktion, wieviel Beschäftigung von Arbeit und Kapital werden sich bei solchermaßen forcierten Lohn- und Gewinnansprüchen in der Konkurrenz mit ausländischen Anbietern und der Schattenwirtschaft lohnen?

Was Politiker und Gesetzgeber an Sozialabgaben und Steuern für fair und zumutbar halten, ist eine Sache. Unredlich ist es, so zu tun, als wenn sie die entscheidende wäre. Entscheidend ist die Einstellung derer, auf deren Verhalten es für einen guten Ausgang letztlich ankommt. Verständliche, tief wurzelnde Einstellungen der Menschen schließen offensichtlich schon aus, für fair zu halten, daß man vom Ertrag seiner Arbeit mehr als die Hälfte an das Gemeinwesen abgeben soll. Wieviel mehr gilt das für sieben Zehntel oder einen noch höheren Satz! Außerdem haben die Menschen Alternativen. Sie können in die

Arbeitszeitverkürzung flüchten, in die Beschäftigung in der Eigenwirtschaft, in die Schattenwirtschaft, ins Ausland. Sparkapital kann man im Inland produktivitätssteigernd investieren. Man muß dies aber nicht tun. Man kann sein Geld auch im Ausland anlegen. Das staatliche Verlangen, sich zu unfairen Bedingungen an der Finanzierung unserer exzessiven Soziallast zu beteiligen, droht nach der Jahrhundertwende zu einem maßgeblichen negativen Standortfaktor der Bundesrepublik zu werden. Wer Alternativen hat, wird diese Beteiligung ablehnen. Das gilt für Kapital und Arbeit gleichermaßen. Man kann daher den Schwierigkeiten auch nicht dadurch entgehen, daß Lasten zwischen Arbeit und Kapital beliebig hin- und hergeschoben werden.

Von der wichtigen Frage des internationalen Wettbewerbs der Wirtschaftsstandorte einmal abgesehen: Die moderne, hocharbeitsteilige Wirtschaft ist, verglichen mit eigenwirtschaftlicher Tätigkeit, im allgemeinen so ergiebig, daß sie eine beträchtliche Abgabenlast verträgt, aber doch keine beliebig hohe, vor allem nicht in allen ihren Bereichen. Wie soll etwa ein Handwerk existieren können, das wesentlich geringere Vorteile der Spezialisierung und Mechanisierung bietet als zum Beispiel die Herstellung von Computern, wenn es allein von seiner Abgabenlast her (nicht zu vergessen: einschließlich der Mehrwertsteuer) genötigt ist, bei seinen Dienstleistungen dreimal oder gar viermal so produktiv zu sein wie derjenige, der sich solche Dienstleistungen, notfalls mehr schlecht als recht, selbst erbringt? Hier ist die Abgabenlast schon heute zu hoch. Wenn man sie noch weiter treibt, werden weitere große Aktivitätsfelder, weil nicht mehr lohnend, aus der arbeitsteiligen Wirtschaft, jedenfalls aus dem abgabepflichtigen offiziellen Teil derselben, ausscheiden.

Der in der Prognos-Studie angesetzte Wiederanstieg der Investitionsquote in der Bundesrepublik (siehe Tabelle S.78) ist von den nicht staatlich gesetzten Produktionsbedingungen unseres Landes, insbesondere von der Qualifikation seiner Arbeitskräfte und der Bereitschaft zu sparen her, durchaus nicht unrealistisch zu nennen. Ob es dazu auch kommt, ist völlig offen. Kommt es aber nicht dazu, dann fällt auch die Vorstellung in sich zusammen, die im Trend sehr deutliche Verlangsamung des gesamtwirtschaftlichen Produktivitätsfortschritts lasse sich aufhalten, nachdem eine Jahresrate von etwa 2% erreicht ist. Ohnehin gibt es gegen diese Vorstellung genug Argumente der Skepsis. In den vergangenen anderthalb Jahrzehnten verdankten die Unternehmen ei-

Entwicklung der Investitionsquote*) in % nach Schätzung von Prognos (Preise von 1980)							
	1970	1980	1984	2000	2015	2030	2040
Private Investitionen (ohne Wohnungsbau)	13,5	12,3	11,6	13,2	14,1	14,6	14,6

*) Bruttoanlageinvestitionen in Relation zum Bruttosozialprodukt Quelle: PROGNOS, "Gesamtwirtschaftliche Entwicklungen und gesetzliche Rentenversicherung vor dem Hintergrund einer schrumpfenden Bevölkerung", Basel 1987

nen Teil des Zuwachses der durchschnittlichen Produktivität dem Verdrängen weniger qualifizierter Kräfte in die Arbeitslosigkeit. Diese müßten – der Prognos-Projektion zufolge – wieder ein gegliedert werden, mit entsprechend negativem Einfluß auf die Durchschnittsproduktivität. Außerdem werden die Umweltschutzinvestitionen weiter überproportional zunehmen. Sie schaffen keinen Spielraum für vermarktbare Produktion, für individuelle Einkommen. Schließlich: Es zeugt nicht von Vorsicht, über fünfzig Jahre hinweg gleichbleibende Wachstumsraten zu unterstellen.

Vorausrechnungen zur langfristigen Entwicklung des Sozialprodukts, wie sie die Prognos-Studie bietet, bezeichnen Spielräume für potentielle Produktion. Mit solcher Produktion kann man nur dann rechnen, wenn zielbewußt die Bedingungen hergestellt werden, unter denen sie tatsächlich entsteht. Bei einem im wesentlichen unveränderten Sozialsystem halten wir es für äußerst unwahrscheinlich, wenn nicht für ausgeschlossen, daß dies gelingen kann. Aber auch umgekehrt: Die großen staatlichen Sozialleistungen sind nur so sicher wie das Volkseinkommen, aus dem sie gezahlt werden müssen. Großenteils sind sie zwar der Höhe nach mit dem Volkseinkommen einigermaßen streng gekoppelt. Aber durchgängig ist das eben nicht der Fall. So droht ein Teufelskreis sich selbst treibender Abgabensätze und sinkender Wachstumsraten. In doppeltem Sinne unverantwortlich handelt daher, wer das Versprechen von Sozialleistungen auf Regeln der Verteilung gründet, die die Entstehung des Verteilbaren gefährden, ja ausschließen.

Wie weit auch im übrigen das Wahrscheinliche hinter dem bloß Möglichen zurückbleibt, mag man sich anhand der für die gesamtwirtschaftliche Entwicklung zentralen Größe des Arbeitsangebots vergegenwärtigen. Viele Politiker und die meisten Gewerkschaftsführer glauben, ihrer gesamtwirtschaftlichen Verantwortung nachzukommen, wenn sie den Menschen einreden, ja diese zwingen wollen, ihre Arbeitszeit zunächst auf 35, bald danach auf 30 Wochenstunden massiv zu verkürzen. Sie werden sich eindringlich fragen lassen müssen, aus welchem Volkseinkommen sie die Sozialleistungen bezahlen wollen, die konsequent zu begrenzen sie sich weigern. Es wäre kein wachsendes, sondern eher ein schrumpfendes Volkseinkommen, das den – teilweise unabhängig vom Volkseinkommen – steigenden Sozialausgaben gegenüberstünde. Auf nachhaltige Arbeitszeitverkürzung dringen und zugleich den heute ins Erwerbsleben eintretenden Arbeitnehmern sagen, die beitragsgerechte Rente, die sie in vierzig Jahren beanspruchen werden, sei sicher, heißt die Wahrheit verhöhnen.

2.2 Szenarien 2030

Szenarien sind keine Prognosen. Sie haben den Zweck, Gefahren einer Entwicklung zu ermitteln, mit dem Ziel, das Eintreten dieser Gefahren zu verhindern. Es geht also darum, auf einen Handlungsbedarf hinzuweisen. Im Falle des Sozialsystems liegen die eigentlichen Gefahren noch in der Zukunft, Handlungsbedarf besteht aber schon jetzt. Derjenige, der heute eine Lehre antritt, muß sein Leben schon jetzt planen können. Wenn ihm der Arbeitsminister des Jahres 2020 eröffnet, daß er keine ausreichende Rente mehr bekommen kann, dann ist es für zusätzliche private Vorsorge zu spät.

Für die kommenden Probleme gibt es eine Reihe naheliegender Lösungen: So könnte die Lücke an Beitragszahlern durch einen andauernden Zuzug von Ausländern aufgefüllt werden. Wie immer man zu dieser Lösung steht, sie ist die einzige, die in zwanzig Jahren kurzfristig überhaupt noch übrig bleibt, wenn nicht in allernächster Zeit die Weichen anders gestellt werden. Allerdings ist dies eine zu schwerwiegende Entwicklung, als daß man einfach in sie hineingleiten sollte. Eine derartige Entscheidung sollte zumindest nach Abwägen des Für und Wider politisch bewußt getroffen werden.

Überdies gibt es bei dieser Lösung eine Reihe zusätzlicher Schwierigkeiten: Zum einen wird bei uns die Arbeit minderer Qualifikation zunehmend von Maschinen übernommen. Es verbleibt überwiegend Nachfrage nach qualifizierter Arbeit, und diese ist aus dem Arbeitsangebot des Auslandes kaum zu decken. Auch muß berücksichtigt werden, daß nicht alle Deutschen in der Lage sind, sich hoch zu qualifizieren, so daß auch für sie einfache Arbeitsplätze zur Verfügung stehen müssen.

Die Konsequenz müßte heißen: deutliche Verbilligung einfacher Arbeit. Wäre aber unter solchen Umständen noch mit einem ausreichenden Zuzug ausländischer Arbeitskräfte zu rechnen, und zwar aus Ländern, aus denen man Zuzug wünscht? Die Antwort muß wohl lauten: kaum, wenn bedacht wird, daß auch bei kräftiger Auffüllung des inländischen Arbeitspotentials durch ausländische Kräfte die Soziallast hoch bleibt. Man wird sich in Europa kaum danach drängen, sich an der Finanzierung der deutschen Sozialleistungen zu beteiligen.

Besteht Einverständnis darüber, die Lücke an Beitragszahlern nicht mit Ausländern zu schließen, so könnte versucht werden, auf die Geburtenhäufigkeit bei Inländern einzuwirken. Hätte diese Politik Erfolg, so würde eine Normalisierung der Geburtenzahlen zwar die gegenwärtige wirtschaftliche Belastung der Elterngeneration erhöhen, auf lange Sicht können aber die Probleme der Sicherung der Sozialsysteme mehr oder weniger entschärft werden. Auf mittlere Sicht ist es dafür allerdings zu spät, denn die Altenlast steigt schon in einem Jahrzehnt scharf an.

Kommt es weder zu massiver Zuwanderung aus dem Ausland noch zu einem Geburtenanstieg, dann erhöhen sich ab dem Jahre 2000 kontinuierlich die Steuern und Sozialabgaben. Um diese Misere abzuwenden, wird oft vorgeschlagen, neue Finanzierungsquellen zu erschließen. Empfohlen wird meist, den Bundeszuschuß zur Rentenversicherung zu erhöhen und/oder die Arbeitgeberbeiträge zur Sozialversicherung nicht mehr vom Lohn, sondern von einer anderen Bemessungsgrundlage – der Wertschöpfung oder dem Kapitalstock – zu erheben. Doch das sind nur Rezepte zur Verschleierung, nicht zur Minderung der künftigen Lasten.[6)]

Deutsche Unternehmen werden im Vergleich zu wichtigen anderen Industrieländern ohnehin zu hoch besteuert. Dieses Problem verschärft sich noch, weil mehrere andere Industrieländer die Unternehmensbe-

---

6) Siehe hierzu im einzelnen KRONBERGER KREIS "Reform der Alterssicherung", Band 14/1987, S. 19 ff.

steuerung vermindern. Eine höhere Belastung unternehmerischer Tätigkeit würde lediglich die Abwanderung der Unternehmen ins Ausland weiter fördern. Dies würde die Arbeitnehmer viel schwerer belasten, als sie durch die vermeintliche Abgabenumschichtung selbst entlastet werden.

Von welcher Seite auch immer der Sachverhalt betrachtet wird, die Last bleibt letztlich an den Erwerbstätigen hängen. Es ist faktisch unmöglich, andere Quellen zu erschließen als die persönlichen Einkommen. Mehr noch: Es wird der Bundesrepublik im internationalen Standortwettbewerb noch nicht einmal möglich sein, die gegenwärtige Höhe der Unternehmensbesteuerung auf die Dauer aufrechtzuhalten. Wenn alle anderen Quellen nichts hergeben, dann kommt es zu der geschilderten hohen Durchschnittsbelastung der Arbeitnehmereinkommen. Auf die dann noch Erwerbstätigen kommen Lasten zu, die sie so mit Sicherheit nicht zu tragen bereit sind:

- Zum ersten wird der Anreiz zur Schwarzarbeit weiter stark ansteigen. Schwarzarbeit kann mit regulärer Arbeit leicht konkurrieren, wenn es aufgrund der Abgabenlast genügt, daß die Produktivität in der Schattenwirtschaft nur bei einem Drittel oder Viertel der Produktivität in der regulären Wirtschaft liegt. Es bedarf keiner Prophetengabe vorherzusehen, daß sich unter solchen Verhältnissen sowohl die Schattenwirtschaft stark ausdehnen als auch der Mißbrauch des Sozialsystems zunehmen wird. Für viele wird es reizvoll werden, von Arbeitslosengeld oder von Sozialhilfe zu leben und nebenbei noch etwas schwarz hinzuzuverdienen. Je häufiger dieses Verhalten anzutreffen ist, je normaler es also erscheint, desto weniger halten moralische Dämme, die heute den Mißbrauch noch begrenzen. Wenn es einmal ganz üblich geworden ist, daß teilweise schwarz gearbeitet oder Schwarzarbeit in Anspruch genommen wird, dann wird auch die Strafverfolgung fast unmöglich. Straftaten, die jedermann begeht, werden nicht mehr als Straftaten empfunden. Je mehr sich aber die Schattenwirtschaft ausdehnt und je stärker das Sozialsystem ausgebeutet wird, desto höher steigen die Abgaben, und desto stärker wird wiederum der Anreiz zur Schwarzarbeit.

- Zum zweiten ist es aufgrund der oben geschilderten Entwicklung denkbar, daß das Sozialprodukt und der Bruttolohn in den kommenden Jahrzehnten langsamer wachsen als die Abgabenlast. Das würde bedeuten, daß Arbeitsplätze in der Bundesrepublik international immer unattraktiver werden. Dann könnte ein Punkt erreicht sein, daß gut ausgebildete und aktive junge Leute die Bundesrepublik verlassen, um ihr Glück im Ausland zu suchen. Je stärker wiederum die Abwanderung wird, desto höher werden die Lasten für die Zurückgebliebenen. Je höher die Lasten werden, desto reizvoller wird die Auswanderung. Niemand kann die Aktiven daran hindern, sich dem Generationenvertrag durch Abwanderung zu entziehen. Je drückender ihre Last wird, desto wahrscheinlicher ist es, daß der Generationenvertrag zerbricht. Hier ist nicht die Rede von irgendwelchen künftigen, noch ungeborenen Jahrgängen. Hier geht es um eine Gefahr, die alle trifft, die heute unter dreißig Jahre alt sind.

Was immer Politiker versprechen mögen, unser gegenwärtiges Sozialsystem ist, so wie es ist, rein faktisch nicht zu halten. Wir stehen nicht vor der Wahl, ob wir unser Sozialsystem reformieren wollen. Es reformiert sich eines Tages von selbst, indem Sozialleistungen nicht mehr oder nur in sehr viel geringerem Umfang bezahlt werden können, weil die notwendigen Beiträge nicht mehr aufgebracht werden können. Die Wahl, die wir heute noch haben, ist lediglich, wann und in welcher Weise das System reformiert wird. Je später die Aufgabe in Angriff genommen wird, desto geringer werden die Wahlmöglichkeiten. Für die entscheidenden Weichenstellungen bleiben kaum mehr als zehn Jahre.

II. Mechanismen der Selbstzerstörung

Die Politik hat auf die sozialpolitische Herausforderung in verschiedener Weise reagiert. Anstatt die Ursachen der Krise zu bekämpfen, hat sie versucht, die Symptome mit administrativen Maßnahmen zu unterdrücken. Dazu gehören z.B. die Kostendämpfungsgesetze, die konzertierte Aktion im Gesundheitswesen und die Pläne zur besseren polizeilichen Bekämpfung der Schwarzarbeit. Die Erleichterung des vorzeitigen Ruhestands entlastet die Arbeitslosenstatistik, ebenso die Beschäftigung von Arbeitslosen zu Lasten des Arbeitsamtes (ABM-Maßnahmen). Die sogenannten Arbeitgeberbeiträge zur Sozialversicherung und der Staatszuschuß zur Rentenversicherung verschleiern der Bevölkerung die Kosten des Sozialsystems. Einige der derzeitigen Reformpläne laufen nicht auf eine Reform, sondern auf weitere Kostenverschiebung und damit Verschleierung hinaus: so z.B. die Anhebung des Staatszuschusses zur Rentenversicherung.

Schließlich – und das ist das Schlimmste – erweckt die Politik den Eindruck, als drohe gar keine Krise. Allenfalls gebe es hier und dort einige Schwierigkeiten, mit denen man schon fertig werde. Im Prinzip ist seit mehr als zehn Jahren bekannt, daß das Sozialsystem in immer größere Schwierigkeiten geraten wird. In dieser Zeit gab es ständig beschönigende Prognosen der politisch Verantwortlichen. Seit 1970 ist die Altersstruktur in der Rentenversicherung relativ "günstig", weil die Rentnergeneration durch den Krieg geschwächt ist. Noch vor wenigen Jahren wurde die Beibehaltung der Bruttolohnformel zugesagt – ein Versprechen, über das heute geschwiegen wird, weil es schlicht unrealistisch war.

Jetzt ist es mit Detailreparaturen nicht mehr getan. Die Weichen müssen anders gestellt werden. Dabei müssen die Mechanismen beseitigt werden, die das System in die Selbstzerstörung treiben. Es geht nicht mehr allein um das Sozialsystem. Jede denkbare Reform entscheidet in hohem Maße auch über die Leistungsfähigkeit der Wirtschaft insgesamt.

1. Mißbrauch und Gemeinwohl

Über den Wertewandel in der Gesellschaft ist in den letzten Jahren viel diskutiert und geschrieben worden. Inwieweit ein solcher stattgefunden hat, läßt sich nicht genau beantworten. Es spricht aber vieles für die Vermutung, daß Werte wie Pflichterfüllung, Fleiß, Karriere und Leistung in der Rangordnung gesunken und durch andere wie Freizeit, Genuß und Geselligkeit teilweise verdrängt worden sind. Diese Veränderungen sollen hier nicht bewertet werden. Das System der sozialen Sicherung ist jedenfalls darauf nicht vorbereitet.

Das Sozialversicherungssystem und die Sozialfürsorge sollen vor Schaden und Not bewahren. Wird der Schadensfall selbst Teil der Lebensplanung, so werden die Leistungen des Systems der sozialen Sicherung bewußt als Quelle der Einkommenserzielung eingeplant. Wird die Freizeit höher geschätzt als die Arbeitszeit, so erlaubt die Arbeitslosenversicherung derzeit, die Arbeitszeit durch sporadische Arbeitslosigkeit ohne große Einkommenseinbußen zu verkürzen. Ähnliches gilt für den Krankheitsfall.

Zuverlässige Schätzungen über einen derartigen Mißbrauch sind nicht vorhanden. Im Falle der Krankheit gibt es Anhaltspunkte. So sind die Häufung von Krankheitsfällen vor oder nach dem Wochenende oder zum Ende des Urlaubs sowie Unterschiede des Krankenstands zwischen leitenden Angestellten und gewerblichen Arbeitnehmern Indizien für diesen Mißbrauch. Wir wissen, daß es Mißbrauch gibt; wir wissen nicht, welches Ausmaß er hat.

Wichtiger ist noch etwas anderes. Das Kontroll- und Steuerungssystem der sozialen Sicherung setzt in vielen Teilen die Kooperation mit verantwortungsbewußten Staatsbürgern voraus. Die Entscheidung eines Unternehmers, einem Arbeitslosen Arbeitswilligkeit zu bescheinigen, obwohl er ihn nicht eingestellt hat, weil er gerade diese Arbeitswilligkeit bezweifelt, hat Konsequenzen für die Sozialversicherung. Vieles spricht für die Vermutung, daß sich die Bereitschaft, in diesen Situationen Entscheidungen zugunsten der Einrichtung der sozialen Sicherung und zu Lasten der Versicherten zu fällen, abgeschwächt hat.

Möglich ist dies, weil die Systeme so angelegt sind, daß sich der einzelne besser stellt, wenn er die Gemeinschaft schädigt. Das Individualinteresse steht im Gegensatz zum Gemeinwohl. Arbeit und Leistung werden in vielen Fällen geradezu bestraft, und Freizeit wird belohnt. In einer solchen Situation helfen keine moralischen Schranken. Je mehr der Mißbrauch zunimmt, desto schwerer ist er auch zu bekämpfen. Wer vierzehn Tage Grippe im Jahr und alle drei Jahre einen Kururlaub als sein gutes Recht empfindet, der wird solche Privilegien auch dann verteidigen, wenn sie nur dazu führen, daß sich alle gegenseitig schädigen. Wenn viele schwarz arbeiten oder Schwarzarbeit in Anspruch nehmen, dann kann man sie nicht mehr kriminalisieren. Je weniger die Moral vor Mißbrauch schützt, desto unwirksamer werden auch Strafgesetze oder administrative Gegenmaßnahmen.

Der Wandel der Einstellungen in diesem Bereich ist von den Institutionen nicht unabhängig. Wenn das Eigeninteresse den Mißbrauch nahelegt, die Moral ihn aber verbietet, dann sucht der einzelne eine Rechtfertigung für das, was seinem Interesse dient. Und je mehr Menschen das tun, desto niedriger werden die Hürden für jeden einzelnen. Dieser

Wandel kommt nicht von ungefähr; er ist seinerseits eine Folge der Interessenlagen, die durch die Systeme geschaffen werden. Deshalb werden alle Versuche administrativer Kostendämpfung, schärferer Kontrolle oder moralischer Appelle schließlich nutzlos sein. Die Interessenlagen, also die Institutionen, müssen geändert werden.

2. Märkte und Umverteilung

Unser derzeitiges System des sozialen Ausgleichs, also der Umverteilung von Einkommen zwischen Wohlhabenden und Bedürftigen, umfaßt außer dem System der persönlichen Steuern eine Vielzahl von Transferzahlungen und Subventionen, die Umverteilung innerhalb des Kreises der Sozialversicherten sowie die "Sozialpolitik zu Lasten Dritter", also all die Maßnahmen, die auf Kosten irgendwelcher privater Bürger und Unternehmen vorgeschrieben sind (z.B. Mutterschutz, Lohnfortzahlung im Krankheitsfall). Überdies gibt es kaum Gesetze, die nicht eine "soziale Komponente" enthalten. Dahinter scheint die Vorstellung zu stehen, daß viele "soziale Komponenten" auch eine größere soziale Gerechtigkeit ergeben.

Ein solches System kann schon deshalb nicht gerecht sein, weil niemand mehr die Verteilungswirkungen kalkulieren kann, also niemand mehr weiß, wer seine Hand in wessen Tasche hat und wieviel er daraus entnimmt. In vielen Fällen zahlt der Begünstigte die Leistung, die er erhält, mit seinen eigenen Steuern, wobei der Staat noch einen gehörigen Verwaltungskostenanteil vorher einbehält.[7)]

Transferzahlungen, Subventionen und "soziale Komponenten" in Gesetzen sind gleichzeitig Eingriffe in den Markt. Sie benötigen eine eigene Bürokratie und führen zu Ausweich- und Anpassungsmaßnahmen am Markt. Dadurch entstehen neue Fehlentwicklungen, die mit neuen Eingriffen bekämpft werden müssen.

Volkswirtschaftlich ist dieses Verfahren ungemein teuer und oft unwirksam. Die gesamtwirtschaftlichen Kosten – und das sind gleichzeitig die Opfer der Belasteten – können ein Mehrfaches dessen betragen, was bei der Zielgruppe als Leistung ankommt (z.B. sozialer Woh-

7) Siehe hierzu KRONBERGER KREIS, "Bürgersteuer – Entwurf einer Neuordnung von direkten Steuern und Sozialleistungen", Band 11/1986.

nungsbau). Unwirksam können derartige Maßnahmen werden, weil die Lasten überwälzt werden können. Wenn der Gesetzgeber auf dem Arbeitsmarkt bestimmte Personengruppen mit für die Unternehmen kostspieligen Auflagen besonders schützen will, dann sind die Beschäftigungschancen oder die Löhne dieser Personen entsprechend geringer. Auch die sogenannten Arbeitgeberbeiträge zur Sozialversicherung belasten im Ergebnis nicht die Arbeitgeber; sie vermindern den Spielraum für Lohnerhöhungen. Wenn unternehmerische Tätigkeit höher besteuert wird als andere Aktivitäten, dann führt das im langfristigen Ergebnis nicht dazu, daß die individuellen Unternehmereinkommen nach Steuern sinken, sondern nur dazu, daß es weniger Unternehmer gibt.

Je schwieriger überdies die Lage des gesamten Sozialsystems wird, desto größer wird auch die Versuchung, soziale Absichten durch weitere Eingriffe in die Märkte zu realisieren. Das ist mit gewaltigen volkswirtschaftlichen Kosten verbunden, aber diese Kosten sind nicht unmittelbar sichtbar, also nicht konkret zurechenbar.

Dieselben Absichten lassen sich weit besser mit anderen Instrumenten erreichen. Eine soziale Absicht, also Umverteilung, ist im Regelfall am wirksamsten und zielgenauer als in anderen Formen praktisch umzusetzen, wenn dem Begünstigten Geld gegeben wird. Daraus folgt die alte und in den Wirtschaftswissenschaften fast einhellig erhobene Forderung, das System der Märkte vom Umverteilungssystem zu trennen.

Diese Forderung gilt auch für das Sozialsystem. Derzeit ist es weitgehend an den Betrieb, bzw. an den Arbeitsvertrag gekoppelt. Die Betriebe zahlen die Hälfte der Beiträge als sogenannten Arbeitgeberbeitrag. Darüber hinaus sind die Unternehmen selbst zu weiteren Sozialleistungen verpflichtet, wie zu der Lohnfortzahlung im Krankheitsfall, zum Mutterschutz u.a. Die Angehörigen, also die nicht erwerbstätige Ehefrau und die Kinder, sind mittelbar versichert.

Dieses System hat mehrere Schwächen:

- Zum einen macht es die Unternehmen zu Versicherungsgesellschaften. Je größer die Unternehmen sind, desto leichter können sie diese Funktion erfüllen; für kleine Betriebe bedeutet sie eine erhebliche Last.

- Zweitens muß ein Unternehmen im Wettbewerb bestehen, muß also Kosten und Nutzen abwägen. Werden dem Unternehmen für bestimmte Gruppen – Frauen, Ältere, Kränkliche – besondere Lasten auferlegt, so wird es Personen aus solchen Gruppen entweder gar nicht oder nur zu niedrigerem Lohn einstellen. Diejenigen, die eigentlich geschützt werden sollten, haben dann die Last des Schutzes selbst zu tragen.

- Drittens kann der Arbeitnehmer in diesem System den Versicherungsumfang nicht wählen.

- Schließlich werden die Sozialversicherungsbeiträge als Prozentsatz vom Lohn erhoben. Das bedeutet hohe Lohnnebenkosten und damit einen erheblichen Anreiz zur Schwarzarbeit. Wäre die Sozialversicherung eine Versicherung, dann wären die Beiträge unabhängig vom Lohn. Die Schwarzarbeiter würden dann nur die Einkommensteuer, nicht aber die Sozialversicherungsbeiträge einsparen. Die Grenzbelastung des Lohnes – also die Abgaben, die auf einer zusätzlichen Mark Einkommen liegen – würde beträchtlich schrumpfen.

All das spricht dafür, die Sozialleistungen der Unternehmen auf Versicherungen zu übertragen und die Sozialversicherungspflicht vom Arbeitsvertrag zu lösen. Der Betrieb bezahlt dann nur noch für das, was er bekommt – für die Leistung seiner Mitarbeiter. Die Löhne müßten und könnten entsprechend heraufgesetzt werden.

3. Kinder oder Kapital

Im Zusammenhang mit den künftigen Problemen der Rentenversicherung wird immer nur auf den Rückgang der Geburtenrate verwiesen. Dieser könnte für sich genommen noch aufgefangen werden. Das eigentliche Problem ergibt sich daraus, daß gleichzeitig die Kinderzahl, die Kapitalbildung und die Lebensarbeitszeit zurückgegangen sind. Eine solche Entwicklung sinkender Leistungskapazitäten läßt sich vorübergehend, aber nicht ständig durchhalten. Wenn es weniger Kinder gibt, die später die Alten ernähren können, dann müßten die Aktiven bis in ein höheres Alter arbeiten, oder sie müßten eben mehr sparen.

Investitionen sind die wichtigsten Quellen des Wohlstandes. Auch der technische Fortschritt wirkt erst durch Investitionen wohlstandssteigernd. Wer in Realkapital investiert, um so für sein Alter vorzusorgen, trägt auch zum Wohlstand bei. Vernünftigerweise sollte die Kapitalbildung vom Gesetzgeber nicht schlechter behandelt werden als die Vorsorge im Rahmen der Rentenversicherung. Dies ist aber nicht der Fall.

Wer für sein Alter dadurch vorsorgen will, daß er Vermögen bildet und Beteiligungen an Unternehmen erwirbt, wird steuerlich schlechter behandelt als derjenige, der im Rahmen der gesetzlichen Rentenversicherung vorsorgt. Unternehmen als juristische Personen werden exzessiv besteuert. Der einbehaltene Gewinn wird -unabhängig vom Einkommen des Anteilseigners – mit einem sehr hohen Steuersatz belegt. Die Vermögensteuer fällt bei Kapitalgesellschaften zweimal an. Hinzu kommen Gewerbeertrag- und Gewerbekapitalsteuer. Wer im Rahmen der gesetzlichen Rentenversicherung vorsorgt, der kann die Beiträge vom steuerpflichtigen Einkommen im Regelfall zur Gänze absetzen und muß auch später – von geringfügigen Ausnahmen abgesehen – die Rente nicht versteuern.

Fast noch wichtiger ist allerdings ein anderer Sachverhalt. Durch die Rentenformel und durch die Anpassung der Renten haben die Beitragszahler der Vergangenheit – versicherungsmathematisch gerechnet – im Durchschnitt ein Mehrfaches ihrer Beitragsleistungen erhalten. Allein in den Jahren 1976 bis 1986 stiegen die Renten – trotz verminderter Anpassung in den Jahren 1978 bis 1981 – um rund 58%, während der Anstieg der Nettolöhne nur rund 48% ausmachte. Da eine derart attraktive Verzinsung in anderen Vorsorgeformen nicht erzielbar war und die Rente überdies einen immer größeren Teil des Lebensnotwendigen im Alter abdeckt, erübrigte sich für die meisten Versicherten eine zusätzliche Vermögensbildung.

Der umfassende Regelungskomplex von der Rentenversicherung über das Arbeitsrecht bis hin zum Steuerrecht hat dazu beigetragen, daß von der gesamten Kapitalbildung ein immer geringerer Teil im inländischen produktiven Unternehmensbereich investiert wird. Es ist also die Konstruktion des Systems, die bewirkt, daß jeder einzelne scheinbar verantwortungsbewußt für sein Alter vorsorgt, während in Wirklichkeit das Handeln aller dazu beiträgt, das System als Ganzes zusammenbrechen zu lassen. Auf diese Weise produziert ein von sozialen Absichten geleiteter Gesetzgeber die Mißstände selbst, die er dann mit Hilfe des Sozialsystems bekämpfen will. Eine solche Sozialpolitik untergräbt die Leistungsfähigkeit der Marktwirtschaft und damit ihre eigene wirtschaftliche Basis.

III. Reform des Sozialsystems

Wir haben in einer Reihe von Veröffentlichungen Vorschläge zur Reform des Sozialsystems vorgelegt.[8)] Diese Vorschläge sind voneinander unabhängig. Sie greifen aber ineinander: Ein Schritt würde den nächsten erleichtern oder ergänzen. Das Sozialsystem darf nicht isoliert gesehen werden. So wie es ist, stranguliert es die Wirtschaft. Ein solches System kann keine soziale Sicherheit schaffen, weil es selbst nicht mehr sicher ist.

1. Elemente und Prinzipien einer Reform

Kapital ist das Werkzeug, das ein Arbeitnehmer benutzt. Je besser das Werkzeug, desto mehr kann er produzieren, desto höher wird sein Lohn und desto besser können die Arbeitsbedingungen sein. Zusätzliche Investitionen bedeuten gesamtwirtschaftlich die Schaffung neuer Dauerarbeitsplätze mit höherer Produktivität. Damit werden – sei es in Form zusätzlicher Beschäftigung, sei es in Form höherer Löhne – die Arbeitseinkünfte erhöht. Gesamtwirtschaftlich sind die Interessen von Arbeit und Kapital im wesentlichen gleichgerichtet.

Die Produktivität der Arbeit beruht aber nicht nur darauf, wie gut die einzelnen Arbeitsplätze mit Werkzeugen und Maschinen, also mit Realkapital, ausgestattet sind. Sie hängt ebenfalls davon ab, wie gut die Produktion koordiniert ist. In aller Regel gibt es keine bessere Koordinationsform als den Markt. Das bedeutet: Der Markt sorgt dafür, daß die Nutzung der vorhandenen Ressourcen – Kapital, Arbeit, Wissen, Rohstoffe – zu einem Höchstmaß an Einkommen führt.

Wenn die Einkommen – sowohl aus Arbeit, wie aus Kapital – davon abhängen, wie die Produktion koordiniert ist und wieviel Vermögen

8) KRONBERGER KREIS "Mehr Markt im Arbeitsrecht" (Band 10/1986), "Bürgersteuer - Entwurf einer Neuordnung von direkten Steuern und Sozialleistungen" (Band 11/1986), "Mehr Markt im Gesundheitswesen" (Band 13/1987), "Reform der Alterssicherung" (Band 14/1987).

gebildet und investiert wird, dann dürfen die Märkte in ihrer Funktionsfähigkeit nicht beeinträchtigt, die Vermögensbildung darf nicht gegenüber dem Umlageverfahren in der Rentenversicherung diskriminiert, und produktive Investitionen dürfen nicht gegenüber anderen Formen der Vermögenshaltung benachteiligt werden.

Es geht also um zweierlei:

- Einmal müssen die Sozialsysteme selbst leistungsfähiger gemacht werden, damit die unvermeidbar auf uns zukommenden Lasten so gering wie möglich gehalten werden.
- Zum zweiten muß die Leistungsfähigkeit der Wirtschaft erhöht werden, damit sie genügend hohe Einkommen abwirft, aus denen die Lasten getragen werden können.

Daraus ergeben sich vier Forderungen für den Bereich der Wirtschafts- und Sozialpolitik insgesamt:

1) Sämtliche Formen der Kapitalbildung und der Zukunftsvorsorge sollten in gleicher Höhe besteuert bzw. entlastet werden.

   Dies bedeutet nicht, daß Personen mit unterschiedlicher Einkommenshöhe die gleiche Steuerlast tragen sollten. Es bedeutet nur, daß Einkünfte aus unternehmerischen Investitionen nicht anders als Einkünfte aus Vermietung, aus Zinsen oder aus Renten belastet werden sollten. Es bedeutet ferner, daß die effektive Steuerlast nicht davon abhängen darf, wie der einzelne für sein Alter vorsorgt, ob er also Vermögen bildet, in die gesetzliche Rentenversicherung einzahlt oder eine Anwartschaft auf ein Beamtenruhegehalt erwirbt.

2) Alle Absichten des sozialen Ausgleichs und der Umverteilung sollten so weit wie möglich in einem Instrument, nämlich dem der Einkommensteuer, zusammengefaßt werden.

   Dies würde im Endeffekt bedeuten, daß bei den Bürgern alle Merkmale ihrer persönlichen Leistungsfähigkeit und alle Merkmale ihrer Bedürftigkeit erhoben werden, daß dann die Abgabepflichten mit den Unterstützungsansprüchen saldiert werden und nur der Saldo als Steuer erhoben oder als Unterstützung ausgezahlt wird. Ein derartiges zentrales Instrument des sozialen Ausgleichs wäre sehr hilfreich, um die Märkte von Eingriffen mit sozialer Absicht zu entlasten.

In unserer Studie "Bürgersteuer - Entwurf einer Neuordnung von direkten Steuern und Sozialleistungen" wurde dargelegt, wie diese Forderung idealerweise erfüllt werden könnte. Eine derartig grundlegende Steuerreform ist kurzfristig allerdings nicht zu verwirklichen. Eine Annäherung an ihre Ziele läßt sich aber auch schon kürzerfristig dadurch realisieren, daß die Umverteilungsabsichten im Bereich der Einkommensbesteuerung konzentriert werden und das Steuersystem mit dem der Sozialhilfe durch Annäherung des Grundfreibetrages der Einkommensteuer und der Kinderfreibeträge an die Sozialhilfe abgestimmt wird.

3) Das System der sozialen Sicherung sollte vom Unternehmen und vom Arbeitsvertrag gelöst werden, und

4) die Regulierung von Märkten mit sozialer Absicht sollte aufgehoben oder zumindest zurückgeführt werden. Das betrifft hier insbesondere den Arbeitsmarkt und den Markt für Gesundheitsleistungen. Es gilt aber darüber hinaus auch für weitere Märkte (Wohnungsmarkt, Bildungswesen, Telekommunikationsbereich, Agrarmarkt u.a.).

Die Trennung von Unternehmen, Arbeitsvertrag und sozialer Sicherung einerseits, die weitgehende Zusammenfassung aller Maßnahmen des sozialen Ausgleichs in einem Instrument andererseits würden den Weg hierzu ebnen.

2. Abstimmung zwischen Steuer- und Sozialfürsorgesystem

Heute hat ein Arbeitnehmer oft Steuern und Abgaben zu zahlen, die ihm nur noch ein Nettoeinkommen unterhalb des Sozialhilfeniveaus belassen. Unter dem Gesichtspunkt von Steuern und Abgaben besteht für ihn kein Anreiz zu arbeiten. Umgekehrt wird jedes Einkommen, das ein Sozialhilfeempfänger zusätzlich erzielt, voll auf die Sozialhilfe angerechnet. Deshalb gibt es auch kaum Anreize, irgend etwas – außer schwarz – hinzuzuverdienen. Der "Grenzsteuersatz" des Sozialhilfeempfängers liegt also bei 100%. Bei einer entsprechenden Anhebung des Grundfreibetrages und der Kinderfreibeträge dagegen ist das Sozialhilfeniveau die untere Einkommensgrenze. Alles, was darüber hinaus an Einkommen erzielt wird, unterliegt dem entsprechenden Einkommensteuersatz. Damit bleibt der Antrieb zu Arbeit und Leistung erhalten, und es wird weniger attraktiv, die Sozialhilfe zu mißbrauchen.

Die Widersprüche zwischen Steuersystem und Sozialfürsorgesystem beruhen hauptsächlich darauf, daß die Sozialhilfe viel stärker mit der Familiengröße steigt als die Steuerpflicht mit der Familiengröße sinkt. Die Fälle, in denen das Nettoeinkommen aus Arbeit geringer ist als die Sozialhilfe, treten deshalb typischerweise in Familien mit niedrigen Einkommen und mit mehreren Kindern auf. Werden jedoch die Maßstäbe der Bedürftigkeit, die heute für die Sozialfürsorge gelten, auch ins Steuerrecht übernommen, dann liegt darin gleichzeitig eine Verstärkung des Familienlastenausgleichs im Steuerrecht. Kinderreiche Familien werden – im Vergleich zu heute – besser gestellt.

3. Alterssicherung: Mindestsicherung im Umlageverfahren

Die deutschen Rentenpolitiker waren bislang nur allzu geneigt, dem Glauben anzuhängen, daß eine Volkswirtschaft als ganzes keine Einkommensteile von Periode zu Periode übertragen könne. Wenn Bürger für ihr Alter wirklich sparen und nicht nur eine Umlage zugunsten der Rentner liefern oder dem Staat einen Konsumkredit gewähren, so kann diese Ersparnis zur Erhöhung des Kapitalstocks verwendet oder im Ausland investiert werden. Damit ist aber zum Zeitpunkt ihres Alters das gesamte Bruttosozialprodukt ihres Landes höher, als es ohne diese Ersparnis gewesen wäre, nämlich mindestens um die Erträge aus diesem zusätzlichen Kapital und um die Abschreibungen auf die damit finanzierten Kapitalgüter. Und genau diese Beträge stehen den Rentnern dann zu. Sollte die Anzahl der Erwerbstätigen infolge zwischenzeitlich gesunkener Geburtenhäufigkeiten erheblich kleiner sein als in früheren Generationen, dann wird sie den Teil des heimischen Kapitalstocks oder der Auslandsanlagen, den die Rentner verzehren, nicht voll durch eigene Sparleistungen ersetzen. Doch die Konsequenz wäre nur, daß eine kleinere Bevölkerung auch mit einem kleineren, dann vielleicht auch nur in diesem reduzierten Maß benötigten Kapitalstock wirtschaften und leben müßte.

Altersvorsorge durch erhöhte Kapitaldeckung eröffnet überdies bei sinkender Erwerbstätigenzahl eine weitere Möglichkeit: Ein Land mit hochwertigem Kapitalstock und Arbeitskräfteknappheit wäre attraktiv für Einwanderer mit relativ hoher Qualifikation. Sie könnten mit dem vorhanden Produktionsvermögen dann ein Einkommen erwirtschaften, das ausreicht, die Rentenansprüche ohne Substanzverzehr zu decken.

Würde am heutigen Rentensystem festgehalten, so muß ein junger Erwerbstätiger, der heute in das Arbeitsleben eintritt, zur Erhaltung des derzeitigen Rentenniveaus über Jahrzehnte hohe und immer weiter steigende Beiträge zahlen, obwohl er selbst nur, gemessen an seinen Einzahlungen, eine relativ geringe Rente erwarten kann. Würde er mit gleicher Einzahlungssumme eine Lebensversicherung auf Rentenbasis abschließen, dann würde er später eine weitaus höhere Rente erhalten. Eine Fortführung des derzeitigen Systems bedeutet also, daß den heute Jungen alle Lasten aufgebürdet und den heute Alten alle Vorteile gewährt werden.

Daraus ergeben sich zwei Folgerungen:

- Die Altersvorsorge im Umlageverfahren sollte zurückgeschraubt werden, damit Raum geschaffen wird für die rentablere Altersvorsorge durch Kapitalbildung. Notwendige Voraussetzung dafür ist allerdings eine Gleichbesteuerung der Vorsorgeformen.

- Die Gerechtigkeit zwischen den Generationen erfordert, verglichen mit dem derzeitigen System, eine Entlastung der Jüngeren und einen Verzicht auf weitere Bevorzugung der Älteren.

Um Vorsorge in Form von Kapitalbildung zu ermöglichen und das Rentensystem vom Arbeitsvertrag zu lösen, sollte das heutige System der beitrags- und lohnabhängigen dynamischen Rente in eine beitragsbezogene, lohnunabhängige dynamische Existenzsicherungsrente mit einem Netto-Rentenniveau von 40% nach 45 Versicherungsjahren übergeführt werden. In diesem System wäre der Beitrag für alle gleich, und es würde sich bei gleicher Beitragszahlungsdauer auch die gleiche Rente ergeben.[9)]

---

9) Siehe hierzu im einzelnen KRONBERGER KREIS, "Reform der Alterssicherung", Band 14/1987.

Da alle heutigen Rentner und heutigen Aktiven schon Rentenanwartschaften erworben haben, die ihnen nicht genommen werden können und sollen, kann das heutige System nur während einer längeren Übergangszeit in eine Existenzsicherungsrente umgewandelt werden. In einem Zeitraum von rund vierzig Jahren müßte der Anstieg der Renten um jährlich 1,5 Prozentpunkte hinter dem Anstieg der Nettolöhne zurückbleiben, bis ein Netto-Rentenniveau von 40% erreicht ist. Die Beiträge sollten, abgesehen von den Versicherten, die neu in das System eintreten, ihrerseits nach dem Alter gestaffelt werden. Wer sich der Pensionierungsgrenze nähert, also noch eine hohe Rente zu erwarten hat, soll höhere Beiträge entrichten als jüngere Beitragszahler, deren erwartete Rente geringer ist. Umgekehrt gilt auch, daß den Älteren nur noch wenig Zeit bleibt, sich selbst eine zusätzliche Altersversorgung durch Vermögensbildung aufzubauen, während die Jungen noch ihr ganzes Arbeitsleben dafür vor sich haben. Auf diese Weise wird nicht nur für die Jungen, sondern für alle Aktiven der Zwang, in eine unrentable Anlage, die Rentenversicherung, zu investieren, so gering wie möglich gehalten.

An der Realität der Probleme führt kein Weg mehr vorbei. Es gilt aber, die heute Jungen vor Illusionen zu bewahren und sie unabhängiger zu machen von der Gefahr, daß die in 30 bis 40 Jahren Aktiven sich weigern, ein Versprechen einzuhalten, das die heute Aktiven sich selbst zu Lasten der künftig Aktiven gegeben haben, ohne für genügend Nachwuchs oder Kapitalbildung zu sorgen. Außerdem besteht noch eine – begrenzte – Möglichkeit, die Rentner der nächsten Jahrzehnte an den Lasten zu beteiligen, die sie durch Verzicht auf Kinder verursacht haben. Und schließlich: Entgegenzuwirken ist der Gefahr der Selbstzerstörung des Systems durch zu hohe marginale Abgabensätze.

Auch dann müßten die Beiträge zur Rentenversicherung insgesamt wegen der sich verändernden Altersstruktur beträchtlich steigen. Um Raum für zusätzliche Altersversorgung durch Vermögensbildung zu schaffen, müssen zusätzliche Maßnahmen ergriffen werden. Ein wichtiger Schritt wäre eine flexible Altersgrenze nach versicherungsmathematischen Prinzipien. Das bedeutet, daß bei vorzeitigem Rentenbezug die Rente um einen versicherungsmathematisch ermittelten Abschlag gekürzt, daß sie bei hinausgeschobenem Rentenbezug entsprechend erhöht wird. Damit würde das Rentenzugangsalter steigen, so daß es also auf der einen Seite mehr Beitragszahler, auf der anderen Seite kürzere Rentenbezugszeiten gäbe. Wird überdies der heute relativ leichte Zugang zu den Erwerbsunfähigkeitsrenten erschwert, dann könnte sich das Verhältnis von Aktiven zu Rentnern beträchtlich verbessern. Weiterhin sollte schon jetzt angekündigt werden, wie in den USA, daß das Rentenzugangsalter künftig stufenweise auf 67 Jahre erhöht wird.

Der Teufelskreis unserer heutigen Alterssicherung liegt darin, daß der einzelne weder sparen noch Kinder aufziehen muß, daß aber die Versorgung insgesamt nur gesichert werden kann, wenn Kinder aufgezogen werden und Kapital gebildet wird. Im vorgeschlagenen neuen System wird die finanzielle Last durch Kinder nicht beseitigt, aber doch erleichtert, und der Anreiz zur Vermögensbildung bleibt erhalten. Wenn der einzelne seine eigenen Interessen verfolgt, dann bleibt auch das System als Ganzes lebensfähig.

4. Gesundheitswesen: Wettbewerb der Krankenkassen

Im Bereich der gesetzlichen Krankenkasse sind alle Beteiligten fehlmotiviert. Für den Patienten kann Krankheit mit einem finanziellen Vorteil verbunden sein. Der Arzt ist unter finanziellem Gesichtspunkt nicht an der Gesundheit seiner Patienten interessiert. Sein Einkommen wird um so höher, je mehr ärztliche Leistungen die Patienten in Anspruch nehmen. Für Krankenhäuser gibt es keinen ausreichenden Anreiz zur Verbesserung der Kosten/Leistungsrelation. Patienten wie Ärzte sind gegenüber den Arzneimittelpreisen relativ unempfindlich. Für die pharmazeutische Industrie lohnt deshalb der Preiswettbewerb kaum. Die Konkurrenz wird eher über einen hohen Werbe- und Akquisitionsaufwand ausgetragen. (Das kann sich freilich durch die jetzt vorgesehene Reform ändern.) Apotheken stehen zwar im Wettbewerb, aber nicht im Preiswettbewerb. Organisatorischer Fortschritt im Bereich der ambulanten Versorgung durch Bildung anderer Rechtsformen wird durch strikte staatliche Reglementierung unterbunden. Am Gesundheitsmarkt ist bereits das Denken pervertiert. So wird innerhalb des jetzigen Systems (mit Recht!) prognostiziert, daß der starke Zustrom junger Leute zum Arztberuf die Gesundheitskosten in die Höhe treiben werde, oder es wird argumentiert, daß eine Verkürzung der Verweildauer in Krankenhäusern die Bettenausnutzung vermindern und so die Tagessätze ansteigen läßt. Auf funktionierenden Märkten käme man gerade zu den entgegengesetzten Schlüssen. Ein höheres Angebot und leerstehende Kapazitäten müßten einen Druck auf die Preise ausüben.

Der Schlüssel zur Neuordnung besteht im Wettbewerb zwischen den Krankenversicherungen. An die Stelle einer umfassenden Pflichtversicherung sollte eine Mindestversicherungspflicht treten, und die Krankenversicherer sollten um die Versicherungsnehmer konkurrieren. Das bedeutet, daß die Versicherungsprämien keine Einkommensumverteilungselemente mehr enthalten dürfen und daß jede Person selbst versichert sein muß.

In einem derartigen System würde sich die politische Entscheidung über die Frage der Selbstbeteiligung an den Krankheitskosten erübrigen. Jeder Versicherte kann mit seiner Versicherung aushandeln, ob er weniger Beiträge zahlen und eine Selbstbeteiligung auf sich nehmen möchte oder ob er für vollen Versicherungsschutz eine höhere Prämie entrichtet. Auf diese Weise wird der Patient leistungs-und kostenorientiert und gleichzeitig zur Vermeidung von höheren Kosten an Gesundheitsvorsorge interessiert.

Unter diesen Rahmenbedingungen besteht keine Notwendigkeit für eine gesetzliche Regulierung der Arzthonorare. Wird überdies bei den Krankenhäusern die Trennung von Investitions- und Betriebskosten beseitigt, dann kann auch jedes Krankenhaus die Preise verlangen, die es in der Konkurrenz um Patienten und deren Versicherer durchsetzen kann. Diese Preise werden in der Regel niedriger sein als heute, und der Wettbewerb wird darüber hinaus zu Rationalisierung und Leistungssteigerung führen. Auch auf die Reglementierung von Organisationsformen kann verzichtet werden, Arzt-Unternehmen und Gesundheits-Dienst-Gesellschaften (Health Maintenance Organizations) können zugelassen werden.

Die pharmazeutische Industrie wird in Preiswettbewerb statt in Werbewettbewerb treten. Auf die Regulierung der Apothekenabgabepreise kann man verzichten. Im ganzen System schlummern gewaltige Rationalisierungsreserven. Die größte besteht darin, daß heute das Gesundheitswesen stärker als notwendig in Anspruch genommen wird und der Krankenstand höher ist als in vergleichbaren Ländern. Aber auch im Bereich der Krankenhäuser sind beträchtliche Reserven zu vermuten.

Der Wettbewerb der privaten Versicherungen um Kunden funktioniert heute mangelhaft. Das hängt damit zusammen, daß die Prämien vom Eintrittsalter abhängig sind. Da die Prämie mit dem Eintrittsalter steigt, hat ein Versicherter, der die Krankenkasse wechseln will, in der Regel eine höhere Prämie zu zahlen. So spielt sich der Wettbewerb normalerweise nur um die Erstversicherung ab. Das ist unbefriedigend. Wenn an der vom Lebensalter unabhängigen Prämie festgehalten werden soll, so muß eine Ausgleichskasse[10)] der Krankenversicherer geschaffen werden, welche die sich aufgrund der unterschiedlichen Alterstrukturen ergebenden verschiedenen Risikomischungen kompensiert: Für die Altersjahrgänge, deren Krankheitskosten über den gesamten durchschnittlichen Kosten liegen, haben die Krankenkassen einen Anspruch auf Zahlung der Differenz zwischen den durchschnittlichen Kosten eines Jahrganges und den gesamten durchschnittlichen Kosten. Entsprechend entsteht eine Zahlungsverpflichtung der Krankenkassen gegenüber der Ausgleichskasse für die Jahrgänge, deren Krankheitskosten unter den gesamten durchschnittlichen Kosten liegen. Durch die Orientierung des Ausgleichs an Durchschnittszahlen verbleibt den Versicherungen der Anreiz, ihre Krankheitskosten pro Jahrgang unter die entsprechenden Durchschnittszahlen zu senken. Unter dieser Bedingung könnten die Versicherungsnehmer ohne finanzielle Einbußen die Versicherung wechseln, und dies würde den Wettbewerb zwischen Versicherungen ermöglichen.

Damit gäbe es Marktwirtschaft im ganzen Gesundheitswesen. Es erfordert sicherlich Mut, diesen Schritt vom eingefahrenen System staatlicher Vollversorgung mit Zwangsbeiträgen zu mehr Eigenverantwortung und Entstaatlichung zu tun. Doch dieser Schritt würde für alle Beteiligten wie eine Befreiung wirken und ganz neue Kräfte freisetzen. Er steht im Gegensatz zum Mut der Verzweiflung, mit dem bis heute am alten System repariert wird, während die Probleme unaufhaltsam weiter wachsen.

5. Arbeit, Kapital und Beschäftigung

Die Lehre, daß die Wirtschaft als ein Klassenkampf zwischen Arbeit und Kapital zu begreifen sei, ist ein verhängnisvoller Irrglaube. Der

---

10) Siehe hierzu im einzelnen KRONBERGER KREIS, "Mehr Markt im Gesundheitswesen", Band 13/1987.

Versuch, mit Hilfe des Arbeitsrechts Arbeitnehmer auf Kosten ihrer tatsächlich oder vermeintlich sozial starken Gegenspieler zu schützen, wirkt nicht zum Nutzen, sondern zum Nachteil der Arbeitnehmer im allgemeinen und der speziell geschützten Arbeitnehmergruppen im besonderen.[11] Sichere Arbeitsplätze für möglichst viele können nur durch weniger und nicht durch mehr arbeitsrechtliche Schutzvorschriften geschaffen werden. Für ein Unternehmen ist es heute sinnvoller, neue Maschinen einzusetzen, mit Überstunden zu arbeiten oder Funktionen auf freiberuflich arbeitende Erwerbstätige zu übertragen, als das Risiko einzugehen, Arbeitnehmer einzustellen, deren Arbeitsverhältnis die Rechtsprechung de facto zu "verbeamten" versucht. Die Sicherheit eines Arbeitsplatzes ist langfristig nicht das Ergebnis von Schutzvorschriften, die den Unternehmen auferlegt werden, sondern das einer angemessenen Arbeitsproduktivität und Gewinnaussicht.

Ebenso wie die Unternehmer sind die Arbeitnehmer an möglichst hohen produktiven Investitionen und an technischem Fortschritt interessiert. Beides erhöht die Produktivität der Arbeit und bietet damit eine notwendige Voraussetzung für jede Lohnerhöhung. Produktive Investitionen setzen ihrerseits voraus, daß genügend gespart wird und daß Investitionen im Unternehmenssektor mit anderen Vermögensanlagen – besonders auch im Ausland – konkurrieren können. Die Sachkapitalbildung würde einerseits dadurch gefördert, daß sie anderen Formen der Zukunftsvorsorge steuerlich gleichgestellt wird, andererseits dadurch, daß sowohl das Rentenniveau gesenkt, als auch das Niveau der Beiträge zur Rentenversicherung in Grenzen gehalten wird. Das erhöht die Notwendigkeit, durch zusätzliche Ersparnis für das Alter vorzusorgen, und schafft gleichzeitig den dafür erforderlichen Spielraum. Die Gleichbesteuerung schließlich macht diese Ersparnis attraktiv.

Die produktive Investition würde durch die Gleichbesteuerung aller Vermögenserträge entscheidend gefördert. Die hohe Besteuerung von Kapitalerträgen aus riskanter unternehmerischer Tätigkeit führt heute dazu, daß extrem hohe Renditen vor Steuern notwendig sind, sollen solche Investitionen mit anderen Vermögensanlagen konkurrenzfähig sein. Da derart hohe Renditen nicht regelmäßig erzielt werden können, bleibt die Investitionstätigkeit zu gering.

---

11) Siehe hierzu im einzelnen KRONBERGER KREIS, " Mehr Markt im Arbeitsrecht", Band 10/1986.

Der größte Teil aller Ersparnisse wird schon heute in den Haushalten von Arbeitnehmern gebildet. Die Sparquote der Selbständigen ist allerdings doppelt bis dreimal so hoch wie die der Unselbständigen. Deshalb sind die Vermögen weit ungleichmäßiger verteilt als die Einkommen. Auch im Anlageverhalten bestehen Unterschiede. Die Selbständigen bilden überwiegend Sachvermögen und verschulden sich dabei. Die Unselbständigen legen ihre Ersparnisse in Geldvermögensform an. Beides erklärt sich in hohem Maße aus der unterschiedlichen Altersversorgung und den unterschiedlichen Grenzsteuersätzen. Der Selbständige ist im Alter auf sein Vermögen angewiesen. Sein Vermögensinteresse ist daher viel langfristiger angelegt als das des Arbeitnehmers, dessen langfristige Sparmotive weitgehend von der gesetzlichen Rente abgedeckt werden. Die Vermögensanlagen des Arbeitnehmers sind daher nicht nur geringer, sondern auch viel kurzfristiger als die der Selbständigen.

Nach dem hier entwickelten Konzept würde der Abstand zwischen dem Spar- und Anlageverhalten der Arbeitnehmer und dem der Selbständigen geringer werden. Das bedeutete einen doppelten Nutzen für die Arbeitnehmer: Höhere Kapitalbildung und Investition machen höhere Löhne möglich. Wenn das Kapital zu größeren Teilen auch den Arbeitnehmern gehört, dann beziehen sie darüber hinaus auch Vermögenserträge. Die stärkere Beteiligung der Arbeitnehmer am Produktivvermögen würde deutlicher als heute erkennbar machen, daß Arbeit und Kapital eine Interessengemeinschaft bilden.

Die Vielzahl von Schutzvorschriften am Arbeitsmarkt und die Bindung der Sozialversicherung an den Arbeitsvertrag verhindern derzeit noch die großen Chancen, die sich heute zur Neugestaltung der Arbeitsbeziehungen bieten. Diese könnten ein Feld besonders starker Innovationen sein. Arbeitnehmer sind nicht gleich, und sie haben nicht alle die gleichen Interessen. Heute kann die Arbeitszeit von der Maschinenlaufzeit getrennt, und es können mehr Möglichkeiten zur freieren Wahl der Arbeitszeit geschaffen werden. Das Arbeitsleben muß nicht starr vom Ruhestand abgegrenzt sein. Der feste Lohn ist nicht die einzige und für alle richtige Form der Entlohnung. Vom Unternehmenserfolg abhängige Löhne wären oft für Unternehmen und Erwerbstätige geeigneter. Den vielfältigen Interessen von Arbeitnehmern und Unternehmen wird der derzeit noch übliche Einheitsarbeitsvertrag nicht unbedingt gerecht. Zwischen Selbständigkeit und Unselbständigkeit gibt es keine naturgegebene feste Trennungslinie. Übergangsformen sind möglich und oft sinnvoller.

Durch die Trennung von Arbeitsvertrag und Sozialversicherung würde nicht nur das Tor zu einer Neugestaltung der Arbeitsbeziehungen geöffnet. Es würde auch der Trend zur Eigenproduktion und Schattenwirtschaft eingedämmt werden und die – offizielle – Beschäftigung würde zunehmen.

IV. Schluß: Die Lasten tragbar machen

Die Politik hat die selbstzerstörenden Mechanismen unseres Sozialsystems jahrzehntelang bestritten und mit optimistischen Prognosen übertüncht. Inzwischen kommen die Lasten einer veränderten Altersstruktur unabwendbar auf uns zu – bei den Steuerlasten, in der Rentenversicherung, beim Gesundheitswesen, bei den Pflegekosten. Wenn keine grundlegende Reform des Sozial- und Steuersystems erfolgt, dann kann das in einer Katastrophe enden. Diese Katastrophe ist nicht sicher. Im Laufe der nächsten vierzig Jahre kann es günstigere Entwicklungen geben, die wir jetzt noch nicht vorhersehen können. Aber: Obwohl die Wahrscheinlichkeit gering ist, daß ein Schiff sinkt, muß es für diesen Fall durch Mitnahme von Rettungsbooten vorsorgen. Auch im Wirtschafts- und Sozialsystem können wir nicht darauf vertrauen, daß ein deus ex machina als Retter auftaucht. Andernfalls verhielten wir uns wie ein Autofahrer, der mit hoher Geschwindigkeit in eine ihm unbekannte Kurve fährt: Ist die Kurve weit, dann kommt er ungeschoren davon; ist sie eng, dann verunglückt er.

Bleibt unser Sozialsystem unverändert, dann ist der ungünstige, aber keineswegs unwahrscheinliche Fall der, daß Steuern und Abgaben ins Unerträgliche steigen. Die Schattenwirtschaft wird wachsen; junge und gut ausgebildete Leute werden das Land verlassen; das Kapital wird ins Ausland fliehen. Dann treffen immer höhere Abgabelasten mit einem schrumpfenden Volkseinkommen zusammen. Die Bundesrepublik altert und verarmt gleichzeitig. Zwischen diesem Katastrophenszenario und dem günstigsten denkbaren Fall gibt es eine Fülle vorstellbarer Möglichkeiten. Die Aufgabe besteht aber darin, den Katastrophenfall nach menschlichem Ermessen auszuschließen. Unser Sozialsystem enthält wesentliche Elemente, die auf Selbstzerstörung angelegt sind: Individualinteresse und Gesamtinteresse widersprechen sich heute. Wer im eigenen Interesse vernünftig handelt, schädigt die Gemeinschaft. Deshalb geht es nicht darum, das System der wirtschaftlichen Sicherheit für die breiten Massen zu vermindern. Nicht Abbau der Sicherungssysteme ist gefordert, sondern Rationalisierung im ursprünglichen Wortsinne: Das System der sozialen Sicherung muß ein vernunftgemäßes Ordnungs werden.

Mehr Markt in der Energiewirtschaft

Vorbemerkung

Die deutsche Energiepolitik wirkt preistreibend, belastet den Steuerzahler schwer, führt zu vermeidbaren Umweltschäden, bewirkt erhebliche Fehllenkungen von Produktivkräften und verteuert den Industriestandort Bundesrepublik Deutschland. Es besteht daher aller Anlaß zu einer kritischen Durchleuchtung des wettbewerbspolitischen Ausnahmebereichs Energiewirtschaft. Die vielbeklagte geringe wirtschaftliche Dynamik und die sich hartnäckig haltende Arbeitslosigkeit gehen zu einem wesentlichen Teil darauf zurück, daß staatliche Maßnahmen den unwirtschaftlichen Einsatz knapper Produktionsfaktoren prämieren, strukturkonservierend wirken und den Wettbewerb ohne zwingende Gründe beschränken.

Mit dieser Schrift werden Anstöße zum kritischen Überdenken eingefahrener, aber gesamtwirtschaftlich höchst nachteiliger staatlicher Regulierungen in der Energiewirtschaft gegeben. Dabei geht es nicht, wie Gegner jeglicher Reformen und Verteidiger des bestehenden Zustandes gern formulieren, um die Durchsetzung ‘reiner Marktmodelle’, sondern um praktische Strategien, die in mehreren Schritten und abgestimmt mit anderen Maßnahmen durchaus zu verwirklichen sind. Deregulierungsgegner argumentieren häufig in Extremen und übersehen dabei, daß der – begrenzte – Abbau bestehender Vorrechte und staatlich geschützter Monopolstellungen gestatten würde, wichtige energiepolitische Ziele besser als bisher zu erreichen. Zwischen der umfassenden staatlichen Reglementierung vieler Energiemärkte und der vollständigen Beseitigung aller Preisvorschriften, Marktzugangssperren und Wettbewerbsbeschränkungen gibt es viele Zwischenstufen, die auf ihre Zweckmäßigkeit zu prüfen sind.

Zwar wird der Regierungsentwurf einer Kartellgesetznovelle aller Voraussicht nach wiederum nur einen bescheidenen Schritt zur Auflockerung der monopolistischen Marktorganisation in der öffentlichen Elektrizitätsversorgung bringen. Aber offensichtlich sehen auch verantwortliche Politiker Reformbedarf auf diesem Gebiet. Die Verwirklichung des europäischen Binnenmarktes wird aller Voraussicht nach ebenfalls nicht ohne Auswirkungen auf die nationalen Energiemärkte bleiben. Die protektionistische deutsche Energiepolitik steht auf dem Prüfstand.

Fühlbare Fortschritte hin zu einer effizienteren Energiewirtschaft sind kaum zu erzielen, wenn die hochsubventionierten Steinkohlenzechen völlig ausgespart bleiben.

Viele Vorschläge lassen sich nur dann verwirklichen, wenn zugleich flankierende Maßnahmen eingeleitet werden. Auf den engen Zusammenhang insbesondere mit der Gemeindesteuerreform, aber auch mit der sozialen Absicherung des unerläßlichen strukturellen Wandels ist nachdrücklich hinzuweisen.

Helmut Gröner hat zu diesem Gutachten und zu seinen zentralen Aussagen Wesentliches beigetragen. Dafür danken wir ihm.

Dezember 1988

Wolfram Engels, Walter Hamm
Otmar Issing, Wernhard Möschel
Olaf Sievert, Hans Willgerodt
(KRONBERGER KREIS)

I. Ausgangslage und Ziele der Energiepolitik

Schlüsselproblem Energieversorgung

1. Die Versorgung mit Energie ist ein Schlüsselproblem jeder Volkswirtschaft. Die Verfügbarkeit von Energie ist ausschlaggebend für den Wohlstand einer Gesellschaft, seit den Menschen die Nutzung des Feuers gelungen ist. Die erste industrielle Revolution hatte ihre Grundlage in der Erfindung der Dampfmaschine, der ersten Technik, die in größerem Maßstab die Umwandlung von Wärme in mechanische Energie erlaubte; und ohne Elektrizität wären die meisten grundlegenden Innovationen des 20. Jahrhunderts undenkbar. Wärme, Licht und Kraft sind 'Energiedienstleistungen', die nicht nur in allen Produktionsbereichen unverzichtbar sind; auch die Nutzung vieler Güter ist nur in Verbindung mit dem Verbrauch von Energie möglich.

Zwei Ölkrisen mit heftigen Preissteigerungen und erheblichen Anforderungen an die Anpassungsfähigkeit der Industrieländer haben das Bewußtsein dafür geschärft, daß Energie knapp und wertvoll ist – und daß Energiekrisen beinahe automatisch auch Wirtschaftskrisen sind. Gewachsen ist nicht zuletzt auch das Bewußtsein, daß Energieverbrauch meist an die Nutzung der Umwelt gekoppelt ist und ineffizienter Umgang mit Energie daher eine unnötige Belastung der Umwelt bedeutet.

Ziele der Energiepolitik

2. Der Wohlstand eines Landes hängt auch von der Leistungsfähigkeit seiner Energiewirtschaft ab:

– Energie ist Produktionsfaktor, und Energiekosten sind Bestandteil der Produktionskosten. Weist ein Land im Vergleich zu anderen hohe Energiekosten auf, dann verliert es an Attraktivität als Wirtschaftsstandort, vor allem für energieintensive Branchen. Eine effiziente Produktion und Nutzung von Energie hat daher besondere Bedeutung. Rahmenbedingungen zu schaffen, die solche Effizienz ermöglichen und fördern, ist die Hauptaufgabe der Energiepolitik.

– Auch das Risiko unvorhergesehener Energieverknappung oder starker Angebotsschwankungen stellt einen wesentlichen Kostenfaktor dar. Je größer dieses Risiko ist, desto wichtiger wird die Aufgabe, etwa durch Vorratshaltung eine höhere Versorgungssicherheit zu erreichen. Auch hier ist die Energiepolitik gefordert.

– Von wenigen Ausnahmen abgesehen liegt die Nutzung von Energie im Konflikt mit Belangen des Umweltschutzes. Die Art und Weise, in der eine Volkswirtschaft dieses Problem löst, bestimmt ihre Leistungsfähigkeit und ihre Attraktivität als Standort mit.

Preiswürdigkeit, Versorgungssicherheit und Umweltverträglichkeit sind Aspekte, die auch die Ziele der offiziellen Energiepolitik bestimmen. Das erste Energieprogramm der Bundesregierung vom September 1973 nennt als Grundziel eine Energieversorgung, bei der ein ausreichendes und bedarfsgerechtes Energieangebot sichergestellt ist, das mittel- und langfristig Versorgungssicherheit gewährleistet, auf lange Sicht die volkswirtschaftlichen Gesamtkosten minimiert und die Erfordernisse des Umweltschutzes berücksichtigt. Die Bundesregierung hat diese Ziele bis heute immer wieder bestätigt.

3. Das umfassendste Maß für den Energiebedarf einer Volkswirtschaft ist die Höhe des Verbrauchs an energetischen Ressourcen, den sogenannten Primärenergieträgern. Dazu zählen insbesondere Steinkohle, Braunkohle, Erdöl, Erdgas und Wasserkraft, aber auch Kernbrennstoffe.[1] Allerdings gibt der Primärenergieverbrauch noch keine Auskunft über die Energiemenge, die beim Endverbraucher in die sogenannten Energiedienstleistungen Wärme, Licht und Kraft umgesetzt wird. Dieser Endenergieverbrauch weicht vom Primärenergieverbrauch erheb-

Tab.1 **Primärenergieverbrauch – Entwicklung nach Energieträgern 1973 - 1987**

Energieträger	1973	1976	1979	1982	1986	1987
	in Millionen Tonnen SKE					
Mineralöl	208,9	195,9	206,8	159,8	167,6	163,3
Steinkohle	84,2	70,7	75,8	76,7	77,7	75,6
Braunkohle	33,1	37,6	38,1	38,4	33,1	31,1
Erdgas[1]	38,0	51,4	65,3	54,3	58,4	64,4
Kernenergie	4,0	7,9	13,9	20,9	38,7	42,1
Wasserkraft[2]	8,2	4,5	5,8	8,1	7,1	7,3
Sonstige	2,1	2,3	2,5	3,3	4,3	4,2
Insgesamt	378,5	370,3	408,2	361,5	386,9	388,0
	in % des gesamten Primärenergieverbrauchs					
Mineralöl	55,2	52,9	50,7	44,2	43,3	42,1
Steinkohle	22,2	19,1	18,6	21,2	20,1	19,5
Braunkohle	8,7	10,2	9,3	10,6	8,6	8,0
Erdgas[1]	10,0	13,9	16,0	15,0	15,1	16,6
Kernenergie	1,1	2,1	3,4	5,8	10,0	10,9
Wasserkraft[2]	2,2	1,2	1,4	2,3	1,8	1,9
Sonstige	0,6	0,6	0,6	0,9	1,1	1,1

1) einschl. Erdölgas 2) einschl. Nettostromimporte
Quelle: Arbeitsgemeinschaft Energiebilanzen

1) Die Vergleichs- und Rechenbasis für die Zusammenfassung der einzelnen Energieträger ist ihr Energiegehalt, der in der Regel in Steinkohleneinheiten (SKE) angegeben wird. Ein Kilogramm SKE entspricht dem durchschnittlichen Heizwert eines Kilogramms Steinkohle.

lich ab. Primärenergie ist meist nicht in ihrem Rohzustand verwendbar und muß daher einer Umwandlung (beispielsweise Kohle in Strom oder Erdöl in Kraftstoff) unterworfen werden, für die einerseits Energie gebraucht wird (sogenannter Eigenverbrauch) und bei der andererseits technisch bedingte Energieverluste entstehen. Hinzu kommt, daß Primärenergieträger zum Beispiel in der Kunststofferzeugung als Rohstoff Verwendung finden (sogenannter nichtenergetischer Verbrauch). Der Endenergieverbrauch beträgt in der Bundesrepublik rund 65 Prozent des Primärenergieverbrauchs, der nichtenergetische Verbrauch 6 Prozent. Eigenverbrauch und Verluste im Energiesektor erreichen somit knapp 30 Prozent des Primärenergieverbrauchs. Vom Endenergieverbrauch zu unterscheiden ist schließlich der Verbrauch an Nutzenergie, der beim Letztverbraucher tatsächlich genutzten Energie. Auch bei der Umwandlung von Endenergie in Nutzenergie, beispielsweise in Kraftfahrzeugen oder zur Raumheizung, treten erhebliche Verluste auf. Diese Verluste sind nicht exakt quantifizierbar, überschreiten aber 50 Prozent der eingesetzten Endenergie deutlich.

Energieverbrauch in der Bundesrepublik Deutschland

4. Seit Beginn der siebziger Jahre hat sich das Wachstum des Energieverbrauchs stark verlangsamt. Mit 388 Mio t SKE im Jahr 1987 lag der Primärenergieverbrauch gerade um 2,5 Prozent über dem Verbrauch von 1973. Noch deutlicher wird der bei der Einsparung von Energie

Abb. 1 **Bruttoinlandsprodukt, Primärenergieverbrauch und Energieintensität 1960 - 1987**
1970 = 100

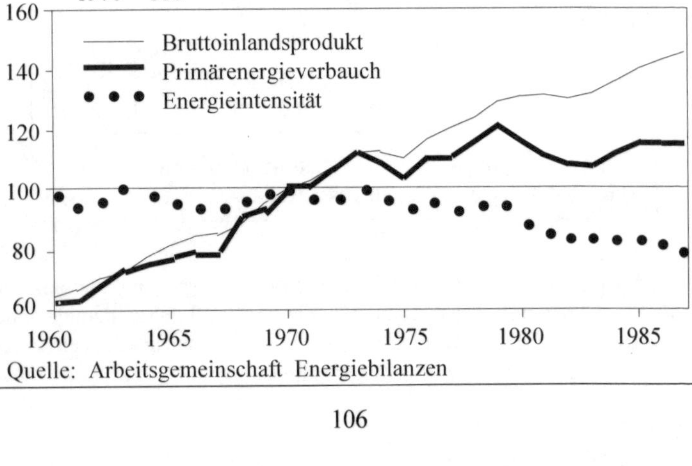

Quelle: Arbeitsgemeinschaft Energiebilanzen

erreichte Erfolg, wenn man die Energieintensität heranzieht, also den Energieeinsatz je Einheit des realen Bruttoinlandsprodukts. Im Zeitraum von 1960 bis 1973 stieg der Primärenergieverbrauch ebenso stark wie das Bruttoinlandsprodukt; seitdem kann man eine spürbare Entkoppelung beobachten. Abbildung 1 macht deutlich, daß die Energieintensität seit den Ölkrisen beinahe um ein Fünftel zurückgegangen ist und daß dieser Trend noch immer anhält. Diese Entkoppelung bedeutet nicht zuletzt auch eine erhebliche Entlastung der Umwelt.

Der Rückgang der Energieintensität ging und geht einher mit beachtlichen Veränderungen der Struktur des Primärenergieverbrauchs. Tabelle 1 und Abbildung 2 zeigen, daß sich der Anteil der Kernenergie am Primärenergieverbrauch inzwischen auf über zehn Prozent erhöht hat. Auch Erdgas konnte seine Stellung am Energiemarkt erheblich kräftigen. Der Ölverbrauch ist zwischen 1979 und 1982 um mehr als ein Fünftel zurückgegangen und hat sich seither nicht wesentlich verändert; mit einem Anteil von knapp 42 Prozent ist die Bedeutung des Mineralöls in der Bundesrepublik im übrigen deutlich geringer als im Durchschnitt der westlichen Industrieländer. Während die Versorgungsanteiie von Braunkohle und Wasserkraft seit der Ölkrise im wesentli-

Abb. 2 **Primärenergieverbrauch – Entwicklung und Struktur 1960 - 1987**
in Mio t SKE

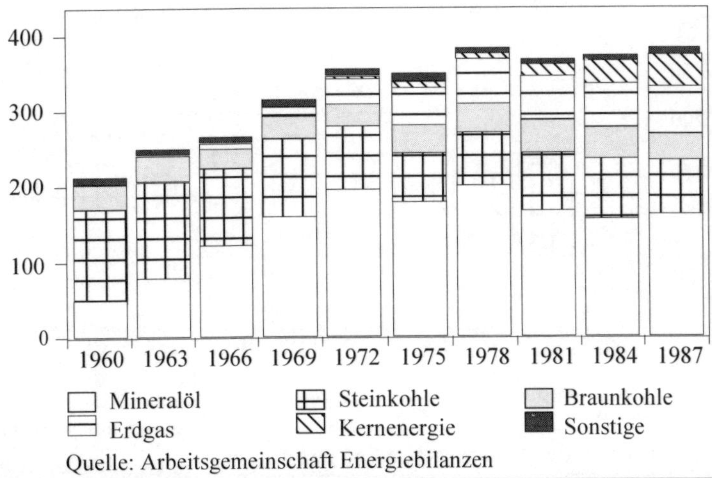

Quelle: Arbeitsgemeinschaft Energiebilanzen

chen konstant geblieben sind, verzeichnet die Steinkohle leichte Einbußen.

Auch die Struktur des Endenergieverbrauchs hat sich nachhaltig verschoben. Die Bedeutung der leitungsgebundenen Energien Strom, Gas und Fernwärme ist beträchtlich gewachsen (Abbildung 3), Kohle spielt beim Endverbrauch nur noch eine untergeordnete Rolle. Dieser Trend zu den sogenannten Edelenergien, namentlich das Vordringen des Stroms, bedeutet zugleich ein wachsendes Gewicht der Energieumwandlung in Kraftwerken.

Die Importabhängigkeit der deutschen Energieversorgung hat sich in der Vergangenheit stetig erhöht. Während 1960 lediglich 23,6 Prozent des Primärenergieverbrauchs durch Importe gedeckt wurden, beträgt der Einfuhranteil gegenwärtig mehr als 70 Prozent. Auch bei den Energieimporten hat sich die Struktur gewandelt: Dem Rückgang der Öleinfuhren steht ein merkliches Importwachstum beim Erdgas – vorwiegend aus der Sowjetunion – gegenüber. Zudem hat beim Öl seit 1973 ein bemerkenswerter Diversifikationsprozeß stattgefunden. Hier bestehen kaum mehr einseitige Abhängigkeiten, denn nunmehr stammt gut ein Drittel der Öleinfuhren aus westeuropäischen Ländern (vor

Abb. 3 **Endenergieverbrauch**
Entwicklung und Struktur 1960 - 1987
in Mio t SKE

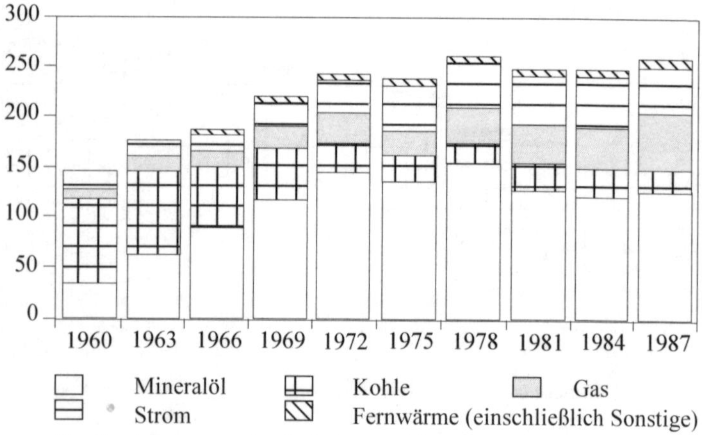

Quelle: Arbeitsgemeinschaft Energiebilanzen

allem aus Großbritannien), während der Lieferanteil des Nahen Ostens von 52,6 Prozent im Jahre 1974 auf 13,3 Prozent im Jahre 1987 zurückgegangen ist.

Preisführer Mineralöl

5. Der strukturelle Wandel der deutschen Energiewirtschaft und die Entkoppelung des Wirtschaftswachstums vom Energieverbrauch haben viele Gründe. Im Zuge eines wachsenden Lebensstandards geänderte Verbrauchsgewohnheiten – Elektrifizierung der Haushalte, 'sauberes' Heizen – sind ebenso zu nennen wie der allgemeine technische Wandel und das wachsende Gewicht des Dienstleistungsbereichs. Der stärkste Druck ist indessen von den Energiepreisen ausgegangen. Die dominierende Position des Mineralöls und die Preispolitik der Organisation erdölexportierender Länder (OPEC) haben hierbei die entscheidende Rolle gespielt.

- Das Energiepreisniveau in der Bundesrepublik hat sich für die gewerbliche Wirtschaft und für die privaten Haushalte von Anfang der siebziger Jahre bis zum Jahr 1985 nominal annähernd vervierfacht, real immerhin noch mehr als verdoppelt. Dieser massive Preisauftrieb ist vor allem auf die Rohölverteuerungen 1973/74 und 1979/80 zurückzuführen. Die deutschen Ölimporte kosteten 1970 durchschnittlich 60 DM/t, 1985 dagegen mehr als 620 DM/t. Infolge des drastischen Rückgangs des Rohölpreises seit Beginn des Jahres 1986 traten bei den wichtigsten Energieträgern beträchtliche Preissenkungen ein. Eine Ausnahme hiervon bildet jedoch der Preis der deutschen Steinkohle; aufgrund der Besonderheiten der deutschen Steinkohlenwirtschaft, die in Kapitel II. ausführlich dargestellt werden, blieb er von den Schwankungen des Rohölpreises weitgehend unberührt.

- Das Mineralöl besitzt als der mit Abstand wichtigste Energieträger einen dominierenden Einfluß auf das Energiepreisniveau. Steigen die Rohölpreise, so ziehen die Preise der Mineralölprodukte unmittelbar nach. Aber auch die anderen Energiepreise folgen diesem Aufwärtstrend. Die Preisführerschaft des Mineralöls verschafft nämlich den Anbietern anderer Energieträger einen Spielraum für Preiserhöhungen, der um so größer ist, je enger die direkten und indirekten Substitutionsbeziehungen zum Erdöl sind. Zugleich erzwingt die Dominanz des Öls Anpassungen mit umgekehrten Vorzeichen, wenn der Ölpreis fällt – wie die Entwicklung der vergangenen Jahre belegt.

- Unter dem Aspekt der Versorgungssicherheit wurde – in Reaktion auf die Ölkrisen – über Jahre hinweg eine Politik 'weg vom Öl' verfolgt. Der Rückgang der Ölpreise hat dieser Strategie einiges von ihrer Bedeutung und Stoßkraft genommen. Gleichwohl bleiben die Energiepreise unsicher. Die derzeit entspannte Lage beim Erdöl sollte nicht darüber hinwegtäuschen, daß neben der Verringerung des Marktanteils von OPEC-Öl vor allem wirtschaftliche und politische Interessengegensätze innerhalb der OPEC den Ölpreisverfall verursacht haben und daß geänderte politische Konstellationen einen neuen Preisschub bewirken können.

Anpassungserfolge und teure Fehlentwicklungen

6. In den grob umrissenen energiewirtschaftlichen Entwicklungslinien werden die Anpassungsprozesse in der Energiewirtschaft erkennbar, die sich während der letzten zwölf Jahre vollzogen haben – und zwar durchaus erfolgreich. Diese Anpassungserfolge werden immer wieder als Beweis für eine marktwirtschaftliche Grundausrichtung der deutschen Energiepolitik dargestellt. Dies greift zu kurz. Zwar ist es richtig, daß man in der Bundesrepublik darauf verzichtet hat, den von der OPEC ausgelösten Preisauftrieb interventionistisch zu dämpfen oder gar mit einer Bewirtschaftung der Energiemärkte zu beantworten. Richtig ist auch, daß der Marktmechanismus seine Aufgabe erfüllt hat: Angesichts gestiegener Preise haben die Nachfrager ihren Energieverbrauch gedrosselt sowie teure und risikobehaftete Energieträger durch preiswertere und weniger anfällige ersetzt; es wurde nach Wegen gesucht, die Energieeffizienz zu steigern. Die Reaktion der Verbraucher auf hohe Energiepreise hat zu einem rationelleren Umgang mit Energie geführt und letztlich den energiepolitischen Zielen gedient.

Doch weite Teile der Energiewirtschaft werden diesen Zielen nicht gerecht. Mit einer Vielzahl von Maßnahmen greifen Bund, Länder und Gemeinden in die Energiemärkte ein und verteuern dadurch das Energieangebot. Wirksamer Wettbewerb findet sich im Grunde nur in der Ölversorgung. Die Gaswirtschaft steht zwar national wie international in Konkurrenz vor allem mit der Mineralölwirtschaft, branchenintern ist von Wettbewerb jedoch nicht zu reden. Die Versorgung mit Elektrizität und Fernwärme steht weitgehend unter politischer Kontrolle, und die Versorgung mit Gas und Strom ist von den Vorschriften des Kartellrechts im wesentlichen ausgenommen. Der nicht konkurrenzfähige Steinkohlenbergbau wird durch Einfuhrbeschränkungen und staatlich geförderte Verträge, die Kartellcharakter haben, vor Wettbewerb geschützt und ist nur durch massive Subventionen am Leben zu erhalten.

Der von der Politik bewirkte Schutz vor Wettbewerb, den die genannten Bereiche genießen, wird noch verstärkt durch nicht gerade wettbewerbsfreundliche Strukturen bei den Energieanbietern: Die Großunternehmen der Energiewirtschaft sind Konglomerate, die auf mehreren, einige sogar auf allen Teilmärkten dieses Wirtschaftsbereiches tätig sind. Die Substitutionskonkurrenz zwischen den einzelnen Energieträgern wird dadurch spürbar behindert. Hinzu kommt, daß zwischen den Unternehmen der Energiewirtschaft vielseitige Kapitalverflechtungen bestehen, die Abstimmungen und Abgrenzungen erleichtern und so die Wettbewerbsmechanismen aushöhlen. Vielfältige staatliche Beteiligungen verwischen die Grenze zwischen wirtschaftlichen Interessen und öffentlicher Aufsichtsfunktion. Die mit Hilfe öffentlicher Planung geschaffenen Versorgungsstrukturen sind allzu oft unflexibel und nicht ausreichend an wirtschaftlichen Kriterien orientiert. Im wettbewerbsfreien Raum ist das Interesse an betriebswirtschaftlicher Effizienz und kostengünstiger Versorgung erlahmt, und die herrschende Praxis der Subventionierung macht die Verschwendung knapper Mittel notorisch.

Vermeidbare Belastungen

7. Diese Fehlentwicklungen sind teuer. Sie verursachen Kosten, die man nicht mit der Behauptung als unwesentlich abtun sollte, die Energierechnung sei für die Wirtschaft insgesamt verhältnismäßig unbedeutend. Allein die Politik zum Schutz des deutschen Steinkohlenbergbaus bürdete 1987 Energieverbrauchern und Steuerzahlern Lasten auf, die einem Drittel des Verteidigungshaushalts entsprachen. Die bei einer effizienteren Gestaltung der Energieversorgung auf lange Sicht insgesamt erreichbaren Einsparungen sind noch größer. Sie könnten zum Beispiel das Entlastungsvolumen der 1990 in Kraft tretenden Steuersenkungen, immerhin rund 25 Mrd DM, deutlich übertreffen. Die Durchschnittsbetrachtung verdeckt überdies, daß bei den Energiekostenanteilen von Wirtschaftszweig zu Wirtschaftszweig eine beträchtli-

che Spannweite besteht. Vor allem für energieintensive Branchen bringt die derzeitige Energiepolitik erhebliche Belastungen mit sich: Sie verteuert direkt und indirekt die Energieversorgung, verschlechtert damit die Wettbewerbsfähigkeit ganzer Wirtschaftszweige und stellt eine ernstzunehmende Wachstumsbremse dar.

Für einen ordnungspolitischen Kurswechsel

8. Die Energiepolitik muß sich der Aufgabe stellen, diese vermeidbaren Belastungen abzubauen und insoweit die Attraktivität des Wirtschaftsstandorts Bundesrepublik zu verbessern und zu sichern. Die Politiker müssen sich dabei über eines im klaren sein: Fehlentwicklungen sind in erster Linie dort aufgetreten, wo Kartelle und wo Eingriffe des Staates in vielerlei Form die Wettbewerbsmechanismen verzerrt oder außer Kraft gesetzt haben. Es ist deshalb an der Zeit, einen ordnungspolitischen Kurswechsel vorzunehmen.

Wie wirksam der Preismechanismus gerade auch auf Energiemärkten ist, läßt sich durch Beispiele belegen: Die grundsätzlich an den Zukunftserwartungen der Erdölunternehmen ausgerichtete Erkundung und Erschließung neuer Lagerstätten hat dazu geführt, daß die Reichweite der wirtschaftlich nutzbaren Reserven seit langem nahezu konstant bei 30 Jahren liegt. Und: Die Reaktion der Märkte auf die Preis- und Mengenpolitik der OPEC (insb. auf die drastischen Ölpreiserhöhungen 1973/74 und 1979/80) war eine rasche Erschließung von Erdölvorräten und die völlige Umstrukturierung der Lieferbeziehungen. Jedesmal hat der Markt eine effiziente Antwort auf absehbare Verknappungsprobleme gegeben. Daß dies im Rahmen eines staatlichen Planungs- und Lenkungssystems in ähnlicher Weise gelungen wäre, ist mehr als zweifelhaft. Die Erfahrungen in Ländern, die das Steigen von Energiepreisen durch Subventionen zu dämpfen bemüht waren, bestätigen diese Feststellung.

II. Kohlepolitik in der Sackgasse

Historisch gewachsene Kohlevorrangpolitik

9. Zu den drückendsten energiepolitischen Problemen gehört die Strukturkrise im deutschen Steinkohlenbergbau. Steinkohle aus deutschen Zechen ist nicht wettbewerbsfähig. Selbst die leistungsfähigsten Gru-

benbetriebe müssen für die Förderung einer Tonne Steinkohle rund 200 DM aufwenden, während für Importkohle im Jahre 1987 noch nicht einmal die Hälfte dieses Betrags bezahlt werden mußte. Eine anhaltende Politik des 'Vorrangs für die Kohle', deren Ziel die Erhaltung der wichtigsten heimischen Energiequelle war und noch immer ist, hat an der Wettbewerbsschwäche der deutschen Steinkohle nichts ändern können. Im Gegenteil: Die Kohlepolitik hat notwendige Anpassungsprozesse immer wieder verzögert und den Rationalisierungsdruck vermindert.

Diese Politik, die massive Finanzhilfen verbindet mit einer Behinderungsstrategie gegen Importkohle und andere konkurrierende Energieträger, besitzt eine lange Tradition. Ihre heutige Struktur geht auf die späten fünfziger und auf die sechziger Jahre zurück, als der Steinkohlenbergbau – auf die strukturellen Veränderungen der Energienachfrage offenbar schlecht vorbereitet – in eine Absatzkrise geriet. Damals zeigte sich der Staat schnell bereit, stützend und helfend einzugreifen. Bei jeder neuen staatlichen Maßnahme, meist veranlaßt von immer neuen akuten Absatzschwierigkeiten, hörte man die politischen Beteuerungen, alle Hilfen würden nur vorübergehend gewährt, um Anpassungen zu ermöglichen oder zu erleichtern. Dies hat getrogen. Denn entgegen ihren Beschwörungen konnten sich die Politiker bisher nicht dazu bereitfinden, den interventionistischen Wildwuchs der Kohlepolitik auch nur in Ansätzen zurückzuschneiden. So stützt sich die deutsche Kohlepolitik auf ein historisch gewachsenes Bündel von Maßnahmen, die mit dem Argument der Versorgungssicherheit die heimische Steinkohle vor Konkurrenz schützen. Die Meilensteine dieses Kohleprotektionismus sind:

- die mit staatlicher Geburtshilfe vollzogene Gründung der 'Einheitsgesellschaft' Ruhrkohle AG (RAG) und die daraus folgende hohe Unternehmenskonzentration im Steinkohlenbergbau,

- der 'Jahrhundertvertrag', der dem Steinkohlenbergbau bis 1995 den Absatz festgelegter Mengen an die Elektrizitätswirtschaft garantiert und in Verbindung mit dem Verstromungsgesetz die Mehrkosten auf die Stromverbraucher überwälzt, sowie

- die Sicherung des Absatzes an die Stahlindustrie im Rahmen des 'Hüttenvertrages'.

'Einheitsgesellschaft' Ruhrkohle AG

10. Die Ruhrkohle AG (RAG) wurde 1968 als Einheitsgesellschaft für den Ruhrkohlenbergbau gegründet. Die der Ruhrkohle AG beigetretenen Einzelgesellschaften, zuvor überwiegend im Besitz von Stahlunternehmen, umfaßten nahezu die gesamte Kohleförderung an der Ruhr. Mit der Gründung der 'Einheitsgesellschaft' wurde in erster Linie das Ziel verfolgt, den Ruhrbergbau durch Konzentration auf die günstigsten Abbaupunkte zu rationalisieren und die deutsche Steinkohle damit lebensfähig zu erhalten. Dieser Versuch ist fehlgeschlagen.

Daß die bei der Gründung der Ruhrkohle AG gehegten Erwartungen enttäuscht wurden, ist freilich nicht erstaunlich. Man hat den Wettbewerb weitgehend ausgeschaltet und zudem in dem Zusammenschlußverfahren Maßstäbe gewählt, die primär an bergwirtschaftlichen und bergtechnischen Erfordernissen sowie an einer einheitlichen Investitionsplanung ausgerichtet waren, nicht jedoch an möglichst günstigen Produktionskosten. Mit dem Versuch, über die 26 in der Einheitsgesellschaft aufgegangenen individuellen Zechen eine Einheitsarchitektur zu stülpen, hatte man den Weg verbaut, durch wettbewerbliche Marktprozesse zuverlässig eine optimale Zechen- und Unternehmensstruktur herauszufinden. Es kann nicht verwundern, daß sich die Erfahrungen, die schon in anderen Bereichen mit Wettbewerbsbeschränkungen gesammelt wurden, im Steinkohlenbergbau wiederholten: Das Produktivitätswachstum verlangsamte sich, die Förderkosten stiegen rascher und die Preise kletterten stärker als zuvor.

Auch die Anpassung des Steinkohlenbergbaus an den gesamtwirtschaftlichen Strukturwandel – hierfür hatte man die Einheitsgesellschaft als Voraussetzung angesehen – kam nicht besser voran. Im Gegenteil. Bestandsgarantien und vielfältige Subventionen haben insgesamt dazu beigetragen, den notwendigen Wandel der Montanregionen zu ausreichend differenzierten Standorten für Investition und Produktion zu verzögern. An der Hypothek dieses Fehlschlags trägt die Energiepolitik – und nicht nur sie – schwer.

Jahrhundertvertrag

11. Der Gesetzgeber hat mit dem Verstromungsgesetz – derzeit ist die Dritte Novelle des Dritten Verstromungsgesetzes vom 25.8.1980 in

Kraft – die Grundlage für das teuerste Element der Kohlepolitik geschaffen. Ziel des Gesetzes ist, die Rolle der Steinkohle "im Interesse der Sicherheit der Elektrizitätsversorgung" zu festigen und auszubauen. Im Mittelpunkt steht ein umfassendes Instrumentarium für einen weitestgehenden Ausgleich der Mehrkosten, die den Kraftwerken durch den Einsatz deutscher Steinkohle anstelle preisgünstigerer Energieträger entstehen; Berechnungsgrundlage ist die Differenz zwischen einem kostenorientierten Preis für heimische Steinkohle und dem Preis für schweres Heizöl. Finanziert wird dieser Mehrkostenausgleich durch den 'Ausgleichsfonds zur Sicherung des Steinkohleneinsatzes', ein Sondervermögen des Bundes, das speziell zu diesem Zweck geschaffen worden ist. Die Elektrizitätsversorgungsunternehmen (EVU) speisen diesen Fonds durch die sogenannte Ausgleichsabgabe, die sie als 'Kohlepfennig' an die Endverbraucher weitergeben. Auf dieser rechtlichen Grundlage haben sich Bergbau und Elektrizitätswirtschaft 1980 im 'Jahrhundertvertrag' verbindlich auf diejenigen Mengen inländischer Steinkohle geeinigt, die bis 1995 verstromt werden sollen. Vereinbart wurde, die Abnahmemenge von 37 Mio t im Jahr 1981 schrittweise auf 45 bis 50 Mio t im Jahr 1995 zu steigern. Bis zu 45 Mio t besteht die Abnahmeverpflichtung der Kraftwerke unabhängig von der Entwicklung des Stromverbrauchs.

Die sichtbaren Kosten der Kohleprotektion sind zudem bei weitem nicht die gesamten Kosten. Zusammen mit der Praxis, daß Baugenehmigungen für Erdgas- und Ölkraftwerke nicht erteilt werden, hat der Jahrhundertvertrag den Substitutionswettbewerb bei den Energieträgern, die in der Stromerzeugung eingesetzt werden, weitgehend ausgeschaltet. Dies erschwert den strukturellen Wandel in der Elektrizitätswirtschaft und leitet knappe Ressourcen in erheblichem Umfang fehl. Hinzu kommt, daß einzelne Versorgungsunternehmen wegen einer Fehleinschätzung des Verbrauchszuwachses beim Strom ihren Abnahmeverpflichtungen aus dem Jahrhundertvertrag kaum nachkommen können und einen Teil ihres Kohlebezugs auf Halde nehmen müssen; und mit den Halden wächst der Anreiz, die Einsatzzeiten der Kohlekraftwerke möglichst auszudehnen und damit in den sogenannten Grundlastbereich vorzudringen – zu Lasten der in diesem Bereich besonders leistungsfähigen Kernenergie. So wird die Produktionsstruktur der Elektrizitätsversorgung weiter verzerrt. Eine großenteils auf Opposition gegen die Kernenergie festgelegte öffentliche Meinung deckt diese Politik trotz der in vieler Hinsicht problematischeren Folgen der Kohlewirtschaft.

Die Finanzierung der Strombeihilfen über den Kohlepfennig wird von vielen Seiten kritisiert. Die revierfernen Bundesländer machen geltend, mit dieser Abgabe finanziere ihre Wirtschaft die Kohleverstromung beziehungsweise den Steinkohlenbergbau in den Revierländern. Bedenken richten sich auch dagegen, daß ausgerechnet die Stromverbraucher eine Sonderabgabe für eine – und sei es auch bloß eine vermeintliche – allgemeine energiewirtschaftliche Aufgabe leisten sollen. Ein weiterer ordnungspolitischer Mangel dieser verkappten Steuer besteht darin, daß sie in den öffentlichen Haushalten nicht sichtbar wird. Die Belastung, die dem Steuerzahler durch die 'Kohlevorrangpolitik' tatsächlich erwächst, wird dadurch ebenso verschleiert wie der Umfang, in dem der Staat energiewirtschaftlich tätig wird.

Hüttenvertrag

12. Ein weiteres zentrales Instrument der Kohlepolitik ist der im Jahr 1969 geschlossene 'Hüttenvertrag', eine privatrechtliche Vereinbarung zwischen der Ruhrkohle AG und denjenigen Stahlunternehmen, die ihre Förderkapazitäten in die Ruhrkohle AG eingebracht haben. Er verpflichtet diese Unternehmen, ihren Kohlebedarf bis 1988 ausschließlich durch Ruhrkohle zu decken. Flankiert wird diese Vereinbarung durch eine Garantie der öffentlichen Hand, den Listenpreis der Ruhrkohle AG nötigenfalls durch eine 'Kokskohlenbeihilfe' auf ein konkurrenzfähiges Niveau herabzuschleusen. Bis 1978 wurde die volle Differenz zwischen Listenpreis und Importpreis erstattet; seither gibt es einen verhältnismäßig kleinen Selbstbehalt, so daß kein voller Preisausgleich mehr stattfindet. Ende 1985 wurde das Erstattungssystem für die Zeit von 1989 bis zur Jahrhundertwende der Höhe und dem Vergabeverfahren nach geändert. Entsprechend dieser 'Anschlußregelung Hüttenvertrag' soll der Zuschußbedarf nicht mehr jährlich, sondern für drei Jahre im voraus ermittelt werden. Auf der Grundlage einer von Regierung und Industrie gemeinsam vorgenommenen Schätzung der Entwicklung von Kokskohlebedarf, Förderkosten und Einfuhrpreisen soll hierfür ein Plafond festgelegt werden. Für den Fall unvorhergesehener Entwicklungen insbesondere der Preise für Importkohle und der Wechselkurse sieht die Anschlußregelung nachträgliche Anpassungen des

Plafonds vor. Im November 1988 wurde für die Jahre 1989 bis 1991 ein Plafond von insgesamt 10,9 Mrd DM vereinbart.

Dieses neue Verfahren wird als ein Weg dargestellt, die Kohlesubventionen zu begrenzen. Es trifft zu, daß der Bergbau dadurch stärker als bisher in die Verantwortung für seine Kostenentwicklung eingebunden sein wird. Ob sich aus diesem Notbehelf wirklich ein Rationalisierungsdruck ergibt, wird entscheidend davon abhängen, in welchem Ausmaß sich der Bergbau mit seinen vermutlich großzügigen Kostenschätzungen durchsetzen kann. Das von vornherein begrenzte unternehmerische Risiko der Ruhrkohle AG wird durch die Neuregelung nicht sonderlich zunehmen; das Wechselkursrisiko und das Preisrisiko für Auslandskohle verbleiben ohnehin bei der öffentlichen Hand, also beim Steuerzahler. Immerhin ist einigermaßen gewährleistet, daß der Bergbau seinen Zuschußbedarf nicht durch einen Kapazitätsausbau noch erhöht. Denn die getroffene Regelung gilt nur für eine Basismenge. Jenseits dieser Menge bleibt ein Mehrbedarf der Stahlindustrie von bis zu 2 Mio t Kokskohle beihilfefrei. Für die Stahlwerke wäre es daher nicht attraktiv, einen solchen Mehrbedarf durch nicht konkurrenzfähige deutsche Kohle zu decken.

Weniger Kohle, steigender Subventionsbedarf

13. Einem rückläufigen Kohleabbau stehen steigende öffentliche Zuschüsse gegenüber. Die deutsche Steinkohleförderung hat sich seit Mitte der fünfziger Jahre fast halbiert und schrumpft weiter. Aber die öffentlichen Aufwendungen haben sich in den letzten Jahren vervielfacht. Angesichts der Vielfalt der Subventionen, die von den einzelnen Gebietskörperschaften aus den unterschiedlichsten Töpfen finanziert werden, ist ein umfassender Einblick in Struktur und Verwendung der Finanzhilfen im Kohlebereich kaum möglich. Gewährt werden unter anderem Verstromungshilfen, die Kokskohlenbeihilfe und Zuschüsse für die Verwendung von Kohle in Heizkraftwerken; es gibt Investitions-, Stillegungs- und Anpassungshilfen; die öffentliche Hand trägt Erblasten, Schrumpfungslasten und Altlasten; die Weiterentwicklung der Bergbautechnik wird ebenso finanziell unterstützt wie die Erforschung der Kohleverflüssigung oder der Bau von Bergarbeiterwohnungen – eine keineswegs vollständige Aufzählung.

Tab. 2 **Öffentliche Hilfen zugunsten des Steinkohlenbergbaus in der Bundesrepublik Deutschland, 1979 - 1987**

	1979	1980	1981	1982	1983	1984	1985	1986	1987
Direkte Hilfen (Mio DM)									
Verstromungshilfen	2683,4	2038,8	1903,0	1915,8	2037,9	2081,3	2029,8	3018,6	5569,0
Kohlebevorratung	111,8	114,7	127,0	123,3	124,6	125,0	119,9	117,5	117,5
Kokskohlenbeihilfe	1559,2	1633,1	1417,3	716,1	1024,6	1707,1	1439,6	2017,5	3318,0
Sonstiges	2323,4	2258,9	2308,8	2083,4	1887,2	1304,0	1185,7	1129,0	1250,4
Insgesamt	6677,8	6045,5	5756,1	4838,6	5074,3	5217,4	4775,0	6282,6	10254,9
Zuschüsse zur Knappschaftsversicherung (Mio DM)	7807	8230	8486	8575	8698	8567	8412	8488	8862
Durchschnittliche Direkthilfen (DM/t)	77,4	69,4	65,1	54,5	61,7	65,7	58,0	77,8	134,4
RAG-Listenpreis (DM/t)[1)]	185,6	218,5	256,0	270,0	279,0	289,0	289,0	289,0	295,0
Einfuhrpreis (DM/t)[2)]	91,4	111,3	155,9	157,7	135,1	131,9	148,0	112,3	78,9

1) Preis für Industriekohle (Ruhr-Fettkohle) für Großabnehmer, jeweils Stand 1. Juli; Referenzpreis für Preisanpassungsklauseln in Stromlieferungsverträgen. Der mengengewichtete Durchschnittspreis liegt unter dem Listenpreis.

2) Durchschnittswerte der Steinkohleeinfuhren, c.i.f. Grenzübergang.

Quelle: BMWi, VIK, eigene Berechnungen

Das Bundeswirtschaftsministerium beziffert allein die unmittelbaren öffentlichen Hilfen zugunsten des Steinkohlenbergbaus, die 1987 geleistet wurden, auf 10,2 Mrd DM. In diesem Jahr haben knapp 160.000 Arbeitnehmer 76,3 Mio Tonnen Steinkohle aus dem Boden geholt. Damit erreichten die direkten Subventionen je Tonne Steinkohle den Betrag von knapp 135 DM – rund 45 Prozent des Listenpreises für Ruhrkohle und erheblich mehr, als im Durchschnitt für Importkohle zu bezahlen war. Die Arbeitsplätze im Steinkohlenbergbau wurden im Durchschnitt mit mehr als 63.000 DM subventioniert. Der bei weitem größte Teil dieser Subventionen, gut fünfeinhalb Milliarden DM, stammte aus dem Ausgleichsfonds zur Sicherung des Steinkohleneinsatzes und wurde in den öffentlichen Haushalten nicht sichtbar.

Den direkten Hilfen sind noch Teile der Zuweisungen des Bundes an die Knappschaftskasse hinzuzurechnen. In welchem Umfang diese Zuweisungen als Subventionen für den Kohlebergbau anzusprechen sind, ist strittig. Als kohlespezifische Subventionen können nur solche Zuschüsse gelten, die über die in der Gesetzlichen Rentenversicherung (GRV) üblichen Zuschüsse hinausgehen. Ein erheblicher Teil der Zuschüsse an die Knappschaft rührt von der ungünstigen Altersstruktur ihrer Versichertengemeinschaft und einem großen Anteil an Frühpensionierten her und würde jeder Berufsgruppe mit vergleichbarer Struktur gewährt. Andererseits erhalten Arbeitnehmer bei gleichen eigenen Beitragszahlungen in der Knappschaft eine um rund 30 Prozent höhere Rente als bei der GRV. Setzt man von den Zuweisungen an die Knappschaftskasse lediglich ein Drittel als Subventionen an, um die auch sonst zu erwartende Bundeshilfe herauszurechnen, so betrugen die Gesamtaufwendungen (direkte Hilfen plus anteiliger Bundeszuschuß zur knappschaftlichen Rentenversicherung) im Jahr 1987 rund 170 DM je Tonne deutscher Steinkohle. Pro Kopf der im Steinkohlenbergbau Beschäftigten entspricht dies einem Subventionsbetrag von rund 82.500 DM.

Interventionskette ohne Ende

14. Zur Finanzierung der Verstromungshilfen wurde der Kohlepfennig Mitte des Jahres 1987 im Bundesdurchschnitt auf 7,5 Prozent der Strompreise angehoben. Aber dies reichte nicht aus, den durch die internationale Entwicklung gewachsenen Kostennachteil der heimischen Kohle zu kompensieren. Ein voller Ausgleich hätte eine Anhebung des Kohlepfennigs auf deutlich über 10 Prozent notwendig gemacht. Der nicht durch den Kohlepfennig gedeckte Finanzbedarf, 1987 nahezu 2 Mrd DM, wird durch eine erhöhte Kreditaufnahme des Ausgleichsfonds und durch Stundung bei den Versorgungsunternehmen 'zwischenfinanziert'. Der Bundesrechnungshof schätzt, daß der Ausgleichsfonds Ende 1988 bereits mit mindestens 4 Mrd DM verschuldet sein wird, und es ist davon auszugehen, daß die Deckungslücke auf

absehbare Zeit weiter wächst oder zumindest nicht abgebaut werden kann. Auf den Haushalt des Bundes, der bei Zahlungsunfähigkeit des Ausgleichsfonds eintreten muß, kommen damit finanzielle Risiken in Milliardenhöhe zu.

Offensichtlich gehört es deshalb zu den Aufgaben der vorgesehenen Erhöhung der Steuer auf Heizöl, hier für Entlastung zu sorgen. Denn die Verteuerung des Heizöls vermindert die durch den Bund auszugleichende Differenz zwischen Heizölpreis und Kohlepreis. Und das ist noch nicht das Ende der Interventionskette. Um dem Erdgas keinen ungerechtfertigten Wettbewerbsvorteil gegenüber dem Heizöl zu verschaffen, wird eine (neue) Erdgassteuer eingeführt. Freilich, unbestritten ist ein solcher Wettbewerbsvorteil nicht. In einer im einzelnen öffentlich nicht bekannten Weise sind die für ausländisches Erdgas im Rahmen langfristiger Lieferverträge zu zahlenden Preise mit dem inländischen Preis für Heizöl verknüpft, und zwar mit dem Preis nach Steuern. Insoweit verteuert sich für Gasimporteure Erdgas im Falle einer Erhöhung der Heizölsteuer auch schon dann, wenn es keine Erdgassteuer gibt, allerdings nicht zugunsten des Fiskus, sondern zugunsten der ausländischen Lieferanten. Zu Recht ist daher festgestellt worden, daß unter solchen Umständen eine Erhöhung der Heizölsteuer volkswirtschaftlich gesehen einer Selbstkasteiung gleichkommt. Nur in der Erwartung, daß künftige oder veränderte Erdgaslieferverträge der Souveränität des Parlaments, Steueränderungen zu beschließen, besser Rechnung tragen, kann man diese Steuererhöhung überhaupt vertretbar finden. Und es ist die neue Erdgassteuer, die zu anderen Verträgen nötigt. In der Zwischenzeit muß man jedoch in Kauf nehmen, daß entweder – im Falle der Steuerüberwälzung – die Verbraucher von Erdgas steuerlich doppelt getroffen werden (von der Erhöhung der Heizölsteuer und der Einführung einer Erdgassteuer) oder daß die Importeure von Erdgas entsprechende Gewinneinbußen erleiden, wenn sie Preisgleitklauseln der erwähnten Art kontrahiert haben (möglicherweise in der fragwürdigen Vorstellung, der Steuergesetzgeber werde schon aus Respekt vor ihren Verträgen an der Heizölbesteuerung nichts ändern).

Indirekte Kosten der Kohleprotektion

15. Der Kohlepolitik anzulasten sind auch die Kosten, die den Unternehmen außerhalb der Kraftwirtschaft und der Stahlindustrie sowie den

privaten Haushalten dadurch entstehen, daß sie auf den Bezug heimischer Kohle zum Listenpreis angewiesen sind, ohne auf preiswertere Importkohle oder andere Substitute ausweichen zu können. Sie haben – gegen ihren Willen – die volle Differenz zwischen Binnenpreis und Weltmarktpreis zu tragen. Die Höhe dieser indirekten Subvention entspricht dem Preisgefälle zwischen deutscher und importierter Kohle, 1987 rund 210 DM/t. In diesem Jahr haben die betroffenen Verbraucher 5,2 Mio t einheimische Steinkohle bezogen. Daraus ergibt sich für 1987 ein indirekter Subventionsbetrag von rund 1,1 Mrd DM.

Das kohlepolitische Protektionssystem beschränkt in wichtigen Verbrauchssektoren die Möglichkeit, zwischen verschiedenen Energieträgern frei zu wählen. An dieser Strukturkonservierung hat auch die 1980 im Zollkontingentgesetz festgelegte schrittweise Anhebung der Importkontingente für die Elektrizitätswirtschaft nicht viel geändert. Denn die Stromerzeuger konnten ihre Kontingente wegen der nur geringen Zuwächse beim Stromverbrauch und wegen ihrer Abnahmeverpflichtungen aus dem Jahrhundertvertrag nicht ausnutzen. Angesichts eines weiterhin nur verhalten zunehmenden Stromverbrauchs ist fraglich, ob sich diese Entwicklung in absehbarer Zeit umkehren wird, zumal der thermische Wirkungsgrad der Kraftwerke zunimmt. Im Jahre 1986 erzeugten die öffentlichen Kraftwerke aus jeder Tonne Steinkohle 20 Prozent mehr elektrische Energie als 1970, und diese Produktivitätssteigerung dürfte sich in den kommenden Jahren fortsetzen. Daher ist offen, wann die Elektrizitätswirtschaft die Möglichkeit haben wird, verstärkt Importkohle einzusetzen.

Als 'Versicherungsprämie' viel zu teuer

16. Die Hilfen für die Kohle und die damit verbundene effizienzmindernde Mengenregulierung werden von vielen pauschal als 'Versicherungsprämie' zur Krisenvorsorge betrachtet. Angesichts der hohen Abgabenlast, die die Kohlevorrangpolitik dem Steuerzahler aufbürdet, reicht eine solche allgemeine Aussage als politisch wertende Begründung schon lange nicht mehr aus. Der Steuerzahler hat vielmehr Anspruch auf eine präzise Beantwortung der Frage, was – in Ergänzung zur Einlagerung ausreichender Krisenvorräte an Kohle und Öl – als für die Versorgungssicherheit unabdingbar notwendig angesehen wird. Bei dieser Risikoabschätzung ist zu bedenken:

- Die Förderung läßt sich im Krisenfall nicht sozusagen 'über Nacht' steigern. Kurz- und mittelfristig kann Kohle die gegebenenfalls nicht mehr verfügbaren Energieträger nach einem Abbau der auf Halde liegenden Vorräte im wesentlichen nur in dem Ausmaß substituieren, in dem sie ihrer bisherigen Verwendung entzogen wird.

- Einer Substitution anderer Energieträger durch Kohle sind enge Grenzen gezogen. Bei der Elektrizitätserzeugung ist ein verstärkter Kohleeinsatz nur bedingt, im Wärmemarkt praktisch nicht möglich. Bei vielen Energieverbrauchern sind die für die Verwendung von Kohle erforderlichen Einrichtungen einfach nicht vorhanden.

- Die Abhängigkeit vom Erdöl hat abgenommen, gleichzeitig sind die Bezugsquellen stark diversifiziert worden. Erdöl wird heute vor allem aus wenig krisenanfälligen Ländern bezogen.

- Kohleeinfuhren aus Drittländern (zum Beispiel aus Australien oder Kanada) unterliegen keinen höheren politischen Risiken als der weitaus größte Teil der Ölimporte.

- Ähnliche oder größere außenwirtschaftliche Abhängigkeiten bestehen bei vielen anderen Rohstoffen, ohne daß man hierfür besondere Interventionsmechanismen zur Risikovorsorge für erforderlich gehalten hätte. Weshalb Kohle ein Ausnahmefall sein und bleiben sollte, wird nicht schlüssig begründet.

- Schließlich muß darüber befunden werden, für welche Versorgungsrisiken überhaupt Vorsorge getroffen werden soll. Wenn schon eine Politik der Risikovorsorge verfolgt wird, dann darf sie sich nicht auf die Kohle beschränken; sie muß vielmehr auch die anderen Energieträger in ein umfassendes Vorsorgekonzept einbeziehen.

Versorgungssicherheit durch Vorratshaltung

17. Die Energiepolitik erweist sich auf Dauer keinen Gefallen, wenn sie für den Fall eines Ausstiegs aus der gegenwärtigen Kohlepolitik unübersehbare Versorgungsrisiken beschwört. Irgendwann wird der Steuerzahler diese Schutzbehauptungen durchschauen. Denn es ist kein Geheimnis, daß es bei der Importkohle keine Anzeichen gibt für Lieferengpässe oder für besondere Preisrisiken, auch wenn bei einer massi-

ven Einfuhrsteigerung mit einem Anstieg der Einfuhrpreise zu rechnen wäre. Gegen das bei einer grundlegenden Neuorientierung der Kohlepolitik verbleibende Risiko einer vorübergehenden Lieferunterbrechung für Importkohle kann man grundsätzlich auf dreierlei Weise vorsorgen: indem man die Förderung in nicht wettbewerbsfähigen Zechen durchschleppt, Zechen 'einmottet' oder Vorsichtslager anlegt. Davon ist unbestritten die Lagerhaltung die kostengünstigste Lösung. Gerade diese Art der Risikovorsorge hat in der Bundesrepublik aber bereits einen hohen Stand erreicht. So decken die Reservevorräte an Kohle den Bedarf von rund 130 Tagen; die Mineralölreserven reichen bei unverändertem Verbrauch mehr als 110 Tage und die bei uns eingelagerten Kernbrennstoffe mehrere Jahre.

III. Spannungsfeld Kohle - Umwelt - Kernenergie

Kohle und Kernenergie: Ausgewogene Rollenverteilung?

18. Dreh- und Angelpunkt der deutschen Energiepolitik ist – wie es offiziell heißt – eine ausgewogene Rollenverteilung von Kohle und Kernenergie. So betont die Bundesregierung in ihrem Jahreswirtschaftsbericht 1988, es sei "geboten, am Konsens von Kohle und Kernenergie als Grundlage der Verstromung deutscher Steinkohle festzuhalten." Diese Formel umschreibt die Absicht, die seit langem verfolgte Kohlevorrangpolitik fortzuführen und durch den Kernenergieeinsatz gleichsam in einer Art Mischkalkulation die Stromkosten zu begrenzen. Zum einen ändert dies freilich nichts an der Tatsache, daß die Kohlevorrangpolitik mit ihren Belastungen die Energiekosten nach oben treibt. Darüber hinaus verschafft diese politische Festlegung einen künstlichen Wettbewerbsvorteil für die Kernenergie, weil sie den zu teuren Strom aus deutscher Steinkohle zur Meßlatte dafür macht, ob die Nutzung der Kernenergie sich 'rechnet'.

Kohle und Umwelt

19. Die Verbundstrategie eines Miteinanders von Kohlevorrang und Kernenergie stößt in letzter Zeit auf erheblichen Widerstand: Der allgemeine energiepolitische Konsens scheint zerbrochen. Neben den sprunghaft angestiegenen Kosten der Kohlepolitik scheidet vor allem das Spannungsverhältnis von Energiepolitik und Umweltpolitik die

Geister. In der Diskussion um Energie und Umwelt geht es in erster Linie um Stichworte wie 'Waldschäden', 'Klimakatastrophe' oder 'Tschernobyl'. Umweltbelastende Schadstoffe fallen bei der Umwandlung praktisch aller derzeit verfügbaren Primärenergieträger an (Tabelle 3), und die Abgabe von Radioaktivität ist nicht auf die Nutzung der Kernenergie begrenzt. Die Umweltverträglichkeit der einzelnen Energieversorgungssysteme hängt im konkreten Fall davon ab, welchen Schadstoffgehalt die jeweils eingesetzte Primärenergie aufweist und welche Kosten durch Schadstoffrückhaltung und Schadstoffbeseitigung verursacht werden.

Tab. 3 **Luftverunreinigung bei der Energieumwandlung**

	Schadstoffe						
Primär-energie	Schwefel-dioxid	Staub	Stick-oxide	Kohlen-monoxid	Kohlen-dioxid	Kohlen-wasser-stoffe	Radio-nuklide
Kohle	o	o	o	o	o	o	o
Mineralöl	o	o	o	o	o	o	
Erdgas			o	o	o		
Kern-energie							o

Rauchgasreinigung

20. Steinkohle enthält Schwefel. Rauchgasentschwefelung ist teuer. Das Umweltbundesamt geht davon aus, daß der Vollzug der 1983 in Kraft getretenen Großfeuerungsanlagenverordnung (GFAVO) bis 1993 Entschwefelungsanlagen mit einem Investitionsvolumen von insgesamt mehr als 13 Mrd DM notwendig macht. Die jährlichen Kosten der Rauchgasentschwefelung dürften, Abschreibungen inbegriffen, 3 Mrd DM überschreiten. Die Verordnung erfordert darüber hinaus Maßnahmen zur Entstickung der Rauchgase, deren Investitionsvolumen voraussichtlich 7 Mrd DM und deren jährliche Kosten rund 1,5 Mrd DM betragen werden. Die Strompreise dürften dadurch um durchschnittlich 10 bis 20 Prozent steigen. Zu beachten ist, daß die Rauchgasentschwefelung ihrerseits neue Umweltprobleme aufwirft. Nach ihrem Endausbau werden jährlich 3 bis 4 Mio t Gips sowie einige hunderttausend Tonnen anderer Stoffe anfallen. Auf nicht absehbare Zeit wird ein

erheblicher Teil davon deponiert werden müssen. Ob das Langzeitverhalten dieser Stoffe eine umweltfreundliche Lagerung überhaupt erlaubt, ist noch nicht hinreichend geklärt; eine Gefährdung des Grundwassers kann keineswegs ausgeschlossen werden. Die vorherrschenden Verfahren zur Rauchgasentschwefelung lassen darüber hinaus eine zusätzliche Belastung der Oberflächengewässer erwarten, weil Abwässer mit hoher Chloridkonzentration anfallen.

Kernenergie: Störfallrisiko und Entsorgungsfragen

21. Die umweltpolitischen Probleme der Kernenergienutzung liegen demgegenüber weniger im laufenden Normalbetrieb der Energiegewinnung als in offenen Entsorgungsfragen und – vor allem – im Störfallrisiko. Das Entsorgungskonzept der Bundesregierung muß unabhängig von der politisch noch immer umkämpften Wiederaufarbeitung derzeit noch als provisorisch bewertet werden. Die vorliegenden Risikostudien zeigen für einen schweren Reaktorunfall verschwindend geringe Häufigkeiten – auch nach Tschernobyl. Trotzdem sind Vorbehalte gegenüber der Kernkraft weit verbreitet. Dieser Mangel an Akzeptanz beruht nicht nur auf Informationsdefiziten, sondern wohl auch auf einer asymmetrischen Risikoeinschätzung: Ein umfassendes, wenn auch extrem unwahrscheinliches Schadensereignis wird völlig anders bewertet als ein begrenzter Schaden mit vergleichsweise hoher Eintrittswahrscheinlichkeit. Diese Sicht ist subjektiv verständlich und nicht illegitim. Aber andere Energieversorgungssysteme erhalten dadurch auch dann den Vorzug, wenn sie im langjährigen Durchschnitt höhere Schäden verursachen als die Kernenergie.

Aus der Kernkraft aussteigen?

22. Die Diskussion um einen Ausstieg aus der Kernenergie dürfte auf absehbare Zeit nicht verstummen. Zwar gibt es dabei kaum neue Aspekte. Aber die energiepolitischen Auseinandersetzungen leiden daran, daß wichtige ökonomische und ökologische Gesichtspunkte immer wieder verdrängt werden. Zu bedenken ist vornehmlich folgendes:

– Ein nationaler Alleingang beim Verzicht auf Kernenergie könnte die mit diesem Energieträger verbundenen Risiken nur unwesentlich mindern, solange man überall in der Welt und besonders in den europäischen Nachbarländern an der Kernkraft festhält. Die Anpassungslasten stünden in keinem vertretbaren Verhältnis zu dem erzielbaren Mehr an Sicherheit.

- Die Kernenergie trägt viel dazu bei, den Verbrauch fossiler Energien in Grenzen zu halten. Denn ein Wegfall der Kernenergie läßt sich derzeit weder durch Stromsparen und 'alternative' Energiegewinnung noch durch neue Energiequellen – etwa durch Kernfusion oder durch Solarenergie in Verbindung mit der sogenannten Wasserstofftechnik – auffangen. Die einzig realistische Alternative zur Kernenergie bestünde in einer beschleunigten Ausbeutung der begrenzten natürlichen Energieressourcen.

- Hinzu kommt eine enorme und vielfältige zusätzliche Bedrohung der Umwelt, und zwar eine sichere. Die Verbrennung fossiler Energieträger ist unvermeidlich mit einem erheblichen Ausstoß an Kohlendioxid (CO_2) verbunden; je Tonne Kohle werden weit über drei Tonnen CO_2 freigesetzt. Vor allen anderen Gasen ist CO_2 für den sogenannten Treibhauseffekt verantwortlich zu machen, die möglicherweise größte Bedrohung der Umwelt.

- Aus Gründen der Wirtschaftlichkeit käme als fossiler Ersatz der Kernenergie auf kurze Sicht mehr oder weniger ausschließlich Importkohle in Frage; dies jedoch ist ohne ein Ende des herrschenden deutschen Kohleprotektionismus keine realistische Alternative. Erst langfristig dürften neuartige Energiequellen in einer Größenordnung zur Verfügung stehen, die einen Ausstieg aus Kohle und Kernenergie erlaubt.

Bei nüchterner Abwägung gibt es deshalb gute Gründe, sich für die weitere Nutzung der Kernenergie einzusetzen. Die herrschende Politik des Miteinander von Kernenergie und heimischer Steinkohle birgt freilich die Gefahr, dabei immer tiefer in die Interventionsfalle der Kohlevorrangpolitik zu geraten. Dies würde den Weg zu einer marktwirtschaftlichen Energiepolitik verbauen. Der notwendige energiepolitische Klärungsprozeß sollte daher nicht nur Konsens über die weitere Nutzung der Kernenergie herbeiführen, sondern eine grundsätzliche Neuorientierung der Kohlepolitik bringen.

Verläßliche Rahmenbedingungen unverzichtbar

23. Schließlich kommt es darauf an, durch verläßliche Rahmenbedingungen beim Umweltschutz und bei den Sicherheitsvorschriften für kalkulierbare energiewirtschaftliche Entscheidungsgrundlagen zu sorgen. Denn Vermeidung und Verringerung von Gesundheitsgefährdungen und von Umweltschäden schlechthin besitzen zu Recht einen hohen Wert. Deshalb muß auch und besonders für die Energieversorgung ein Ordnungsrahmen geschaffen werden, der wirksam verhindert, daß Umwelt von diesem Wirtschaftssektor zu billig genutzt oder verbraucht werden kann.

Unvorhersehbare und sprunghafte Änderungen der Rahmendaten sollten die politisch Verantwortlichen – vor allem solange sie an ihrer jetzigen umweltpolitischen Konzeption festhalten – tunlichst vermeiden. Änderungen des betriebswirtschaftlichen Datenkranzes ziehen wegen der hohen Kapitalintensität der Energiewirtschaft regelmäßig beträchtliche finanzielle Auswirkungen nach sich. Dies gilt auch und besonders für das bei Energieanlagen üblich gewordene Vorgehen, Teilgenehmigungen nur nach und nach und zumeist mit Änderungsauflagen versehen zu erteilen. Die Investitionszurückhaltung müßte noch zunehmen, wenn der Betrieb früher genehmigter Anlagen kurzerhand untersagt würde, wie es bei einem sofortigen Ausstieg aus der Kernenergie zu geschehen hätte. Die damit erforderliche Umstellung auf Kohleverstromung würde die Stromverbraucher jährlich mit zusätzlichen Beträgen in Milliardenhöhe belasten und ungewöhnlich teure Energieanlagen schlagartig entwerten. Eine solche Kapitalvernichtung bedeutete einen unwiederbringlichen volkswirtschaftlichen Verlust. Deshalb muß die Bundesregierung ihre Anstrengungen fortsetzen und verstärken, auch in der Energiewirtschaft und beim Schutz der Umwelt dem Prinzip der Konstanz der Wirtschaftspolitik wieder mehr Geltung zu verschaffen.

IV. Energiepreise: Unter staatlicher Kontrolle

Staatliche Eingriffe in die Preisbildung

24. Die Bundesregierung hat der Versuchung widerstanden, die Auswirkungen der Ölkrisen mit unmittelbaren Eingriffen in die Bildung

der Energiepreise zu beantworten. Sie hat sich damit marktgerechter verhalten als Regierungen anderer Industriestaaten, und sie hebt den Erfolg dieses Verhaltens immer wieder hervor. Der Normalfall ist solche preispolitische Abstinenz indessen nicht. In der deutschen Energiewirtschaft sind staatliche Eingriffe in die Preisbildung eher die Regel als die Ausnahme. Tabelle 4 gibt hierzu einen groben Überblick und verdeutlicht einige typische Merkmale. Zu den einzelnen Bereichen ist anzumerken:

Tab. 4 **Preisbildung in der Energiewirtschaft**

	Freie Preise	Kosten-orientierung	Staatliche Preisaufsicht
Mineralöl			
Verkehr, nichtenergetischer Einsatz	+		
Wärmeversorgung	+		
Braunkohle			
Gewerbe, Haushalte	+		
Kraftwerke		+	
Steinkohle			
Wärmeversorgung	+	–	
Stahlindustrie	–	+	+
Kraftwerke		+	+
Elektrizität			
Industrie	–	+	
Kleinverbraucher, Haushalte		+	+
Erdgas			
Gewerbe	+		
Haushalte	+	–	
Fernwärme	+	–	

+ = Haupteinfluß; – = abgeschwächter Einfluß
Öffentliche Großabnehmer wurden Gewerbe bzw. Industrie zugerechnet

Bei der Mineralölindustrie handelt es sich um den einzigen Energiebereich, bei dem es keine unmittelbaren staatlichen Markteingriffe gibt (wenn auch die Mineralölsteuer das Preisniveau erheblich beeinflußt).

Hier vollzieht sich die Bildung der Marktpreise frei von staatlich vorgegebenen Regeln und ohne behördliche Kontrolle.

Bei demjenigen Teil der Braunkohleförderung, der an Abnehmer außerhalb der Elektrizitätswirtschaft verkauft wird, bilden die Preise sich frei im Substitutionswettbewerb. Bei dem weitaus größten Teil der Fördermenge wird die Preisbildung jedoch von der vertikalen Integration mit der Elektrizitätswirtschaft geprägt; denn der Braunkohletagebau in der Bundesrepublik ist nahezu vollständig im Besitz großer Elektrizitätsunternehmen. Für die Kraftwerkskohle gelten interne Verrechnungspreise, die grundsätzlich eine Kostenorientierung aufweisen, letztlich jedoch vom Preissetzungsspielraum für elektrischen Strom abhängen und damit indirekt auch von den Preisen konkurrierender Energieangebote.

Die Steinkohlenpreise unterliegen nahezu vollständig der staatlichen Preiskontrolle gemäß den Bestimmungen des Verstromungsgesetzes und des Hüttenvertrags. Dabei bestimmt der Bundesminister für Wirtschaft die Kostenpreise, von denen bei der Ermittlung des Subventionsbedarfs auszugehen ist. Lediglich beim Absatz außerhalb der Stahlindustrie und der Elektrizitätsversorgung hat die Substitutionskonkurrenz einen spürbaren Einfluß auf die Marktpreise. Einen kaum merklichen Markteinfluß besitzt schließlich noch der Selbstbehalt bei den Lieferungen an die Stahlindustrie.

Bei den leitungsgebundenen Energieträgern (Elektrizität, Erdgas und Fernwärme) stehen nur die Preise für Stromlieferungen an Tarifabnehmer unter einer staatlichen Aufsicht, die freilich in die anderen Absatzbereiche ausstrahlt. Für die Stromtarife ist Kostenorientierung als Maßstab der Preiskontrolle gesetzlich verankert, aber auch die Tarife der anderen Bereiche sind in der Regel Kostenpreise. Wo die Leitungsenergien in Substitutionskonkurrenz stehen, die Wahl des Energieträgers also entscheidend vom Energiepreisgefüge bestimmt wird, überlagert das Prinzip des 'anlegbaren Preises' die Kostenorientierung. Die Tarife werden dabei möglichst so festgelegt, daß einerseits ein gutes Betriebsergebnis erzielt werden kann, andererseits die Verbraucher aber noch nicht veranlaßt werden, aus Kostengründen einen anderen Energieträger zu wählen. Entscheidend für die Tarifbildung sind somit die Preise der jeweiligen Konkurrenzenergien. Der Kostenorientierung eng verwandt sind die in der Versorgungswirtschaft üblichen und für die Belieferung von Kleinverbrauchern und Tarifabnehmern vorgeschriebenen Grundpreistarife, die aus einer festen Grundgebühr und variablen Arbeitspreisen bestehen.

Kostenorientierung: Untauglicher Maßstab der Preisaufsicht

25. Das Prinzip der Kostenorientierung, dem große Teile der Energieversorgung unterworfen sind, wirft erhebliche wirtschaftspolitische Probleme auf. Zum einen ist Kostenorientierung als Kontrollansatz ungeeignet. Für Außenstehende ist es in aller Regel unmöglich, die Berechtigung von Kostennachweisen zuverlässig nachzuprüfen und zu beurteilen, zumal in Mehrproduktunternehmen eine eindeutige Kostenzurechnung ohnehin erschwert ist. In der Praxis sind die Kontrollinstanzen gezwungen, die überkommene Kostenstruktur der Energieunternehmen als vorgegeben hinzunehmen. Jede Kostenpreisbildung läßt daher die innerbetriebliche Kostenkontrolle erlahmen und leistet somit unternehmensinterner Ineffizienz Vorschub. Den Druck zur Effizienzsteigerung, den wettbewerbliche Marktprozesse auf Unternehmen ausüben, können Preisbehörden nicht nachahmen. Die herrschende Praxis der Kostenkontrolle mit ihrer äußerst kurzzeitigen Periodenbetrachtung erlaubt im übrigen keinen Effizienzvergleich zwischen verschiedenen Anbietern; denn Märkte unterliegen einem ständigen Wandel. Deshalb kann man von den Kostenverhältnissen heute nicht ohne weiteres auf die Leistungsfähigkeit in der Zukunft schließen. Zu beurteilen, welche künftigen Veränderungen der Kosten möglich sind und mit welchen unternehmerischen Maßnahmen sie sich verwirklichen lassen, ist für das professionelle Management schon schwer genug. Behörden, die hierüber nach Aktenlage befinden sollen, sind hoffnungslos überfordert.

Die staatliche Kostenkontrolle erweist sich zudem als preispolitische Einbahnstraße. Preissenkungen sind zwar theoretisch möglich, aber nur bedingt reversibel; denn später womöglich erforderliche Preiserhöhungen müssen neu genehmigt werden. Deshalb ziehen die Unternehmen es vor, mögliche Preissenkungen zu unterlassen, zumal ihnen das zunächst einmal einen gewissen Spielraum gegenüber der Aufsichtsbehörde verschafft. Ein weiterer Organisationsmangel der Kostenkontrolle schafft sogar den Anreiz, die nachweisbaren Kosten hinaufzutreiben: Als Gewinn gestehen die Behörden gewöhnlich einen prozentualen Aufschlag auf die Kosten zu. Steigende Kosten bedeuten somit steigende Gewinne. In dem herrschenden System von Kostenorientierung und staatlicher Preisaufsicht ist die Verschwendung knapper Ressourcen gleichsam institutionalisiert.

Kostenorientierung führt auch nicht zu gesamtwirtschaftlich 'richtigen' Preisen. Nur Wettbewerbspreise können die Verhältnisse auf der Angebots- wie auf der Nachfrageseite angemessen berücksichtigen. Um so wichtiger wäre es daher, bei der Festlegung administrierter Preise jede verfügbare Information zu berücksichtigen. Im Gegensatz zu dieser Minimalforderung geht die Kosten-Preis-Regel von der Annahme aus, die Kostenentwicklung stelle die einzige verursachende Datenänderung für Preisreaktionen dar. Damit wird der Einfluß aller übrigen Datenänderungen unterdrückt. Deshalb stimmen Kostenpreise in den seltensten Fällen mit jenen Preisen überein, die sich am Markt bilden. Die mögliche Abweichung zwischen Kostenpreis und Wettbewerbspreis ist dabei um so größer, je unabhängiger von der Nachfrage der Preis gesetzt werden kann, d.h. je unelastischer die Nachfrage ist. Schon vom Ansatz her besonders untauglich ist Kostenorientierung also dort, wo bestimmte Absatzmengen vertraglich oder gesetzlich abgesichert sind und der 'Spielraum' für Kostensteigerungen infolgedessen groß ist. Solange Kartelle und Gebietsmonopole das Bild bestimmen, mag staatliche Preisaufsicht unumgänglich sein. Aber Ziel sollte sein, Marktverhältnisse zu schaffen, unter denen Preise und Gewinne wieder die Funktion als Indikator für ökonomisch richtiges Handeln ausüben.

Kostenorientierung bei der Steinkohle verhindert Kostensenkung

26. Besonders schwerwiegende Fehlentwicklungen ruft die Kostenorientierung der Preise im Steinkohlenbergbau hervor. Dem Wenigen, was von dieser Kostenorientierung überhaupt nach außen dringt, ist zu entnehmen, daß man sich auch bei der Ruhrkohle AG an der Entwicklung der Gesamtkosten ausrichtet, also eine Durchschnittskostenrechnung über alle Zechen hinweg anstellt. Dies kommt einer internen Subventionierung der schlechten durch die guten Zechen gleich; wettbewerbliche Auswahlprozesse werden dadurch unterbunden. Eine rechtzeitige Konzentration des Kohleabbaus auf die kostengünstigsten Zechen wird verhindert, weil der Druck fehlt, wenigstens die unrentabelsten Grubenbetriebe zu schließen. So schleppt der deutsche Steinkohlenbergbau Betriebe durch, in denen die Förderkosten (Gesamt-

selbstkosten) das Vierfache des Weltmarktpreises erreichen oder überschreiten. Umgekehrt ist der Anreiz, ja die Möglichkeit gering, für zusätzliche Förderung aus besonders kostengünstig arbeitenden Gruben preisgünstige Verwertung außerhalb des Jahrhundertvertrages zu suchen. Denn die damit bewirkte Senkung der Durchschnittskosten würde den an den Durchschnittskosten orientierten Preis für die Lieferungen im Rahmen des Jahrhundertvertrages mindern und auf diese Weise zugleich die mit einer zusätzlichen Förderung insgesamt erzielbaren zusätzlichen Erlöse. Die an Durchschnittskosten orientierten Preise für den Hauptabsatz des Kohlebergbaus beeinträchtigen also die Anreize sowohl für Kostensenkung als auch für optimalen Absatz – ein Musterbeispiel für preispolitischen Unfug.

Heutige Stromtarife widersprechen Verursacherprinzip

27. Die sogenannten kostennahen oder verursachungsgerechten Preise der Elektrizitätsversorgung weisen, neben den schon genannten, weitere Schwächen auf. Sie ergeben sich zum einen aus der Marktspaltung und aus der damit verbundenen Tarifdifferenzierung für die unterschiedlichen Verbrauchergruppen. Die Stromanbieter verfügen durchweg über verschiedene Leistungsbereiche, die verbunden miteinander betrieben werden. Weil sich dabei aller Erfahrung nach ein großer Teil der Kosten nicht wirklich verursachungsgerecht zurechnen läßt, bleibt Spielraum für eine willkürliche Zumessung eines Teils der Kosten und damit für interne Subventionierungen. Und dieser Spielraum wird genutzt: Der Arbeitspreis, also der verbrauchsabhängige Bestandteil des Strompreises, diskriminiert zwischen den verschiedenen Verbrauchergruppen (Haushalten, landwirtschaftlichen Betrieben, Gewerbebetrieben, Sonderabnehmern), ohne daß hinreichend klar wäre, weshalb die Lieferung einer zusätzlichen Kilowattstunde an private Haushalte teurer sein sollte als die gleichzeitige Lieferung an andere Tarifabnehmer.

Zum anderen handelt es sich, wirtschaftlich betrachtet, bei der Kilowattstunde nicht um ein homogenes Gut. Ausschlaggebend für die Höhe der Produktionskosten ist der sogenannte Lastverlauf, die Höhe und zeitliche Verteilung der Nachfrage aller Abnehmer zusammengenommen. Die heute üblichen Tarifstrukturen genügen dem Erfordernis einer Kostenzumessung nach dem tages- oder gar jahreszeitlichen Lastverlauf nur unzureichend. Die gängigen Tarife enthalten in der Regel einen nahezu vollkommen lastunabhängigen Arbeitspreis und sind daher in keiner Weise geeignet, lastabhängige Schwankungen der Versorgungskosten wiederzugeben und den Verbrauchern in Rechnung zu stellen. Ein Anreiz, dann besonders sparsam mit elektrischer Energie umzugehen, wenn ihre Bereitstellung besonders teuer ist, geht von den Elektrizitätstarifen für Tarifabnehmer meist nicht aus.

V. Leitungsgebundene Energieträger: Reformbedürftige Rahmenbedingungen

Regulierung weitgehend verzichtbar

28. In nahezu allen Teilbereichen der leitungsgebundenen Energieversorgung hat eine interventionistische Wirtschaftspolitik mehr oder weniger durchgreifende Wettbewerbsbeschränkungen und Regulierungsmechanismen aufgebaut. Bis heute dominiert die in der Zwischenkriegszeit entwickelte Vorstellung, in diesem Bereich versage der Konkurrenzmechanismus, weil aus Gründen der Kostendegression die Versorgung einer Region durch einen einzigen Anbieter die kostengünstigste Lösung sei. So sei der Aufbau konkurrierender Versorgungssysteme, also Wettbewerb 'in der Versorgung', nicht wünschenswert und wegen der degressionsbedingten Wettbewerbsvorteile des jeweils größten Anbieters ohnehin nicht möglich (natürliches Monopol). Aus dieser Sicht schien der Standardtyp des öffentlich regulierten Monopolunternehmens gerechtfertigt.

Bei Lichte betrachtet erweist sich diese Argumentation nicht als haltbar. Denn Marktversagen in dem beschriebenen Sinn kann allenfalls im Leistungsbereich 'Netzbetrieb' vorliegen, nicht jedoch in der energiewirtschaftlichen Versorgungstätigkeit schlechthin. So ist es durchaus vorstellbar, daß die örtlichen Versorgungsunternehmen Strom von Kraftwerken beziehen, die miteinander in Wettbewerb stehen und ihre Energie an ein Verbundnetz abgeben. Die Frage der Regulierung reduziert sich damit auf das Problem, ob und gegebenenfalls in welchem Ausmaß Regulierung im Verbundnetz und in den lokalen Verteilernetzen erforderlich ist. Bei dem weitaus größten Teil der jetzt regulierten und vom Kartellrecht im wesentlichen freigestellten Energieversorgungswirtschaft stehen technische oder ökonomische Besonderheiten einem wirksamen Wettbewerb nicht entgegen.

Keine technischen Hindernisse für Wettbewerb beim Strom

29. Wettbewerb auf dem Elektrizitätsmarkt setzt voraus, daß Stromerzeuger, Großabnehmer und Versorgungsunternehmen ihre Vertragspartner frei wählen können. Sieht man davon ab, daß die Vertragspartner eigene Leitungswege errichten können – dies wird vermutlich der Ausnahmefall bleiben -, dann ist Wettbewerb nur möglich auf der Grundlage einer Durchleitung elektrischer Energie durch vorhandene Netze. Unter Durchleitung ist die (vertraglich vereinbarte) zweckgebundene Einleitung elektrischer Energie an einer Stelle in Verbindung mit einer gleichartigen und gleichzeitigen Entnahme an anderer Stelle eines Leitungsnetzes zu verstehen.

Die Elektrizitätswirtschaft wehrt Vorstöße für eine wettbewerbliche Auflockerung der herrschenden Marktstrukturen in der Regel mit der Behauptung ab, dadurch würde die Sicherheit der Stromversorgung ernsthaft gefährdet. So argumentiert sie, aus physikalisch-technischen Gründen gebe es keine Durchleitung von Strom über vorgegebene Leitungswege, und eine Öffnung ihrer Netze für die Nutzung durch Dritte bringe die Gefahr erheblicher Störungen bis hin zu Netzzusammenbrüchen mit sich.

Die Argumente der Elektrizitätswirtschaft sind freilich durch eine jahrelange Praxis längst widerlegt. Das erste europäische Verbundnetz wurde explizit für Durchleitungszwecke geschaffen: es hatte die Aufgabe, Strom beispielsweise von Wasserkraftwerken in den Alpen zu entfernt gelegenen Schwerpunkten des Stromverbrauchs zu transportieren und hierfür die Netze der Verbundunternehmen zu nutzen. Heute dient das Verbundnetz insbesondere zum Ausgleich von Lastspitzen und Erzeugungsschwankungen, wobei es auch zu Durchleitungen kommt, die von den beteiligten Unternehmen nicht gesteuert werden können, weil Strom sich den Leitungsweg mit den geringsten Energieverlusten selbst ‘sucht’. Meßtechnisch können die durchgeleiteten Strommengen aber so genau erfaßt werden, daß eine detaillierte Abrechnung der von den Netzbetreibern erbrachten Leistungen möglich ist und in der Praxis auch vorgenommen wird. Es ist festzuhalten, daß der Ausgleich von Lastschwankungen gerade bei unvorhergesehenen Vorkommnissen ausgezeichnet funktioniert. So würde der plötzliche Ausfall eines großen Kraftwerks nicht etwa zu einem Zusammenbruch des Netzes führen; er hätte allenfalls zur Folge, daß Netzspannung und

Netzfrequenz für die wenigen Sekunden von ihrem Sollwert abweichen, die es braucht, um die notwendige Reservekapazität zu mobilisieren. Diese Abweichungen sind für die Verbraucher in der Regel unerheblich, wenn überhaupt wahrnehmbar. Zwingende technische Gründe stehen einer Stromdurchleitung also nicht entgegen. Die Vorhaltung von Reservekapazität ist freilich eine Leistung, die gesondert abzurechnen ist.

Wettbewerb 'um die Versorgung' statt Regulierung

30. Mit der Überzeugung, die Energiewirtschaft sei eine Domäne der natürlichen Monopole, war lange – zu lange – die Vorstellung verbunden, die Stellung der Versorgungsunternehmen schließe Wettbewerb in jeder Form aus. Erst allmählich wird Allgemeingut, daß auch das Recht, ein solches Monopolunternehmen zu führen, ein marktfähiges Gut ist und daher ein Wettbewerb 'um die Versorgung' grundsätzlich möglich ist. Hier ist beispielsweise an eine Vergabe von Betriebslizenzen im Rahmen eines Ausschreibungsverfahrens zu denken (vgl. Textziffer 53). Daß aus der Debatte um das natürliche Monopol nichts weiter gefolgert wurde als die Pflicht des Staates, regulierend einzugreifen, erweist sich nach unserem Urteil als grundlegend falsche Weichenstellung. Die Energiepolitik hat versäumt, nach marktkonformen Wegen zu suchen, um die nur natürlich scheinende Monopolstellung der Versorgungsunternehmen durch Wettbewerb 'auszuhebeln'. Stattdessen konnte sich – vorwiegend im Bereich der Elektrizitätsversorgung – ein dichtes Geflecht von Kartellverträgen und staatlichen Aufsichtsmaßnahmen entwickeln.

Die staatliche Regulierung (Fachaufsicht, Preisaufsicht, Kartellaufsicht) soll zwar eine kompensatorische Schutzfunktion gegenüber der absolut gesicherten Marktstellung der Versorgungsunternehmen erfüllen, erweist sich jedoch nicht nur als ordnungsinkonform, sondern ebenso als wenig leistungsfähig. Denn mit den Mitteln der Regulierung kann es bestenfalls gelingen, offensichtliche Fehlentwicklungen und grobe Verhaltensmißbräuche zu vermeiden, zumal die Kontrolleure – etwa über Mitgliedschaften in Aufsichtsräten – den Kontrollierten häufig sehr nahestehen. Die Steuerungs- und Kontrolleffizienz wettbewerblicher Marktprozesse läßt sich dabei nicht erreichen. Der politisch-bürokratische Regulierungsprozeß kann durchschlagende wirtschafts- und wettbewerbspolitische Erfolge nicht verbuchen, verursacht aber erhebliche

Kontrollkosten, ja der Staat hat teil am energiewirtschaftlichen Machtkartell zur Verhinderung des Wettbewerbs. Es ist angemessen, von einem energiewirtschaftlichen Politikversagen zu sprechen.

Bund, Länder und Gemeinden im Konflikt

31. Bei den Rahmenbedingungen für die Energiewirtschaft allgemein, besonders aber für die leitungsgebundene Energieversorgung, steht die Wirtschaftspolitik vor einer wichtigen Grundsatzfrage. Mehr als in den allermeisten Wirtschaftsbereichen entwickeln die Länder und die kommunalen Gebietskörperschaften eigenständige energiepolitische Aktivitäten. Inzwischen verfügen die Bundesländer über spezifische energiepolitische Programme und selbständig geschaffene Instrumentarien. Jenseits der verfassungsrechtlichen Fragen, die sich hier stellen, kann die Wirtschaftspolitik die gesetzten Ziele wirksam verfolgen, solange Bund und Länder sich energiepolitisch sinnvoll ergänzen. Die Länder sollten sich mit einer, manchmal vielleicht sogar unverzichtbaren, Verstärkerrolle bescheiden, um ressourcenzehrende Friktionsverluste zu vermeiden. Positive Beispiele belegen, daß eine wirtschaftspolitisch fruchtbare Arbeitsteilung zwischen den beiden staatlichen Ebenen möglich ist, wenn die Länder 'vor Ort', sei es bei der Umsetzung der Bundespolitik, sei es bei eigenen energiepolitischen Anstrengungen, ausgesprochen wettbewerbsorientiert handeln.

Neuerdings droht sich jedoch Konfliktpotential anzuhäufen, weil einzelne Länder die energiepolitischen Leitlinien des Bundes mehr oder weniger deutlich verlassen haben. Dies wird vor allem daran deutlich, daß der frühere Konsens über die friedliche Nutzung der Kernenergie zerbrochen ist. Aber auch hinsichtlich der Kohlepolitik oder der Strompolitik driften die Interessen des Bundes und einiger Länder auseinander. Freilich konnte es zu einer solchen Entwicklung nur kommen, weil der Bund für weite Bereiche des Energieangebots keine klare wettbewerbspolitische Linie verfolgt, sondern Marktregulierungen geduldet oder geschaffen und ineffiziente Zustände geschützt hat. Zunächst ergab sich bei der Umsetzung der unbestimmten Rechtsbegriffe, in die der Bund seine energiepolitischen Instrumente immer wieder gekleidet hat, ein meist erheblicher Spielraum für eine ländereigene Energiepolitik. Eine bedenkliche Einbruchstelle bietet insbesondere die Wahrnehmung der Investitionskontrolle über Versorgungsunternehmen nach § 4 des Gesetzes zur Förderung der Energiewirtschaft (Energiewirtschaftsgesetz, EnWG). Ursprünglich galt unumstritten eine sichere und preiswürdige Versorgung als Anwendungskriterium, so wenig man dies markt- oder gar wettbewerbsbezogen konkretisieren kann. Heute dagegen ziehen Aufsichtsstellen bei der Investitionskontrolle auch Maßstäbe der 'alternativen' Energiepolitik heran: Einzelaspekte wie der energetische Wirkungsgrad oder der Schadstoffausstoß geraten in den Vordergrund zu Lasten einer angemessenen Würdigung aller relevanten Gesichtspunkte. Das gibt der Investitionsaufsicht noch mehr lenkungswirtschaftliche Schubkraft, als sie ohnehin schon hat.

Interventionsnischen abbauen

32. Zudem weist ein Regulierungs- und Kontrollsystem stets Interventionsnischen auf, die Markteingriffe und Strukturlenkung leicht machen. Dies gilt nicht nur für die Landesebene. Auch die Städte und Gemeinden regulieren fleißig mit. Mit dem (umfassend genutzten) Recht, ihr Gebietsmonopol im Rahmen von Konzessionsverträgen an ein Unternehmen ihrer Wahl zu übertragen, besitzen sie ein wirksames Instrument zur Gestaltung – und zur Konservierung – der 'Versorgungslandschaft' vor Ort. Dies ist für beide Seiten lukrativ. Die Versorgungsunternehmen werden wirksam vor Wettbewerb geschützt, während die Gemeinden sogenannte Konzessionsabgaben erhalten – jährlich rund 4 Mrd DM. Die marktverzerrenden und effizienzmindernden Wirkungen dieser Vereinbarungen werden voraussichtlich auch dann weiterbestehen, wenn die vierte Novelle des Kartellgesetzes aus dem Jahr 1980 greift, welche die Laufzeit künftiger Gebietsmonopolverträge auf höchstens 20 Jahre begrenzt.

Hier wie in anderen Bereichen hilft nicht, das Regulierungssystem zu verfeinern oder in Marginalien offener zu gestalten. Erforderlich bleibt eine entschiedene Wettbewerbsorientierung der Energiepolitik und deren überzeugende Durchsetzung. Denn damit entzieht man interventionsfreudigen Bundesländern und Gemeinden die Eingriffsgrundlage und sichert so den energiepolitischen Vorrang der Bundespolitik.

Fragwürdige Energieversorgungskonzepte

33. Ein weiteres Problem der allgemeinen Rahmenbedingungen liegt in den Energieversorgungskonzepten, die in den Jahren 1980 bis 1986 von der Bundesregierung finanziell gefördert wurden. Diese von Ge-

bietskörperschaften, Energieversorgungsunternehmen und anderen Investoren entwickelten Konzepte sollten helfen, die Energieversorgung auf örtlicher Ebene unter Berücksichtigung regionalpolitischer, strukturpolitischer und umweltpolitischer Aspekte zu optimieren.

Dieser Aufgabe wurden die Energieversorgungskonzepte allzu oft nicht gerecht. In der Hand der Kommunalpolitiker entwickelten sie sich vielerorts zu einem Instrument der Marktlenkung und der Diskriminierung einzelner Energieträger. Darüber hinaus wurde mit ihrer Hilfe eine Kommunalisierung bzw. Rekommunalisierung der Energieversorgung vorangetrieben. Stadtplanung, Raumordnung und Landesplanung entwarfen Leitbilder für die Energieversorgung, die vorgegebene Versorgungsanteile für einzelne Energieträger enthalten und die mit Hilfe des Planungs- und des Baurechts verwirklicht werden sollen.

Energieversorgungskonzepte stärkten zudem die ökonomisch fragwürdige Tendenz, eine zunehmende Dezentralisierung der Energieversorgung mit verhältnismäßig kleinen Betrieben zu verabsolutieren, ohne daß zugleich der Nachweis einer Senkung der Versorgungskosten vorgelegt würde. Gewiß garantiert die jetzige Marktorganisation wegen der Vielzahl von Wettbewerbsbeschränkungen keine gesamtwirtschaftlich optimale Versorgung, und sie mag einen zu hohen Zentralisierungsgrad aufweisen. Ebensowenig macht es jedoch Sinn, durch Kommunalisierung eine Dezentralisierung um jeden Preis herbeizuführen. Um die skizzierten Fehlentwicklungen aufzuhalten und zu korrigieren, sollten deshalb die Energieversorgungskonzepte überprüft werden, soweit sie heute noch Grundlage der kommunalen und regionalen Energiepolitik sind.

Kommunalisierung und Querverbund

34. Energieversorgungskonzepte haben auch dazu beigetragen, den vor allem bei den Gemeinden ohnehin schon kräftigen Trend zum Querverbund, d.h. zur Zusammenfassung der Gas-, Strom- und Wärmeversorgung in der Regie jeweils eines öffentlichen Unternehmens, zu verstärken. Diese Entwicklung droht den Wettbewerb der Energieträger auf der Letztverteilerstufe weitgehend zu unterbinden. Gerade weil bei den Leitungsenergien der brancheninterne Wettbewerb auf dieser Verteilerstufe praktisch ausgeschlossen ist, müßten Energiepolitik und Wettbewerbspolitik eine möglichst unabhängige Entwicklung der einzelnen

Energieanbieter durchsetzen, um die Substitutionskonkurrenz zu schützen. Der Querverbund bedroht nämlich den Substitutionswettbewerb mehrfach: Die Marktstrategie für den einen Energieträger wird an den Verkaufsinteressen für die anderen Energieträger ausgerichtet; Rücksichtnahme auf bereits vorhandene Produktionskapazitäten verzerrt die Investitionsentscheidungen; und der Weg zu interner Subventionierung mit entsprechenden Preisverzerrungen wird eröffnet.

Bedeutsam ist schließlich die ordnungspolitische Dimension der Kommunalisierung im Querverbund. Allokative Aufgaben werden nicht mehr am Markt gelöst, sondern an politische Instanzen verwiesen – auch und gerade in der Absicht, eine 'verbrauchernahe bürgerschaftliche Kontrolle' zu installieren. Dieser lenkungswirtschaftliche Ansatz führt nicht nur zu ineffizienten Versorgungsstrukturen, sondern zu einer noch stärkeren Politisierung der Energieversorgung. Auf die damit verbundenen ordnungs- und wettbewerbspolitischen Probleme nimmt man gewöhnlich keine Rücksicht; nicht selten fehlt es schon am Verständnis für derartige Fragen. Auch hier ist die Bundesregierung gefordert, dafür zu sorgen, daß die Grundlinien ihrer Energiepolitik Geltung behalten.

Investitionslenkung bei der Fernwärme

35. Im letzten Jahrzehnt hat die Energiepolitik erhebliche Anstrengungen unternommen, den Ausbau der Fernwärmeversorgung zu beschleunigen mit dem Ziel, durch den Einsatz der Kraft-Wärme-Kopplung zur Energieeinsparung beizutragen. Die in diesem Zusammenhang üblich gewordene Politik der rechtlich erzwungenen Markteinführung (Anschluß- und Benutzungszwang, Vorranggebiete) ist verfehlt. Ebenso fragwürdig ist die Praxis, den Aufbau von Fernwärmesystemen in großem Maßstab zu subventionieren. Denn wenn Fernwärmeversorgungsunternehmen durch den Einsatz der Kraft-Wärme-Kopplung die verwendete Primärenergie effizienter nutzen können als mit herkömmlichen Verfahren, so muß sich dies in niedrigeren Produktionskosten für Fernwärme niederschlagen. Reicht der Kostenvorteil der Kraft-Wärme-Kopplung nicht aus, um am Markt im Wettbewerb mit anderen Versorgungssystemen auf Dauer bestehen zu können, dann sollte diese Technik – auch bei günstigerer Energiebilanz – nicht weiter verfolgt werden. Andernfalls erhält das Energiesparziel einen Eigenwert, der sich volkswirtschaftlich nicht begründen läßt. Außerdem schafft das

Vordringen der Fernwärmeversorgung, vor allem in Verbindung mit einem Anschluß- und Benutzungszwang, nicht eben wettbewerbsfreundliche, die ständige Anpassung fördernde Marktverhältnisse. Gleiches gilt für die Festlegung von Vorranggebieten, die der beschleunigten Einführung der Fernwärmeversorgung dienen soll. Substitutionsmöglichkeiten werden auf diese Weise auch dort ausgeschlossen, wo sie sich bei der Wärmeversorgung noch vorteilhaft nutzen ließen. Dies droht den Strukturwandel in der Energiewirtschaft dauerhaft zu hemmen. Eine sachgerechte Forderung kann deshalb nur lauten: Abbau von Wettbewerbsbeschränkungen, auch um Hindernisse für Anlagen zur Kraft-Wärme-Kopplung aus dem Weg zu räumen.

Aus diesen Gründen sollte die derzeitige Politik der Begünstigung von Fernwärmeprojekten gründlich überdacht werden. Die Verwirklichung eines Projektes muß grundsätzlich vom Ergebnis eines langfristigen kaufmännischen Investitionskalküls abhängig gemacht werden, also davon, ob Aufwand und erwarteter Ertrag in angemessenem Verhältnis zueinander stehen. Ist dies der Fall, dann kann auf Subventionen und andere Schutzmaßnahmen verzichtet werden. Denn der Finanzierung rentabler Projekte stehen grundsätzlich die Kreditmärkte offen. Ist ein solches Projekt (etwa wegen seines Umfangs oder wegen der langen Zeitspanne zwischen Beginn und rentablem Betrieb) am freien Markt nicht zu finanzieren, ist allenfalls an die Möglichkeit staatlicher Bürgschaften oder an rückzahlbare, verzinsliche Darlehen der öffentlichen Hand zu denken. In keinem Fall sollten Vorhaben durchgesetzt werden, die wirtschaftlichen Kriterien nicht genügen.

Europa 1992 verlangt Reformen

36. Unter Reformdruck stehen die Rahmenbedingungen für die leitungsgebundene Energieversorgung nicht zuletzt wegen des europäischen Marktes. Die vorgesehene Vollendung des EG-Binnenmarktes wird erhebliche wettbewerbliche Konsequenzen für die leitungsgebundene Energieversorgung, insbesondere für die Stromversorgung, mit sich bringen. Die Beibehaltung des Status quo in der Bundesrepublik würde eine Freistellung der Energiewirtschaft als EG-weiten wettbewerbspolitischen Ausnahmebereich voraussetzen. Spätestens nach der Luftverkehrs-Entscheidung des Europäischen Gerichtshofs muß man jedoch davon ausgehen, daß der heutige Gebietsschutz sich nicht mit dem EG-Kartellrecht vereinbaren läßt. Denn sowohl Konzessionsver-

träge als auch Demarkations- und Verbundverträge können die Stromeinfuhr aus anderen EG-Ländern behindern. Zumindest Ausschließlichkeitsbindungen in Konzessionsverträgen und vertikalen Demarkationen, die Stromlieferungen aus anderen Mitgliedsländern vereiteln, dürften gegen Art. 85 Abs. 1 EWGV verstoßen und demnach verboten sein. Hinzu kommt, daß die Weigerung eines Netzbetreibers, Stromlieferungen aus anderen EG-Ländern durchzuleiten, im Einzelfall nach Art. 86 EWGV mißbräuchlich sein kann. Die Kommission der Europäischen Gemeinschaften will im übrigen schon 1989 konkrete Maßnahmen für die Schaffung eines Binnenmarktes im Energiebereich vorschlagen, die nicht zuletzt die Hemmnisse für den grenzüberschreitenden Stromaustausch beseitigen sollen. Es ist davon auszugehen, daß den Rahmenbedingungen für die leitungsgebundene Energieversorgung in der Bundesrepublik ein tiefgreifender Wandel bevorsteht.

VI. Wende in der Energiepolitik: Mehr Markt

Bilanz der Energiepolitik negativ

37. Zieht man Bilanz, so zeigt die Energiepolitik alles andere als ein positives Bild. Nur in Ausnahmebereichen deckt sie sich mit den grundsätzlich immer noch marktwirtschaftlichen Hauptlinien der Wirtschaftspolitik. Ein beispielloser Kompetenz- und Regulierungswirrwarr schließt eine effiziente Energieversorgung aus. Unter den Gesichtspunkten des Umweltschutzes und des schonenden Umgangs mit knappen Ressourcen kann das herrschende System nicht befriedigen. Aus einer fragwürdigen Kohlevorrangpolitik erwachsen dem Steuerzahler enorme Finanzlasten. Der Druck, den Kurs der Energiepolitik zu ändern, wächst. Nach allen Erfahrungen kann der neue Kurs nur in eine Richtung zielen: Es ist an der Zeit, die Blockade einer marktwirtschaftlichen Energiepolitik aufzugeben und sich auf die Prinzipien wettbewerblich geordneter Märkte zurückzubesinnen. Die Energiewirtschaft krankt nicht an Marktversagen, sondern an Politikversagen. Alle Verantwortlichen haben unaufhörlich mitgeholfen, an der Interventionsschraube zu drehen und im einseitigen Interesse der Anbieter noch funktionsfähige Märkte zu bürokratisieren und zu reglementieren.

Die Aufgabenteilung zwischen Markt und Staat muß neu geordnet werden. Die energiepolitische Hauptaufgabe des Staates besteht darin, für längerfristig konstante Rahmenbedingungen zu sorgen, die den Grundsätzen unserer Wettbewerbsordnung genügen. Erforderlich sind eindeutige Regelungen, die hinreichende Rechtssicherheit bieten. Dies garantiert Energieanbietern wie Energieverbrauchern einen zuverlässigen Planungsrahmen und ist notwendige Voraussetzung für eine sichere, preiswürdige und umweltschonende Energieversorgung.

Furcht vor Marktversagen unbegründet

38. Im Gefolge des ersten Ölpreisschocks erhielten lenkungswirtschaftliche Vorstellungen auf allen politischen Ebenen merklichen Auftrieb. Die Meinung, der Markt sei blind, ist weit verbreitet, das Mißtrauen gegenüber einer Koordination von Angebot und Nachfrage mit Hilfe unregulierter Marktpreise sitzt tief. Unterstellt wird, daß Wettbewerbspreise die Knappheitsverhältnisse zwar in Bezug auf die jeweilige Tagessituation durchaus richtig wiedergeben, eine angemessene Bewertung zukünftiger Knappheitsverhältnisse aber nicht leisten können. Deshalb werde – so lautet das Argument – die zukünftige Knappheitsentwicklung in den Entscheidungen der Energieanbieter und Energieverbraucher nicht berücksichtigt, und langfristig notwendige Anpassungs- und Vorsorgemaßnahmen unterblieben oder würden zumindest zu spät ergriffen.

Die Furcht vor einem derartigen Marktversagen ist unbegründet; Marktprozesse werden in hohem Maße von zukünftigen Entwicklungen – genauer gesagt: von den Erwartungen über diese Entwicklungen – bestimmt. Tatsachen, die eine Änderung der Zukunftserwartungen auslösen, schlagen sich im Verhalten der Marktteilnehmer nieder. Unternehmen, die ihren langfristigen Ertrag maximieren wollen, haben ein elementares Interesse daran, verfügbare Informationen über die künftige Entwicklung der für sie relevanten Märkte möglichst gut zu nutzen. Ihre Strategie wird sein, Kapazitäten und Produktpalette dem zukünftigen Bedarf anzupassen und zugleich die erwarteten Produktionskosten zu minimieren. Eine rationalere Vorbereitung auf die Zukunft ist nicht möglich – weder aus einzelwirtschaftlicher noch aus gesamtwirtschaftlicher Sicht. Je genauer die Erwartungen der Unternehmen die tatsächliche Entwicklung treffen, desto genauer entspricht Gewinnorientierung unter Wettbewerbsbedingungen dem gesamtwirtschaftlich optimalen Verhalten.

Neben der Voraussetzung, daß Wettbewerb zwischen den Energieanbietern herrscht, ist also vor allem die Qualität der verfügbaren Information ausschlaggebend für die gesamtwirtschaftliche Effizienz einzelwirtschaftlicher Entscheidungen. Energieproduzenten müssen insbesondere die erkennbaren Verknappungstendenzen bei den einzelnen Energieträgern in ihren Entscheidungen berücksichtigen, um ihre heutigen Investitionen und Fördermengen an den Erfordernissen der Zukunft auszurichten. Weshalb sie damit vor einem grundsätzlich schwierigeren Informationsproblem stehen sollten als Unternehmen anderer Branchen, ist nicht ersichtlich.

Staatliche Eingriffe auf Ausnahmefälle begrenzen

39. Marktwirtschaftliche Energiepolitik hat nur dann Aussicht auf Erfolg, wenn sie eine Regulierung der Primärenergiemärkte unterläßt. Eingriffe in die Bildung der Energiepreise in der Absicht, vermutete Veränderungen künftiger Knappheitsverhältnisse in heutige Preise zu übersetzen, machen wenig Sinn. Dies gilt für die immer wieder geforderten und neuerdings auch angekündigten zusätzlichen Abgaben auf Erdgas und Mineralöl ebenso wie für staatlich festgesetzte Mindestpreise für Erdöl. Es wurde bereits dargelegt, daß gewinnorientierte Unternehmen schon aus Eigeninteresse bestrebt sind, die vorhandenen Informationen – und hierzu gehören insbesondere die Marktpreise – gesamtwirtschaftlich optimal zu nutzen.

Will der Staat diesen für die langfristige Effizienz der Energieversorgung elementaren Prozeß der Informationsverarbeitung nicht untergraben, dann darf er hier nur eingreifen, wenn er damit die Informationslage der Marktteilnehmer verbessern kann. Dies setzt jedoch einen verläßlichen Informationsvorsprung des Staates gegenüber den Privaten voraus, der bei realistischer Betrachtung nicht unterstellt werden kann. Es wäre eine Illusion, davon auszugehen, daß Behörden über Erkenntnisse hinsichtlich der künftigen Entwicklung von Angebot und Nachfrage auf den Energiemärkten, über Umfang, Erschließungskosten und Förderkosten aller Energievorräte, den weiteren technischen Fortschritt, die kommenden Substitutions- und Wettbewerbsverhältnisse zwischen den Energieträgern, aber auch über zukünftige Wechselkurse, Diskontraten und über vieles andere mehr verfügen, die genauer und zuverlässiger sind als die Informationen der Unternehmen. Unterliegt der Staat der Versuchung, die Preisbildung zu 'korrigieren', wird er daher in aller Regel falsche Preissignale setzen und Fehlanpassungen verursachen.

Strukturhilfe nur nach wettbewerbspolitischer Kausaltherapie

40. Die Flexibilität einzelwirtschaftlicher Entscheidungsstrukturen ist die wirksamste Versicherung gegen stets vorhandene Unsicherheiten und Risiken. Und funktionsfähige Märkte leisten in Verbindung mit sinnvollen Rahmenbedingungen für eine preiswerte, ressourcenschonende und umweltgerechte Energieversorgung allemal mehr als staatlicher Dirigismus. Dies ist kein Plädoyer für einen energiepolitisch abstinenten Staat. Aber Augenmaß ist gefordert. Das gilt bei allen energiepolitischen Maßnahmen, vor allem auch bei finanziellen Anpassungshilfen, deren Ziel die Abfederung von Umstellungs- und Anpassungsprozessen ist. Es kommt darauf an, vor konkreten Maßnahmen die Ursachen der Friktionen aufzudecken, die den Anpassungsschwierigkeiten zugrunde liegen. Jeder Strukturanpassungspolitik hat eine wettbewerbspolitische Kausaltherapie vorauszugehen. Oft genug haben staatliche Wettbewerbsbeschränkungen den strukturpolitischen Handlungsbedarf erst erzeugt; das Spektrum reicht von Gebietsmonopolen über Importbeschränkungen und staatliche Erhaltungsgarantien bis zum kommunalen Querverbund. In all diesen Fällen müssen zunächst die Voraussetzungen für einen funktionsfähigen Wettbewerb hergestellt werden. Erst dann, wenn sich auf diese Weise die Umstellungsprobleme nicht bewältigen lassen, sollten strukturpolitische Hilfen erwogen werden.

Energiepolitik nicht überfrachten

41. Als mehr und mehr kontraproduktiv erweist sich die Praxis, die Energiepolitik als Vehikel für eine – überdies verfehlte – Strukturpolitik, Sozialpolitik und Arbeitsmarktpolitik zu benutzen. Dies gilt nicht zuletzt für die herrschende Politik zur Erhaltung des Kohlebergbaus. In diesem Zusammenhang geht es nicht in erster Linie darum, daß "auch die Kohlepolitik ... die Knappheit der öffentlichen Mittel berücksichtigen" muß, wie die Bundesregierung in ihrem Energiebericht 1986 formuliert. Entscheidend ist vielmehr, die Energiepolitik von anderen

wirtschaftspolitischen Aufgaben zu befreien. Denn jeder Teilbereich der Wirtschaftspolitik hat seine eigenen Ziele, aber auch seine eigenen, spezifischen Instrumente. Aus Gründen der politischen Klarheit, vor allem aber wegen der spezifischen Wirkungen der einzelnen Maßnahmen ist es unerläßlich, diese Zuordnung zu beachten. Es ist wenig hilfreich, Umweltschutzbelange oder regional-, sozial- und verteilungspolitische Zwecke mit energiepolitischen Instrumenten und Maßnahmen zu verfolgen.

Solange die Energiepolitik in die Pflicht sachfremder Aufgaben genommen wird, gerät sie notwendigerweise mit ihren eigentlichen Zielen in Widerspruch. Schielt die Energiepolitik beispielsweise auf Beschäftigungseffekte, dann wird sie ihre eigentliche Aufgabe fast zwangsläufig verfehlen, ohne die Wirksamkeit der spezifisch arbeitsmarktpolitischen Instrumente erreichen zu können. Die Kohlepolitik ist hierfür das beste Beispiel. Es grenzt ans Absurde, daß Steuerzahler und Stromverbraucher jährlich zweistellige Milliardenbeträge für eine Politik bereitstellen müssen, die eine preiswerte und leistungsfähige Energieversorgung unterbindet und zugleich als Hauptursache für das bisherige Ausbleiben der dringend notwendigen Neustrukturierung der Kohlereviere verantwortlich zu machen ist. Gefordert ist politischer Mut zu einer klaren und sinnvollen Zuweisung der Aufgaben an die einzelnen Politikbereiche. Die Energiepolitik hat vorrangig die Aufgabe, die Deckung des Energiebedarfs zu sichern und dafür zu sorgen, daß die benötigten natürlichen und produzierten Ressourcen bestmöglich genutzt werden. Dies ist Herausforderung genug.

Subventionsabbau unumgänglich

42. Eine vordringliche energiepolitische Aufgabe lautet: Abbau der wild ins Kraut geschossenen Subventionen. Diese Forderung zielt keineswegs allein auf den Bergbau, sondern auf einen bunten Strauß kaum mehr zu entwirrender energiewirtschaftlicher Förderprogramme. Die Ölkrisen eröffneten gleichsam einen Selbstbedienungsladen für staatliche Energiebeihilfen. Viele Anzeichen sprechen dafür, daß bei der langjährigen Gebefreudigkeit der öffentlichen Hand Mitnahmeeffekte und Attentismus weit um sich gegriffen haben. Eine 'Entziehungskur' ist unumgänglich geworden.

Eine Wirtschaftspolitik, die glaubwürdig bleiben will, kann einem nachhaltigen Subventionsabbau nicht mehr ausweichen. Sie kann die Augen nicht länger vor der Tatsache verschließen, daß sich struktureller Wandel vom Behördenschreibtisch aus zwar beeinflussen und sogar beschleunigen, nicht aber effizient gestalten läßt. Die Ziele der staatlichen Förderung, insbesondere Energieeinsparung, verstärkte Nutzung alternativer Energiequellen und rechtzeitige Strukturanpassung, lassen sich mit Hilfe von Markt und Wettbewerb viel besser verwirklichen. Immer noch sind Energiepreise, die sich frei und unter Konkurrenzbedingungen bilden, der wirkungsvollste 'Sparkommissar'. Auch alternative Energiequellen setzen sich nur dort mit Aussicht auf Bestand durch, wo Änderungen der Preisstrukturen auf grundlegende Änderungen der Marktbedingungen zurückgehen und nicht auf fiskalische Eingriffe des Staates, die im politischen Tagesgeschäft jederzeit zur Disposition gestellt werden können. Selbst eine rechtzeitige und rasche Anpassung kommt, von direkten sozialen Hilfen abgesehen, ohne Subventionen aus. Letztere stören mehr als sie helfen, weil sie die energiewirtschaftlichen Entscheidungsgrundlagen verfälschen; hier gilt sinngemäß das, was weiter oben zu den Wirkungen verzerrter Preissignale gesagt wurde (vgl. Textziffer 39).

Forschungsförderung begrenzen

43. Der Staat hat Forschungsaktivitäten der Energiewirtschaft in der Vergangenheit großzügig gefördert; Forschungspolitik ist in großem Umfang verdeckte Energiepolitik. Ein erheblicher Teil der vergebenen Mittel floß in die Grundlagenforschung, deren Förderung im großen und ganzen nicht umstritten sein sollte, auch wenn die Grenze zur anwendungsbezogenen Forschung meist nicht leicht zu ziehen ist. Auf die direkte oder indirekte Förderung sogenannter marktnaher Forschung und Entwicklung sollte der Staat jedoch grundsätzlich verzichten; denn dies ist ureigene Aufgabe der Unternehmen. Aufgabe des Staates ist es, Hemmnisse abzubauen, die unternehmerischer Forschung und Entwicklung im Wege stehen – auch und gerade im Zusammenhang mit der Erschließung 'alternativer' Energiequellen. An einschlägigen Ansatzpunkten für Entbürokratisierung, Deregulierung und Korrekturen der Forschungsförderung mangelt es nicht.

Fragwürdige Programme zur Energieeinsparung

44. Die Energiepolitik hat in Reaktion auf hohe Ölpreise Maßnahmen zur Einsparung herkömmlicher Energieträger (Verbrauchssenkungen, Substitution durch neue Energien) in erheblichem Umfang subventioniert. Der beschleunigten Einsparung von Energie mag diese Politik gedient haben. Aus gesamtwirtschaftlicher Sicht sind staatliche Hilfen zur Entwicklung oder zur Anwendung energiesparender Verfahren jedoch in aller Regel verfehlt. Wie in anderen Bereichen werden auch hier knappe Mittel durch Subventionen in ineffiziente Verwendung gelenkt: Ressourcen, die nur aufgrund einer Subvention einer bestimmten Verwendung zugeführt werden, leisten einen geringeren Beitrag zur gesamtwirtschaftlichen Wertschöpfung, als dies bei anderer Verwendung möglich wäre. So war beispielsweise die Warmwassererzeugung mit Hilfe einer Wärmepumpe in einem typischen Einfamilienhaus selbst 1985, als die Mineralölpreise ihren Höchststand erreicht hatten, um die Hälfte teurer als die Anwendung konventioneller Heiztechnik. Der jährliche Mehraufwand für die Wärmepumpe war etwa doppelt so hoch wie der Wert des eingesparten Heizöls; um einen Liter Heizöl im Wert von 80 Pfennig einzusparen, war ein Aufwand von 1,60 DM notwendig. Daß dennoch vielfach Wärmepumpen zum Einsatz gekommen sind, ist nur dadurch zu erklären, daß der Staat einen Teil der Investitionskosten übernommen hat. Es ist davon auszugehen, daß die Kosten anderer Möglichkeiten, Heizöl einzusparen, weit geringer gewesen wären. Unter dem Strich haben die Subventionen ineffizientes Verhalten provoziert, zu Lasten des gesamtwirtschaftlichen Wohlstandes.

Förderung nur nach Prüfung des Einzelfalls

45. Erst wenn Gründe für die Annahme einer fundamentalen Marktstörung vorliegen, lassen sich staatliche Förderprogramme rechtfertigen. Eine solche Störung wäre beispielsweise gegeben, wenn ein neues energiesparendes Verfahren gegen imitative Anwendung durch Dritte nur unzureichend geschützt werden kann. Ein weiterer Fall bestünde darin, daß der Forschungsaufwand für eine grundlegende Innovationsidee der schieren Größe wegen von privaten Investoren nicht getragen werden kann. Unter derartigen Umständen wird ein Energiesparprojekt ohne staatliche Unterstützung nicht in dem Umfang verwirklicht, der gesamtwirtschaftlich wünschenswert wäre. Ob eine privatwirtschaftli-

che Investitionsrechnung zu einem volkswirtschaftlich sinnvollen Ergebnis führt oder ob staatliche Förderung angezeigt ist, muß daher im konkreten Einzelfall ermittelt werden. Im Lichte dieser Überlegungen muß man beispielsweise dem Anfang März 1986 gefaßten Beschluß der Bundesregierung, die Pläne zur Förderung industrieller Großanlagen für die Kohleverflüssigung ad acta zu legen, uneingeschränkt zustimmen. Zu durchforsten bleibt jedoch ein großer Katalog an Maßnahmen zur Förderung der Energieeinsparung und der anwendungsbezogenen Energieforschung.

Strukturkonservierung und Kapitalvergeudung im jetzigen Beihilfesystem

46. Die Wirkungen des jetzigen Beihilfesystems im einzelnen verläßlich abschätzen zu wollen, wäre ein aussichtsloses Unterfangen. Gleichwohl steht fest: Durch Umfang und Dauer der Subventionierung werden Ressourcen in nicht zu rechtfertigender Höhe in die Energiewirtschaft umgelenkt oder darin festgehalten. Diese gigantische Kapitalvergeudung geht zu Lasten zukunftsträchtiger Investitionen und provoziert weitere Stockungen im strukturellen Anpassungsprozeß, nicht zuletzt in den Montanregionen. Die Gründe, die von den Befürwortern der Subventionen vorgebracht werden, können angesichts dieser schädlichen Folgen nicht überzeugen. Wenn es überhaupt einen energiepolitisch diskussionswürdigen Grund für auf Dauer angelegte staatliche Unterstützungszahlungen gibt, dann ist es die Sicherung der Versorgung im Notfall durch einheimische Produktion. Aber dies ist erst jenseits der Grenze zu erwägen, bis zu der eine kostengünstigere Vorratshaltung ausreichende Versorgungssicherheit gibt.

VII. Schritte zur energiepolitischen Neuordnung

Reformvorschläge im Überblick

47. Der Schlüssel für einen neuen Anfang in der Energiepolitik liegt bei der Kohlepolitik. Denn die Politik zum Schutz der Kohle ist nicht nur teuer und strukturkonservierend. Sie wird darüber hinaus von einer Vielzahl problematischer Wettbewerbsbeschränkungen in anderen Bereichen der Energiewirtschaft flankiert und dient inzwischen als Recht-

fertigung für diese. Eine Gesamtreform der Energiepolitik sollte daher vorrangig auf ein Ende des Kohleprotektionismus abzielen.

Aber auch unabhängig von der Kohle gibt es eine Reihe von Fehlentwicklungen, welche die Energieversorgung unflexibel und teuer machen. Dies gilt vor allem im Bereich der leitungsgebundenen Energieträger. Auch hier ist mehr Wettbewerb anzustreben.

Für die Reform der Kohlepolitik schlagen wir vor,

- den Hüttenvertrag nicht fortzuschreiben,
- den Jahrhundertvertrag nicht über 1995 hinaus zu verlängern,
- langfristig nur noch eine begrenzte 'Sicherheitsmenge' zu subventionieren,
- die Kontingente für Kohleimporte schrittweise anzuheben und letztlich zu beseitigen sowie
- bei der Sicherung der Kohleversorgung der Vorratshaltung Vorrang vor unrentabler Förderung zu geben.

Unsere Vorschläge zur Neuordnung der leitungsgebundenen Energieversorgung zielen auf eine schrittweise Auflockerung verkrusteter Strukturen. Dabei geht es vorrangig darum,

- durch Entflechtung und durch Privatisierung der kommunalen Querverbundunternehmen einen wirksamen Substitutionswettbewerb herzustellen,
- die Konzessionsabgaben für die Überlassung von Wegerechten auf mittlere Sicht einzuschränken oder ganz abzuschaffen,
- bei der anstehenden Novellierung der Bundestarifordnung Elektrizität bessere Möglichkeiten zu schaffen, die verbrauchsabhängige Komponente der Stromtarife an den jeweiligen Grenzkosten der Versorgung auszurichten,
- die Regulierungen des Energiewirtschaftsgesetzes abzuschaffen, soweit sie sich zu einer Beschränkung des Wettbewerbs eignen und unter dem Gesichtspunkt der Versorgungssicherheit verzichtbar sind,
- die kartellrechtlichen Ausnahmeregelungen für die Versorgungswirtschaft abzubauen,
- Marktzutrittsschranken durch eine Reform des Wegerechts und des Demarkationssystems zu beseitigen,

- die Möglichkeiten der Durchleitung zu verbessern und die Voraussetzungen für die Errichtung privater Versorgungsleitungen zu schaffen und
- die rechtlichen Grundlagen für eine Konkurrenz 'um die Versorgung' herzustellen.

Kohle dem Wettbewerb aussetzen

48. Eine Abkehr von dem überkommenen System der Kohlehilfen ist Voraussetzung für mehr Effizienz in der Kohlewirtschaft, aber auch für mehr Wettbewerb in den anderen Bereichen der Energiewirtschaft. An einer Liberalisierung des Kohlemarktes führt deshalb kein Weg vorbei.

- Wirksamer Wettbewerb am Kohlemarkt ist ohne Abbau staatlicher Hilfen nicht denkbar. Hierzu gehört zum einen, die 1985 vereinbarte Anschlußregelung Hüttenvertrag möglichst rasch gegenstandslos zu machen. Denn auch von dieser Regelung kann nicht erwartet werden, daß sie "den Unternehmen weiterhin das Preisrisiko des Weltmarktes abnimmt, aber zugleich den notwendigen Druck zu Rationalisierungsanstrengungen verstärkt", wie die Bundesregierung in ihrem Jahreswirtschaftsbericht 1988 hofft.

- Auch der Jahrhundertvertrag, der die Abnahmeverpflichtung der Elektrizitätswirtschaft bis 1995 regelt, darf nicht fortgeschrieben werden. Die Bundesregierung tritt für eine Regelung nach 1995 ein, die an das geltende Vertragswerk anknüpft; sie sollte diese Position überdenken. Vielmehr sind Wege zu suchen, die mit dem Jahrhundertvertrag verbundenen Subventionen stufenweise abzubauen. Wir schlagen deshalb vor, für die Verstromungshilfen ab dem Jahre 1996 verbindliche Obergrenzen festzulegen und diese Plafonds degressiv auszugestalten. Ergänzend dazu sollte als Grundlage der Verstromungshilfe mehr und mehr eine Rechengröße herangezogen werden, in welche die Förderkosten der unrentabelsten Zechen nicht eingehen. Dies würde eine Konzentration der Förderung auf kostengünstige Zechen voranbringen.

- Parallel zu diesen Maßnahmen sollte der deutsche Markt Schritt für Schritt für Importkohle aus Drittländern geöffnet werden. Die im Zollkontingentgesetz von 1980 festgelegten Grenzen für die Einfuhrmengen sollten jährlich um einen bestimmten Prozentsatz (etwa um 15 bis 20 Prozent) aufgestockt werden. Zu dieser Liberalisierung der Kohleimporte gehört, die Bindung der Kontingente an bevorrechtigte Verbrauchergruppen nach und nach aufzuheben. Bei Erreichen der Freihandelsmenge sind die gesetzlichen Bestimmungen zur Einfuhrregulierung ersatzlos zu streichen.

– Unter dem Gesichtspunkt der Versorgungssicherheit verdient eine ausreichende Lagerhaltung den Vorrang vor subventionierter Überproduktion. Beim Rohöl hat der Gesetzgeber einen Vorrat mit einer Reichweite von 90 Tagen als ausreichend angesehen. Es liegt nahe, diesen Richtwert auch auf Kohle anzuwenden. Allerdings stehen diesem Ziel schon heute Kohlehalden gegenüber, die dem Verbrauch von 130 Tagen entsprechen. Diese Vorräte dürften bei Umsetzung unserer kohlepolitischen Vorschläge freilich abschmelzen. Für den Fall, daß dabei die als notwendig angesehene Lagerhaltung unterschritten wird, schlagen wir vor, die nationale Steinkohlenreserve aufzustocken und analog zur Bundesrohölreserve auszugestalten.

Kapazitätsabbau beschäftigungs- und energiepolitisch vertretbar

49. Die Bundesregierung hat Vorschläge für eine Kohlepolitik, die sich langfristig auf die Gewährleistung einer ausreichenden Sicherheitsreserve konzentriert, schon einmal zurückgewiesen – wenn auch mit wenig überzeugenden Argumenten. In ihrem Jahreswirtschaftsbericht 1984 verweist sie zum einen auf die "unterschiedlichen Gegebenheiten der Kohleförderung von den natürlichen Lagerstättenverhältnissen her", zum anderen auf "differenzierende Bedingungen in den verschiedenen Einsatzbereichen der Kohle". Die erste Anmerkung ist nichts anderes als das Eingeständnis, daß in bestimmten Zechen eine rentable Produktion schon aus geologischen Gründen unmöglich ist; es ist kühn, hieraus eine Begründung für die Aufrechterhaltung dieser Förderung herzuleiten. Das zweite Argument geht fehl, weil es primär auf die Nachfrageseite abstellt, mehr aber noch, weil es die jetzige Diskriminierung zwischen den Kohleverbrauchern als notwendig und erwünscht hinstellt.

Ein grundlegender kohlepolitischer Kurswechsel bedeutet im übrigen keineswegs, auf flankierende sozialpolitische Maßnahmen (etwa Umstellungshilfen oder Transferzahlungen) und auf die Übernahme sozialpolitischer Altlasten zu verzichten. Zudem wäre ein nachhaltiger Kapazitätsabbau möglich, ohne den Arbeitsmarkt zu überlasten. Da die natürliche Fluktuation in der Belegschaft des Bergbaus jährlich etwa 9.000 bis 13.000 der insgesamt rund 160.000 im Steinkohlenbergbau Beschäftigten umfaßt, könnte die Förderkapazität in einem Zeitraum von 10 bis 15 Jahren entscheidend verringert werden, ohne daß dramatische Massenentlassungen notwendig würden.

Neuordnung der leitungsgebundenen Energieversorgung

50. Die Rahmenbedingungen für die leitungsgebundene Energieversorgung sind, gemessen an marktwirtschaftlichen Ordnungskriterien, gleichfalls reformbedürftig. Dies gilt besonders für die Elektrizitätsversorgung. Hier kommt es vor allem darauf an, Marktzutrittsschranken abzubauen und einen wirksamen Wettbewerb zwischen den Versorgungsunternehmen herzustellen. Ein solcher Wettbewerb 'in der Versorgung' wird jedoch aus technischen und wirtschaftlichen Gründen nicht auf allen Ebenen der leitungsgebundenen Energieversorgung möglich sein. Deshalb sind auch die Voraussetzungen zu schaffen für einen möglichst weitgehenden Wettbewerb um das Recht, bestimmte Versorgungsaufgaben durchzuführen. Eine solche wettbewerbsorientierte Neuordnung setzt ein Gesamtkonzept voraus: eine grundlegende Änderung der kartellrechtlichen Ausnahmeregelungen für die Versorgungswirtschaft, aber auch eine Neuordnung der übrigen energiewirtschaftlichen Rahmenbedingungen.

– Mehr Wettbewerb in der leitungsgebundenen Energieversorgung herzustellen, ist – besonders auf lokaler Ebene – eine schwierige Aufgabe. Deshalb sollte zumindest ein wirksamer Wettbewerb der Energieträger gewährleistet sein. Eine Entflechtung der Querverbundunternehmen, die einen solchen Wettbewerb vor allem auf kommunaler Ebene weitgehend unterbinden, gehört daher zu den wichtigen energiepolitischen Aufgaben. Dies würde Quersubventionierungen und Behinderungsstrategien vermeiden helfen. Da die Aufhebung des Querverbunds hauptsächlich Versorgungsunternehmen der Gemeinden betrifft, könnten die Länder diese ordnungspolitische Aufgabe übernehmen, indem sie die von ihnen erlassenen Gemeindeordnungen entsprechend gestalten.

- In Ergänzung zu den notwendigen Entflechtungsmaßnahmen sollten die ausgegliederten Unternehmensteile möglichst weitgehend privatisiert werden. Denn solange die entflochtenen Einzelunternehmen in einer Hand bleiben, besteht die Gefahr, daß die schädlichen Wirkungen des Querverbundes erhalten bleiben. Privatisierung allein löst zwar keines der wettbewerbspolitischen Probleme, aber sie bringt eine ordnungspolitisch wichtige schärfere Trennung von Staat und Markt. Sie trägt dazu bei, die Verquikkung von wirtschaftlichen und politischen Interessen aufzulösen, die öffentlichen Unternehmen eigen ist.

- Den Konzessionsabgaben, welche die Gemeinden für die exklusive Benutzung ihrer Wege zur Verlegung der Leitungsnetze aller Versorgungssparten erheben, fehlt eine echte Legitimation. Von daher sollten sie eigentlich ganz abgeschafft werden. Allerdings gibt es die Besorgnis, dadurch würde den Gemeinden ein unguter Anreiz gesetzt, kommunale Versorgungsunternehmen beizubehalten oder gar neu zu gründen. Deshalb sollte die völlige Beseitigung der Konzessionsabgaben wohl erst beschlossen werden, wenn durch die übrigen Elemente der hier vorgeschlagenen Reform solche Besorgnisse gegenstandslos geworden sind. Im übrigen könnte die nach wie vor anstehende Reform des Gemeindefinanzsystems dazu genutzt werden, einen geeigneten Ersatz für den Verlust dieser kommunalen Quasi-Steuer herzustellen.

- Die herrschenden Stromtarife fördern weder Effizienz noch Wettbewerb. Daß auch die Bundesregierung hier Handlungsbedarf sieht, ist zu begrüßen. Sie sollte die angekündigte Novellierung der Bundestarifordnung Elektrizität nutzen, um Optionen für eine flexible, an den tatsächlichen Grenzkosten orientierte Abrechnung des Stromverbrauchs zu eröffnen. Schon heute zeichnen sich Verfahren ab, die zu vertretbaren Kosten erlauben, das Verbrauchsprofil des einzelnen Abnehmers zu erfassen und ihn zugleich über die jeweils gültigen Arbeits- und Bereitstellungspreise zu informieren.

- Das Energiewirtschaftsgesetz, das die staatliche Aufsicht über die leitungsgebundene Energieversorgung regelt und im wesentlichen aus dem Jahre 1935 stammt, ist dringend reformbedürftig. Die im Energiewirtschaftsgesetz geregelte Fachaufsicht, die von den Bundesländern wahrgenommen wird, ist mit Kompetenzen verbunden, die den Behörden eine umfassende Strukturkontrolle ermöglichen. Die Befugnisse reichen von der Investitionskontrolle über die Vertragsaufsicht bis zur Gestaltung der Allgemeinen Versorgungsbedingungen. Mit Hilfe dieses Instrumentariums kann die öffentliche Hand die notwendigen wettbewerbspolitischen Auflockerungen jederzeit unterlaufen. Deshalb schlagen wir vor, die für eine Beschränkung des Wettbewerbs geeigneten Bestimmungen des Energiewirtschaftsgesetzes aufzuheben und die Fachaufsicht abzuschaffen, soweit sie nicht die Betriebssicherheit der Versorgungsunternehmen berührt.

Kartellrechtliche Ausnahmen aufheben

51. Bei der letzten Novellierung des Gesetzes gegen Wettbewerbsbeschränkungen konnte sich der Gesetzgeber noch nicht entschließen, den kartellrechtlichen Ausnahmebereich für die Versorgungswirtschaft grundlegend zu liberalisieren. Die Ausnahmeregelungen des GWB sind die rechtliche Grundlage für die Gebietsschutzverträge und stellen damit eine entscheidende Hürde auf dem Weg zu einem wirksamen Wettbewerb im Bereich der leitungsgebundenen Energieträger dar. Dies gilt besonders für die Elektrizitätswirtschaft. Der Wettbewerb in der Stromerzeugung ist in der Bundesrepublik auf ein Maß eingeengt, das sich zwar aus der geschichtlichen Entwicklung und aus einzelwirtschaftlichen Interessen erklären läßt, unter heutigen Bedingungen aber nicht mehr zu rechtfertigen ist. Die anstehende Kartellrechtsnovelle bietet die Chance, die Voraussetzungen für einen wirksamen Wettbewerb zwischen den Versorgungsunternehmen zu schaffen.

Das Vorhaben der Bundesregierung, sich auf relativ bescheidene Korrekturen der Vorschriften über die Zulässigkeit von Durchleitungsverweigerungen und über die Gültigkeit von Demarkationsverträgen zu beschränken, greift zu kurz. Ordnungskonforme Rahmenbedingungen für stärker wettbewerblich geprägte Marktprozesse sollten geschaffen werden, indem der Gesetzgeber

- die Freistellung des Gebietsschutzes, also die Ausnahmeregelung für die Demarkationsabsprachen zwischen Versorgungsunternehmen, aufhebt, allerdings ohne damit langfristige Versorgungsverträge unmöglich zu machen;

- Ausschließlichkeitsbindungen in Konzessionsverträgen unterbindet und das Wegerecht der Gemeinden auf die lokalen Verteilungsnetze zur Versorgung von Kleinabnehmern beschränkt;

- die Voraussetzungen für die Errichtung privater Versorgungsleitungen schafft, die parallel zu und/oder in Verbindung mit dem bestehenden Verbundnetz arbeiten;

- die Möglichkeiten der Durchleitung oder der selbständigen Weiterleitung von elektrischer Energie erheblich ausweitet;

- Marktzutrittsschranken für die sogenannten Eigenerzeuger (Industrie, Fernwärmewirtschaft) abbaut, um Stromerzeugern außerhalb der eigentlichen Versorgungswirtschaft im Sinne des § 2 Abs. 2 EnWG bessere Möglichkeiten zu geben, Strom an Versorgungsunternehmen oder an Dritte zu liefern, sowie

- die öffentlichen Wegeeigentümer, insbesondere die Gemeinden, einer angemessenen Duldungspflicht für die Verlegung von Leitungen zur Versorgung größerer Abnehmer (Sonderabnehmer) unterwirft.

Wettbewerb gewährleistet Versorgungssicherheit

52. Mit einer solchen Neuordnung käme ein Wettbewerb in Gang, bei dem größere Abnehmer und lokale Verteiler-EVU die Wahl zwischen den konkurrierenden Angeboten überregionaler Anbieter treffen können und die Lieferung über private Leitungen oder über das jedem Teilnehmer zugängliche Verbundnetz erfolgt.

Die Auffassung, ein solcher Wettbewerb kollidiere grundsätzlich mit dem Erfordernis, eine hohe Lieferzuverlässigkeit zu gewährleisten, teilen wir nicht. Der Schlüssel für ein hinreichendes Eigeninteresse der Versorgungsunternehmen an einer sicheren Versorgung liegt in der Ausgestaltung der Versorgungsverträge zwischen Verteiler-EVU und Endabnehmer. Dabei kommt es entscheidend darauf an, die versorgenden Unternehmen für die Erfüllung der vereinbarten Lieferverträge haftbar zu machen und einer Schadenersatzpflicht zu unterwerfen. Unter diesen Bedingungen wird jedes Unternehmen bestrebt sein, seinen Lieferverpflichtungen entsprechende Verträge mit Netzbetreibern und mit Kraftwerken der einzelnen Lastbereiche abzuschließen – Verträge, wie sie in weiten Teilen der Elektrizitätswirtschaft bereits heute gang und gäbe sind. Wer für das (im übrigen grundsätzlich versicherbare) Risiko eines Ausfalls der vereinbarten Stromlieferungen letztlich haftet, hängt von den Einzelheiten dieser Verträge ab. Aber dies ist zweitrangig. Entscheidend ist, daß die haftenden Unternehmen unter dem ökonomischen Druck stehen, sich – sei es durch eigene Kraftwerke, sei es durch Lieferverträge – den Zugriff auf ausreichende Reservekapazität zu sichern. Dies wird im Zweifel dazu führen, daß eines oder wenige Unternehmen die für konstante Netzspannung und Netzfrequenz wichtige Funktion übernehmen, den Momentansaldo zwischen Einspeisungen und Entnahmen für das gesamte Netz auszugleichen und die jeweils notwendige Reservekapazität zu mobilisieren. Eine solche Organisation ist wahrscheinlich; denn sie minimiert wohl die mit dem Netzmanagement verbundenen Kosten und trägt überdies zu einem Risikoausgleich zwischen den an der Versorgung beteiligten Unternehmen bei. Zugleich bestünde dabei der Anreiz, die insgesamt vorhandene Reservekapazität in gesamtwirtschaftlich sinnvollen Grenzen zu halten (im Unterschied zum heutigen System, das durch die Vorhaltung erheblicher Überkapazitäten knappe Produktionsmittel fehllenkt). Das Zusammenwirken von Wettbewerb und Haftungsregeln würde – nach einer Übergangszeit, in der sich die beteiligten Unternehmen an die neuen Marktstrukturen anpassen – einen weitgehenden Verzicht auf staatliche Aufsicht erlauben.

Die technischen und vertraglichen Lieferbeziehungen in der Elektrizitätswirtschaft blieben bei einer solchen Reform in wesentlichen Teilen so, wie sie heute sind. Auch weiterhin dürften mittel- bis langfristige Vereinbarungen die Regel bleiben. Im Unterschied zu bisher gäbe es jedoch Kostentransparenz – es würde offensichtlich, welche Kosten in den einzelnen Versorgungsbereichen entstehen, und es würde deutlich, welche Anbieter zu nicht wettbewerbsfähigen Konditionen arbeiten. Das eine wäre das logische Pendant zu Stromtarifen, die die Grenzkosten des Verbrauchs in Rechnung stellen. Das andere wäre ein wirksamer Anreiz zu kostengünstigem Verhalten, eben weil Verträge kündbar sind und weil es möglich ist, Vertragspartner zu wechseln.

Wettbewerb um die Versorgung herstellen

53. Auf der Letztverteilerstufe, also bei der Versorgung der Kleinverbraucher (Tarifabnehmer), dürfte ein Wettbewerb 'in der Versorgung' an Größenvorteilen scheitern. Es ist zu erwarten, daß sich auf lokaler Ebene nur ein einziges Versorgungsnetz rentabel betreiben läßt. In diesem Fall werden staatliche Kontroll- und Regelungskompetenzen weiterhin notwendig sein, um einen Mißbrauch von Marktmacht zu unterbinden. Allerdings sollte die Regulierung auch in diesem Bereich auf das notwendige Minimum beschränkt bleiben. Das Eigeninteresse der Versorgungsunternehmen an einer effizienten Elektrizitätsversorgung zu wecken ist auch hier die sinnvollste Möglichkeit, staatliche Kontrolle überflüssig zu machen. Deshalb sollten die rechtlichen Voraussetzungen für einen wirksamen Wettbewerb 'um die Versorgung' hergestellt werden. Bei dieser Form des Wettbewerbs steht das Recht zur Disposition, das lokale Versorgungsunternehmen zu betreiben. Eine entsprechende, zeitlich befristete Lizenz wäre im Wege eines Ausschreibungsverfahrens zu vergeben. Wenn der eingesessene Betreiber dabei einem anderen Bewerber unterliegt, müßte er das Netz und die mit der Versorgungstätigkeit unmittelbar verbundenen Betriebseinrichtungen gegen Entschädigung an den Gewinner des Konkurrenzaufrufs übertragen.

Wettbewerb um die Versorgung braucht geeignete rechtliche und verwaltungstechnische Rahmenbedingungen. Der Staat kann dabei aus seiner Kontrollfunktion nicht vollständig entlassen werden. So muß eine mißbräuchliche Ausnutzung der (unvermeidlichen) Monopolstellung des lokalen Elektrizitätsversorgers wirksam ausgeschlossen werden. Auch eine Reihe von Verfahrensfragen ist zu klären. Sie betreffen zum einen die Vergaberichtlinien und die Transparenz des Vergabeverfahrens, zum anderen die Bewertung des Betriebsvermögens, das zur Disposition steht und möglicherweise von einem neuen Unternehmen übernommen wird. Im Interesse der Versorgungssicherheit sollten Bewertungsrichtlinien so festgelegt werden, daß die jeweiligen Betreiber an einer vernünftigen Investitionsstrategie interessiert sind. So sollte weder der Anreiz bestehen, gegen Ende der Vertragslaufzeit auf notwendige Investitionen zu verzichten, noch sollte sich ein zu rascher Aufbau des Kapitalstocks lohnen. Zu berücksichtigen ist schließlich die Gefahr, daß potentielle Versorger in der Ausschreibung vermeintlich günstige Konditionen anbieten, um nach dem Zuschlag die Preise zu erhöhen. Dem wäre durch eine Vereinbarung zu begegnen, wonach bei Preissteigerungen, die über eine bestimmte Grenze hinausgehen, Neuausschreibungen vorzunehmen sind.

Gebietsdemarkation aufheben

54. Offen ist freilich, wie stark sich der Wettbewerb allein schon durch die Aufhebung der Gebietsdemarkationen intensiviert. Beim Start in den Wettbewerb wird dies davon abhängen, in welchem Ausmaß unter der alten Marktstruktur Rationalisierungsmöglichkeiten zurückgestaut waren, die dann genutzt werden und für Konkurrenz sorgen. Wettbewerb würde jedenfalls dazu führen, daß sich die Absatzzonen mehr oder weniger rasch an die jeweiligen Produktionsverhältnisse anpassen. Die jetzige Zementierung der Marktstruktur erschwert dies außerordentlich.

Ein immer wieder vorgebrachter Einwand gegen ein solches Mehr an Wettbewerb lautet, daraus zögen vor allem Großabnehmer Vorteile; zugleich bestehe die Gefahr, daß andere Abnehmer unbillig behindert würden. Dem liegt die Vorstellung zugrunde, die Versorgungsunternehmen könnten eine Preispolitik verfolgen, die auf eine Subventionierung der Großabnehmer zu Lasten der kleinen hinausläuft. Dieses Argument ist nicht stichhaltig. Denn genau wie die Großabnehmer haben auch die Betreiber der lokalen Niederspannungsnetze die Option, sich von dem jeweils preiswertesten Anbieter versorgen zu lassen. In dem Maße, in dem diese Möglichkeit genutzt wird, schützt der hier vorgeschlagene Wettbewerb gerade auch die kleineren Abnehmer vor überhöhten Preisen. Und Kostenvorteile, die ein Großabnehmer aus dem Wechsel zu einem anderen Versorger erzielt, sind bei funktionierendem Wettbewerb stets vorübergehender Natur. Das 'Herausbrechen' eines Großabnehmers ist nur bei einem Leistungsgefälle zwischen den beteiligten Stromanbietern möglich, welches das schrumpfende Unternehmen zu Effizienzsteigerungen zwingt, will es den Abschmelzungsprozeß stoppen. Gelingt das nicht, dringt der leistungsfähigere Anbieter weiter vor. In beiden Fällen wird ein Preisanpassungsprozeß resultieren, der die Tarifbedingungen für alle Abnehmer verbessert. Dieser Preismechanismus schließt die Subventionierung der einen Verbrauchergruppe durch die andere, die gerade bei den heutigen Preisstrukturen möglich (und üblich) ist, wirksam aus.

Durchleitungsrecht schaffen

55. Das wohl wichtigste Glied einer Neuregelung stellt die Einführung eines Durchleitungsrechts auf der Hoch- und Mittelspannungsebene dar. Dies würde die Konkurrenzprozesse erheblich beschleunigen und intensivieren. Damit würde zugleich verhindert, daß Marktnischen entstehen, die bei einem bloßen Wegfall der Demarkationen immer wieder, wenn auch nur vorübergehend, im Windschatten der Wettbewerbsprozesse zustande kommen könnten. Der gegen die Durchleitung erhobene Einwand, die netzführenden Versorgungsunternehmen erbrächten bei Stromübertragung mehr Leistungen als nur den reinen Transport elektrischer Energie, überzeugt nicht. Selbstverständlich müssen die erbrachten Leistungen entgolten werden. Für Stromübertragungen und die hierfür erforderlichen Leistungsdifferenzierungen wird sich ein Markt herausbilden, insbesondere dort, wo sich private Netzunternehmen auf diese Leistungen spezialisieren. Gleichwohl bleibt die Wettbewerbspolitik gefordert. Möglicherweise aufkommende Behinderungsstrategien derjenigen Netzbetreiber sind zu unterbinden, die als Stromproduzenten in Konkurrenz zu anderen Versorgungsunternehmen stehen, und allgemein wird es eine Mißbrauchsaufsicht für Anbieter geben müssen, die eine monopolistische Stellung behalten.

Im Zusammenhang mit der Vollendung des europäischen Binnenmarktes bedeuten Durchleitungsrechte, daß ausländische Stromerzeuger auf den deutschen Markt drängen werden, die erhebliche Preisvorteile bieten können. Elektrische Energie ist nirgendwo in Europa so teuer wie in der Bundesrepublik. Strom kostet in Frankreich derzeit pro Kilowattstunde durchschnittlich fünf Pfennig weniger als in Deutschland. Daß die deutschen Kraftwerke beim Start in den europäischen Wettbewerb schlechte Karten haben, ist freilich am wenigsten ihre eigene Schuld. Zum einen haben andere Staaten ihre Elektrizitätswirtschaft kräftig subventioniert und tun dies zum Teil noch immer. Die künftige Ausgestaltung des europäischen Elektrizitätsmarktes muß sicherstellen, daß die Wettbewerbsverhältnisse nicht durch Subventionen verfälscht werden. Zum anderen trägt die deutsche Elektrizitätswirtschaft schwer an der Last der Kohlevorrangpolitik und an den durch diese Politik induzierten Maßnahmen zum Umweltschutz. Solange 'Vorrang für die Kohle' die Maxime der deutschen Energiepolitik bleibt, solange wird die deutsche Elektrizitätswirtschaft nicht wettbewerbsfähig arbeiten können. Der europäische Einigungsprozeß wird die Schwächen der deutschen Energiepolitik unerbittlich offenlegen. Der Druck, alle Bereiche der Energiewirtschaft im Rahmen eines marktwirtschaftlichen Gesamtkonzepts zu reformieren, wächst.

Reform der Unternehmensbesteuerung

Juni 1989

Wolfram Engels, Walter Hamm
Otmar Issing, Wernhard Möschel
Olaf Sievert, Hans Willgerodt
(KRONBERGER KREIS)

I. Einleitung: Rang und Ziele der Unternehmensteuerreform

Steuerpolitik steht im internationalen Wettbewerb. Im Standortwettbewerb um Unternehmen und Investitionen sind die steuerlichen Bedingungen ein wichtiger Faktor. Obwohl ein detaillierter internationaler Steuerlastvergleich schwierig ist, gibt es doch deutliche Hinweise, daß von wichtigen Ausschnitten des Steuersystems her für die Unternehmen in der Bundesrepublik Deutschland ungünstigere Rahmenbedingungen bestehen als in zahlreichen anderen Ländern. Das auffälligste Beispiel hierfür ist die ungewöhnlich hohe Belastung von Investitionen – und das heißt von Arbeitsplätzen –, die mit Eigenkapital finanziert werden.

Bei der Unternehmensteuerreform geht es freilich nicht nur um den Abbau von Belastungsunterschieden zwischen inländischen und ausländischen Unternehmen. Die Aufgabe, gravierende innere Verzerrungen zu beseitigen, kommt hinzu. So wird in den Unternehmen die Finanzierung mit Eigenkapital höher belastet als die Finanzierung mit Fremdkapital. Da für riskante Investitionen ein höherer Anteil an Eigenkapital erforderlich ist als für sichere, bedeutet dies eine stärkere Belastung riskanter Investitionen. Die Steuerlast ist überdies verschieden, je nachdem in welche Rechtsform die Wirtschaftsaktivität gekleidet ist. Die Rechtsform, die sich zur Sammlung vieler kleiner Kapitalien am besten eignet – die Aktiengesellschaft –, wird steuerlich besonders ungünstig behandelt. Außerdem: Die progressive Besteuerung in Verbindung mit anderen Gegebenheiten macht die Anlage in Eigenkapital gewerblicher Unternehmen für Bezieher hoher Einkommen wesentlich interessanter als für Bezieher kleinerer Einkommen (siehe Seite 173). Das verstärkt die Verzerrung der Kapitalstruktur zugunsten einer hohen Fremdfinanzierung und hält die ärmeren Schichten von der Teilhabe am Unternehmensvermögen fern. Die Anlagenspezialisierung, zu der die Steuerprogression anreizt, ist zugleich der wichtigste Weg, auf dem diese – völlig legal, aber mit unguten Nebenwirkungen – unterlaufen wird. Schließlich: In vielen Fällen wird die Steuerlast um so höher, je häufiger ein Vermögensgegenstand veräußert wird. Auf diese Weise werden Vermögensgegenstände eingefroren, wandern Unternehmen nicht zum besten Wirt, und das Gründungsgeschäft leidet.

Die steuerlichen Interessenlagen schaffen sich ihre eigenen wirtschaftlichen Realitäten. Der Netto-Kapitalexport hat ein Drittel der inländischen Kapitalbildung erreicht. Jahrelang waren zugleich die Investitionen im Inland nicht groß genug, die gesamtwirtschaftliche Arbeitsplatzlücke zu verkleinern. Die Eigenkapitalquoten deutscher Unternehmen liegen weit unter dem, was früher einmal – und im Ausland heute noch – als normal galt. Dies hat einen deutlichen Rückgang in der Fähigkeit, Risiken zu tragen, zur Folge.

Bei aller Freude über den langen Aufschwung seit 1982 darf nicht übersehen werden, daß die wirtschaftliche Dynamik in der Bundesrepublik in den vergangenen Jahren geringer war als in den meisten anderen Industrieländern. Während in früheren Aufschwungphasen die Investitionen alsbald steil anstiegen, ist dieser Anstieg im jetzigen Aufschwung allzu lange enttäuschend schwach geblieben. So droht angesichts der Kapazitätsgrenzen die Gefahr einer konjunkturellen Überhitzung, lange bevor ein befriedigender Abbau der Arbeitslosigkeit erreicht ist.

Für diese Enttäuschungen gibt es ein Bündel von Gründen. Welchen Anteil die Besteuerung der Unternehmen daran hat, mag umstritten sein. Nicht umstritten ist, daß sie eine der wichtigsten Stellen bietet, an der die Wirtschaftspolitik zur dauerhaften Verbesserung der Investitionstätigkeit ansetzen kann.

Am Anfang des starken Aufschwungs in den Vereinigten Staaten stand der Economic Recovery Tax Act mit einer massiven steuerlichen Entlastung der Unternehmen. Auch den englischen Aufschwung beförderte eine Reform der Unternehmensbesteuerung. In der Bundesrepublik wurde ein anderer Weg eingeschlagen. Lediglich die persönlichen Steuern wurden gesenkt. Häufig wird argumentiert, daß die Senkung der Einkommensteuer bereits eine Unternehmensteuerreform sei, da die meisten Unternehmen nicht in der Form der Kapitalgesellschaft geführt werden. Diese Argumentation ist nur teilweise richtig. Zwar führt eine

Einkommensteuer mit einer breiteren Bemessungsgrundlage und niedrigeren Steuersätzen zu einer verbesserten Situation auch der Unternehmen sowie zu einer gleichmäßigen Besteuerung und damit zu geringerer Kapitalfehllenkung. Aber das Problem der Diskriminierung von Investitionen wird so nicht gelöst (siehe Seite 165 ff.).

Die Bedeutung einer Reform der Unternehmensbesteuerung geht zudem über das rein Wirtschaftliche hinaus. Diese Generation ist die erste in Deutschland, die in großer Breite Vermögen gebildet hat und weiter bildet. Unser Steuerrecht verleidet einem großen Teil des neu gebildeten Kapitals den Weg in die gewinnbringende und haftende Anlage. Wenn aber ein wesentlicher Teil der Ersparnisse in den Haushalten von Arbeitnehmern gebildet wird, dann ist es auf Dauer unumgänglich, daß sich auch die Arbeitnehmer an den Unternehmen beteiligen.

Dazu paßt nicht, daß die Unternehmensbesteuerung von einer Art Klassenkampfdenken geprägt ist. Das "gute" Kapital – das Eigenheim, das Sparbuch, die Lebensversicherung – wird steuerlich geschont, das "böse" Kapital – das Eigentum am Beteiligungsvermögen, das angeblich der Ausbeutung dient – wird hoch besteuert. Die schutzbedürftigen Arbeitnehmer müssen geschont, die ausbeuterischen Kapitalisten dürfen geschröpft werden. Die Folge: Zu viele meiden die direkte Beteiligung an produktiven Investitionen. Den Kapitalbesitzern wird allenfalls vorübergehend Schaden zugefügt. Da das Kapital mobil ist, kann es sich übermäßiger Besteuerung entziehen. Die Arbeitnehmer dagegen sind weniger mobil. Sie tragen daher den Schaden. Ihnen fehlen jetzt die Investitionen, die in den Jahren der Investitionsschwäche ausgefallen sind – Investitionen, die Arbeitsplätze erst produktiv machen und damit hohe Löhne ermöglichen, ja die überhaupt erst Arbeitsplätze schaffen.

Manche dieser Zusammenhänge sind im Ausland eher erkannt und bedacht worden als bei uns. In etlichen Industrieländern hat es tiefgreifende Reformen gegeben. Je leichter es für die Unternehmen wird, ihren Produktionsstandort dorthin zu verlegen, wo die Kosten günstiger sind, je einfacher es ist, den Rechtssitz des Unternehmens frei zu wählen, einen Gewinn hier oder auch in einem anderen Land entstehen zu lassen, desto weniger ist es möglich, sich dem internationalen Wettbewerb der Steuerpolitik zu entziehen.

Diese Probleme werden sich in Zukunft verschärfen. Mit zunehmender Integration der Weltkapitalmärkte und mit der Schaffung eines einheitlichen europäischen Binnenmarktes wird die Mobilität der Unternehmen immer größer werden. Die Bundesrepublik ist zwar immer noch ein guter Investitionsstandort; die Standortqualität hat sich jedoch verschlechtert. Die Bundesrepublik hat in den vergangenen Jahren nicht nur in zunehmendem Maße Kapital netto exportiert. Auch die Bilanz der Direktinvestitionen hat sich deutlich verändert. Steigenden deutschen Direktinvestitionen im Ausland stehen sinkende ausländische Direktinvestitionen in Deutschland gegenüber. Die abnehmende Konkurrenzfähigkeit des Investitionsstandortes Bundesrepublik im internationalen Standortwettbewerb beruht weniger darauf, daß sich die Situation bei uns verschlechtert hätte, als vielmehr darauf, daß sie sich in großen Teilen des Auslands verbessert hat.

Die europäische Integration wird aber nicht nur zu einem wachsenden Wettbewerb um die Produktionsstandorte führen, sondern ebenso zu einem Wettbewerb um die Standorte der Unternehmenszentralen. Für diese Entscheidung sind Löhne, Energiekosten oder Transportkosten nur von ganz untergeordneter Bedeutung. Hier können in vielen Fällen die Steuern zum wichtigsten Faktor werden. Und zum alleinigen Faktor mögen sie aufrücken bei der "Wanderung der Steuerbemessungsgrundlagen" überall dort, wo deren Entstehungsort sich zugunsten eines Landes mit vorteilhaften steuerlichen Rahmenbedingungen manipulieren läßt. Auch diese – besonders für den Fiskus bedrohliche – Form der Mobilität wird im gemeinsamen Binnenmarkt an Bedeutung zunehmen (weil sie immer weniger kontrollierbar wird).

Bei allem ist zu bedenken: Eine Reform der Unternehmensbesteuerung ist in erster Linie eine Reform der Besteuerung von Arbeitsplätzen. Hohe Löhne können nur dort gezahlt werden, wo die Arbeit produktiv ist, und produktiv wird sie nur dadurch, daß man den einzelnen Arbeitsplatz mit viel Kapital, mit genügend leistungsfähigen Maschinen ausstattet. Ihrer geringen Mobilität wegen haben die Arbeitnehmer an einer Unternehmensteuerreform ein noch größeres Interesse als die Kapitaleigner, wenn sie sich dessen vielleicht auch weniger bewußt sind.

II. Steuern und Wirtschaft in der Bundesrepublik

1. Das Steuersystem

Ideal wäre ein Steuersystem, in dem wirtschaftliche Entscheidungen unter Berücksichtigung von Steuern ebenso ausfallen wie ohne Steuern. Von einem solchen neutralen Steuersystem sind wir weit entfernt. Bei zahlreichen wirtschaftlichen Entscheidungen ist die Steuer gerade der wichtigste Kalkulationsfaktor.

Bereits die Einkommensteuer benachteiligt den zukünftigen Konsum gegenüber dem gegenwärtigen, indem sie die Kapitalbildung belastet. Eine neutrale Steuer würde zwar das Konsumniveau absenken, sie würde aber das Austauschverhältnis von Gegenwartskonsum und Zukunftskonsum unverändert lassen. Wer 1.000,- DM verdient, kann bei 10% Zins entscheiden, ob er den Betrag heute verbraucht oder ob er ihn anlegt und in einem Jahr dann 1.100,- DM konsumieren kann. Das Austauschverhältnis von gegenwärtigem Konsum und zukünftigem Konsum ist 1 zu 1,1. Wird eine Einkommensteuer von 50% eingeführt, die auch auf die Zinsen erhoben wird, dann bleiben nach Steuern 500,- DM übrig, die im Falle der Anlage in einem Jahr nach Steuern auf 525,- DM anwachsen. Das Austauschverhältnis hat sich von 1 zu 1,1 auf 1 zu 1,05 vermindert. Über 20 Jahre wächst ohne Steuern bei 10% Zins der ursprüngliche Betrag von 1.000,- DM auf 6.727,- DM an. Bei 50% Steuern dagegen ergibt die Anlage von 500,- DM einen Endbetrag von 1.327,- DM. Das Austauschverhältnis von gegenwärtigem zu zukünftigem Konsum hat sich von 1 zu 6,7 auf 1 zu 2,7 vermindert. Die Nichtneutralität bereits der einfachen Einkommensteuer wird durch Vermögensteuer und Erbschaftsteuer noch verstärkt. Das bewirkt, daß die Ersparnis kleiner und der Konsum entsprechend größer ist als bei neutraler Besteuerung.

Hinzu kommt, daß die Alterssicherung des größten Teils der Bevölkerung auf dem Umlageverfahren beruht. Das gilt nicht nur für die Renten aus der gesetzlichen Rentenversicherung, sondern auch für das Beamtenruhegehalt, die Altersversorgung der Landwirte, der Künstler und teilweise auch für die berufsständischen Versorgungswerke. Arbeitnehmer, die eine gleiche Altersversorgung haben wollen wie Selbständige, sparen viel weniger als diese. Erwarten sie steigende Einkommen und Renten, so können sie dies letztlich nur im Vertrauen auf das Sparen anderer und entsprechender Investitionen.

Überdies werden verschiedene Formen der Vermögensanlage wie z.B. Beteiligungen, Wohnungen oder land- und forstwirtschaftliches Vermögen ganz unterschiedlich hoch besteuert, teilweise sogar subventioniert. Geldvermögen wird wiederum in sich ungleich behandelt. Bei der Anlage in Form von Lebensversicherungen ist schon die Ersparnis insoweit steuerfrei, als sie im Rahmen der Sonderausgaben bei der Einkommensteuer abgesetzt werden kann. Die Erträge aus dieser Ersparnis sind dann ebenfalls steuerfrei. Die Erträge aus anderem Geldvermögen unterliegen de jure der normalen Besteuerung. De facto unternimmt der Fiskus wenig, um die Steuern auch voll zu erheben. Innerhalb des gewerblichen Vermögens gibt es große Teile, deren Erträge nicht oder nicht voll besteuert werden, so die vieler Gemeindebetriebe, der gemeinnützigen Unternehmen, Sparkassen, Krankenhäuser, Bundesbahn und Bundespost. Ein anderer Teil wird besteuert, gleichzeitig aber auch subventioniert, wie der Kohlebergbau, die Werften und lange Zeit die Stahlindustrie. Auf dem Rest des gewerblichen Vermögens lastet eine schwere Steuerbürde. Sie besteht aus Einkommensteuer, Vermögensteuer, Erbschaftsteuer und Gewerbesteuer. Bei einer Kapitalgesellschaft tritt im Falle einbehaltener Gewinne an die Stelle der Einkommensteuer die Körperschaftsteuer mit einem hohen Steuersatz. Die Vermögensteuer wird doppelt erhoben.

Für den Anleger, der die Wahl hat, ob er festverzinsliche Papiere oder Immobilien kauft, sein Vermögen im Ausland anlegt oder sich an einem inländischen Unternehmen beteiligt, zählt die Rendite nach Steuern. Soll also der Einfluß der Steuern auf die Spar- und Anlageentscheidungen untersucht werden, so reicht es nicht aus, die eigentlichen Unternehmensteuern heranzuziehen; man muß vielmehr vergleichen, welche Gesamtsteuerlast Unternehmen und Anteilseigner zusammen im Falle einer bestimmten Anlageform zu tragen haben.

Dabei ist weiter zu bedenken, daß der Anleger riskante Vermögensanlagen wie Unternehmensbeteiligungen nur dann wählt, wenn sie ihm gegenüber sicheren Anlagen eine Risikoprämie bieten. Die notwendige Rendite vor Steuern kann mit Hilfe der Marktbewertung von Unternehmen am Aktienmarkt geschätzt werden. Deutsche Industrieaktiengesellschaften werden derzeit mit einem Kursgewinnverhältnis von rund

12,5 am Markt bewertet. (Das aktuelle Kursgewinnverhältnis liegt nicht weit vom mehrjährigen Durchschnitt.) Das bedeutet, daß die Gewinnrendite nach Unternehmensteuern bei rund 8% des eingesetzten Kapitals liegen muß. Rechnet man die Unternehmensteuern hinzu (angenommen sei ein Ausschüttungsatz von etwa 50% und ein Gewerbesteuerhebesatz von 440%), so ergibt sich eine notwendige Rendite (sog. Eigenkapitalkosten) von rund 20% vor Steuern. (Dabei ist unterstellt, daß sich Fehler der Analysten bei der Ermittlung der Gewinne je Aktie – genauer: Unterschätzung der neu aufgebauten stillen Reserven – und der Einfluß neu entstehender Reserven auf den Effektivsteuersatz der Unternehmen gerade kompensieren.) Das muß ein Unternehmen erwirtschaften, soll es neue Eigenkapitalgeber finden oder will es das Vermögen der alten erhalten. Investitionen, die eine so hohe Rendite vor Steuern auf das Eigenkapital erwarten lassen, sind seltener geworden. Jedenfalls sind die Nettoinvestitionen der Unternehmen (ohne Wohnungsbau) gemessen am Nettosozialprodukt zu Marktpreisen trotz der Aufwärtsbewegung der letzten Jahre noch immer viel geringer als etwa in den 60er Jahren (siehe Abbildung 1). Ein stark gestiegener Anteil des im Inland gebildeten Kapitals wird in das Ausland exportiert (siehe Abbildung 2, S. 168).

Abb. 1 **Nettoinvestitionen der Unternehmen (ohne Wohnungsbau)** (in % des Nettosozialprodukts zu Marktpreisen)

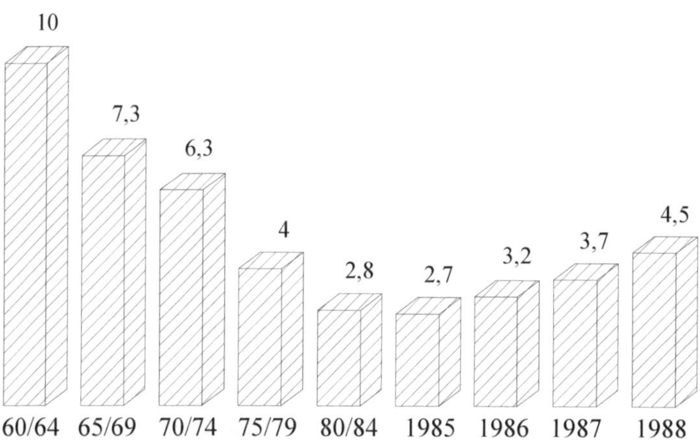

Quelle: Deutsche Bundesbank

Abb. 2 **Kapitalexport in % der gesamtwirtschaftlichen Vermögensbildung*)**

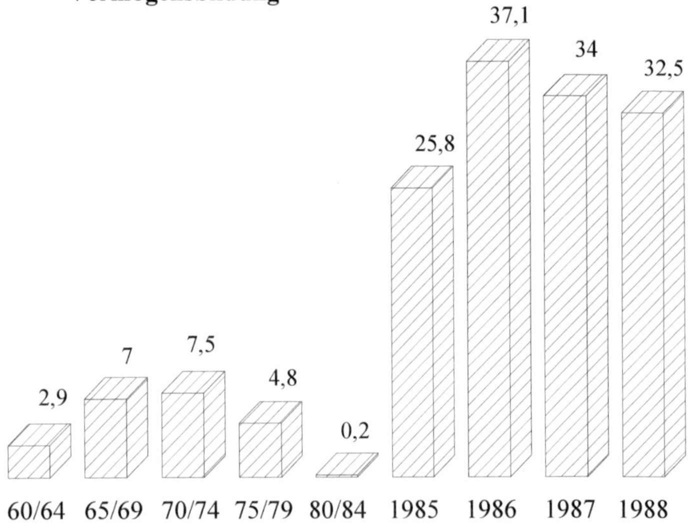

*) Nettokreditgewährung an das Ausland
Quelle: Deutsche Bundesbank

Innerhalb der Unternehmen wird die Finanzierung von Investitionen mit Eigenkapital gegenüber der Finanzierung mit Fremdkapital steuerlich diskriminiert. Auf den Eigenkapitalerträgen lasten Körperschaftsteuer bzw. Einkommensteuer, Vermögensteuer, Gewerbekapital- und Gewerbeertragsteuer. Die Erträge des Fremdkapitals unterliegen nur teilweise der Gewerbeertragsteuer. Und bei der Gewerbekapitalsteuer sind vom Fremdkapital nur die sogenannten Dauerschulden und diese nur zur Hälfte steuerpflichtig. Die kleine Gewerbesteuerreform von 1983 hat die Diskriminierung des Eigenkapitals gegenüber dem Fremdkapital noch verstärkt. Bis dahin zählten Zinsen auf Dauerschulden voll zum Gewerbeertrag und die Dauerschulden voll zum Gewerbekapital. Für die Lenkung der Kapitalströme kommt es zudem nicht nur auf die Unternehmensteuern an, sondern auf alle Steuern, die auf der Anlage lasten. Im Falle des Direktkredits an ein Unternehmen in Form einer Industrieanleihe gehören auch die Einkommensteuer und Vermögensteuer beim Anleger mit ins Bild. Dessen Zinseinkünfte erfaßt der Fiskus nur unvollständig und erfährt auch oft die Vermögensbestände nicht. Die effektive Steuerlast, die auf der Fremdkapitalfinanzierung ruht, ist daher insgesamt weit geringer als die eigentliche Steuerpflicht. Auch wenn sich dies nur sehr unvollkommen in geringeren Fremdkapitalkosten der Investoren niederschlägt: Die Diskriminierung des Eigenkapitals trug sicherlich wesentlich dazu bei, daß die aus den Bilanzen ermittelten Eigenkapitalquoten der Unternehmen heute deutlich unterhalb dessen liegen, was in den 60er Jahren üblich war (siehe Abbildung 3). Zwar sind die tatsächlichen Eigenkapitalanteile wegen der stillen Reserven und der Eigenkapital ersetzenden Manipulationen (Gesellschafterdarlehen u.ä.) höher. Die stillen Reserven spielten aber auch schon früher eine große Rolle.

Abb. 3 **Eigenkapitalquote*) der Unternehmen 1965-1986**
(in %)

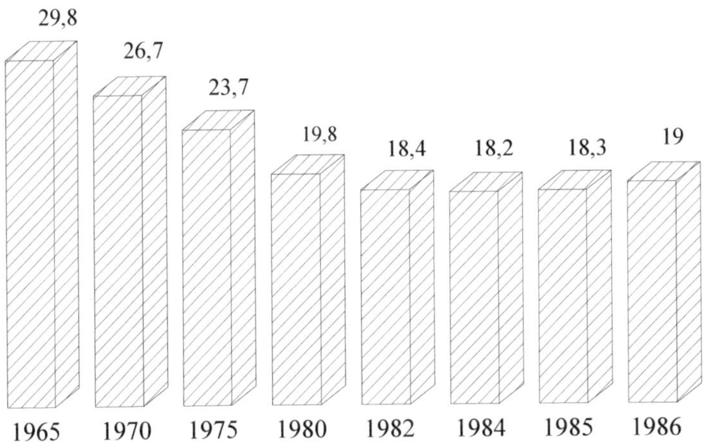

*) Eigenkapital - Berichtigungen zum Eigenkapital / Bilanzsumme - Wertberichtigungen - Berichtigungen zum Eigenkapital

Quelle: Deutsche Bundesbank

Ein zweiter steuerlicher Einfluß auf die Kapitalstruktur weist in die gleiche Richtung wie die Diskriminierung des Eigenkapitals und ist möglicherweise von ähnlich großem Gewicht. Mit der Position des Eigenkapitalgebers – und nur mit ihr – verbindet sich die Möglichkeit, stille Reserven steuerfrei aufzubauen und zu halten (vor allem durch beschleunigte Abschreibung und durch preissteigerungsbedingte Wertzuwächse am vorhandenen Vermögen). Diese Möglichkeit ist allerdings für den Hochbesteuerten wesentlich wertvoller als für den Niedrigbesteuerten. Typisch ist von daher: Der Hochbesteuerte wählt die Eigenkapitalposition und bietet dem Niedrigbesteuerten einen hinreichend attraktiven Zins, der ihm die Fremdkapitalposition lohnend erscheinen läßt. So sorgt der Hochbesteuerte zu Lasten des Fiskus dafür, daß die Bildung stiller Reserven ein Maximum an Steuerentlastung mit sich bringt.

Die steuerliche Diskriminierung des Eigenkapitals hat weitreichende Folgen für die Art des Investierens. Eine Investition im Unternehmen ist dann vorteilhaft, wenn die erwarteten Erträge der Investitionen höher sind als die gesamten Kapitalkosten. Die Kapitalkosten setzen sich aus den Eigenkapitalkosten und den Fremdkapitalkosten zusammen. Wenn eine Investition zur Hälfte mit Fremdkapital zu 8% Zins (inklusive Gewerbesteuer) und zur anderen Hälfte mit Eigenkapital zu 20% Eigenkapitalkosten finanziert wird, dann liegen die durchschnittlichen Kapitalkosten der Investition bei 14%. Sie lohnt sich demnach, wenn sie mehr als 14% Rendite vor Steuern abwirft. Dieser Durchschnitt ist von Investition zu Investition verschieden, je nachdem wie riskant die Investitionen sind. Vereinfacht kann man sagen, daß riskante Investitionen mit einem hohen Eigenkapitalanteil finanziert werden müssen, während sichere Investitionen großenteils mit Fremdkapital finanziert werden können. Es mag vorkommen, daß eine riskante Investition, beispielsweise in Forschung oder in Exploration, voll mit Eigenkapital finanziert werden muß und sich deshalb erst dann lohnt, wenn die Renditeaussicht höher als 20% ist. Die starke Diskriminierung des Eigenkapitals bedeutet also gleichzeitig eine Diskriminierung riskanter Investitionen wie Forschung, Entwicklung und Exploration gegenüber sicheren.

Hinzu tritt die Wirkung der Vermögensteuer und der Gewerbekapitalsteuer. Während Einkommen- und Körperschaftsteuer immerhin mit einer (begrenzten) Risikobeteiligung des Fiskus verbunden sind (die wegen der Steuerprogression und anderer Asymmetrien allerdings weit hinter dessen Beteiligung an der Risikoprämie zurückbleibt), sind die beiden genannten Steuern unabhängig davon zu zahlen, ob nun ein Gewinn erzielt wird oder nicht. Diese Steuern belasten also den Ertrag von Investitionen, ohne dessen Streuung zu verringern. Die Risikofeindlichkeit unseres Steuersystems wird so weiter vergrößert.

Unser Steuerrecht ist darüber hinaus in erheblichem Maße nicht neutral gegenüber den Rechtsformen. Die Kapitalgesellschaften werden ganz allgemein gegenüber Personengesellschaften dadurch benachteiligt, daß die Vermögensteuer hinsichtlich des Eigenkapitals doppelt, sowohl bei der Gesellschaft als auch beim Anteilseigner, erhoben wird. Damit endet die Diskriminierung noch nicht. Bei nicht börsennotierten Unternehmen wird der Vermögenswert nach dem sogenannten Stuttgarter Verfahren ermittelt, bei börsennotierten wird der normalerweise höhere Kurswert zugrunde gelegt. Außerdem kann die Aktiengesellschaft die steuerlichen Gestaltungsmöglichkeiten kleinerer Unternehmen nicht nutzen. Kleinere Unternehmen minimieren ihr Eigenkapital dadurch, daß die Gesellschafter dem Betrieb Eigenkapital entziehen und es anderweitig anlegen. Sie geben dann dem Unternehmen eine Bürgschaft aus ihrem Privatvermögen. Dieser Weg ist einem Unternehmen mit vielen Anteilseignern verwehrt. Es muß sich in größerem Umfang mit steuerlich teurem Eigenkapital finanzieren als Unternehmen mit wenigen Anteilseignern.

Der eigentliche wirtschaftliche Zweck der Aktiengesellschaft liegt darin, viele kleine Kapitalien zu einem großen Ganzen zu sammeln. Die Aktie gibt dem Kleinanleger ein hohes Maß an Liquidität, auf das er sehr viel mehr als der Großanleger angewiesen ist. Die Beteiligung des Kleinanlegers mit niedrigem Steuersatz wird aber nicht erreicht, unter anderem weil der einbehaltene Gewinn sehr hoch besteuert wird. Beteiligt er sich an einer Kommanditgesellschaft, dann kommt er auch für den einbehaltenen Teil des Gewinns in den Genuß seines eigenen niedrigen Steuersatzes. Beteiligt er sich dagegen an einer Aktiengesellschaft, so wird er für diesen einbehaltenen Teil so besteuert, als wäre er ein reicher und hochverdienender Anleger: Er trägt die Vermögensteuer auch dann, wenn er nur ein kleines Vermögen hat, und er muß auf den einbehaltenen Gewinn den höchsten Satz der Einkommensteuer zahlen.

Die Art, nicht die Höhe der Besteuerung hat darüber hinaus Effekte auf die Form der Vermögenshaltung. Dafür gibt es zwei Gründe: die Existenz einer proportionalen Körperschaftsteuer neben der progressiven Einkommensteuer und die schon erwähnte Steuerfreiheit stiller Reserven.

Der erste Effekt möge am Beispiel von drei Anleihen und sechs Anlegergruppen mit unterschiedlichen Einkommensteuersätzen verdeutlicht werden: Bei der ersten Anleihe sollen die Erträge steuerfrei sein. Die zweite Anleihe unterliegt einer proportionalen Ertragsteuer, die an die Stelle der Einkommensteuer tritt, und die Erträge der dritten Anleihe unterliegen der normalen Einkommensteuer. Alle Anleihen mögen den gleichen Nominalzinscoupon haben; er laute auf 3,5%. Es ist aber klar, daß die proportional besteuerte Anleihe eine höhere Rendite vor Steuern haben muß, wenn sie am Markt neben der steuerbefreiten gekauft werden soll (siehe Tabelle 1).

Tab. 1
Steuerwirkungen I

Anleger mit Steuersatz von	Steuerfreie Anleihe		Anleihe mit 50% Quellensteuer		Tarifbesteuerte Anleihe	
	Rendite vor Steuern	Rendite nach Steuern	Rendite vor Steuern	Rendite nach Steuern	Rendite vor Steuern	Rendite nach Steuern
50%	3,5%	3,5%	7%	3,5%	5%	2,5%
40%	3,5%	3,5%	7%	3,5%	5%	3,0%
30%	3,5%	3,5%	7%	3,5%	5%	3,5%
20%	3,5%	3,5%	7%	3,5%	5%	4,0%
10%	3,5%	3,5%	7%	3,5%	5%	4,5%
0%	3,5%	3,5%	7%	3,5%	5%	5,0%

Die tarifbesteuerte Anleihe kommt nur für die unteren Steuerklassen in Frage. In wessen Portefeuille die beiden anderen Anleihen gehalten werden, hängt bemerkenswerterweise nicht davon ab, ob eine Anleihe steuerbefreit oder mit einer hohen definitiven Quellensteuer belastet ist. Beide wandern zu den Beziehern hoher Einkommen. Der Unterschied in der Besteuerung führt lediglich dazu, daß die Renditen vor Steuern verschieden sein müssen. Dafür sorgt die Marktbewertung der Anleihen wegen der Konkurrenz der steuerfreien Anlagemöglichkeit. Die Marktbewertung der tarifbesteuerten Anleihe führt dazu, daß die Hochbesteuerten auch hier nach Steuern nur eine eingeschränkte Ertragseinbuße gegenüber steuerfreien Anleihen erleiden, die Niedrigbesteuerten sogar gewinnen. Die Steuerlast wird teilweise auf den Zins vor Steuern überwälzt. So wird es jedenfalls sein, wenn zumindest die Mittelhochbesteuerten noch für den Marktausgleich maßgeblich werden, die tarifbesteuerte Anleihe also nicht vollständig bei Niedrigbesteuerten untergebracht werden kann, die steuerbefreite und die proportional besteuerte Anleihe nicht vollständig bei den Hochbesteuerten. Allgemeiner: Die Hochbesteuerten sind um so besser gestellt, je weniger der Anlagedruck, unter dem sie stehen, den Markt bestimmt, also je geringer ihr Marktgewicht ist und je günstiger und zugänglicher die Anlagealternativen sind, die sie etwa im Ausland haben.

Der Fall der definitiv mit einer Quellensteuer belasteten Anlage liegt bei thesaurierenden Kapitalgesellschaften vor. Der einbehaltene Gewinn unterliegt einer definitiven Proportionalsteuer – der Körperschaftsteuer. (Von der Anrechnung der Körperschaftsteuer auf die Einkommensteuer bei einer späteren Ausschüttung kann hier abgesehen werden.) Schlagen sich einbehaltene Gewinne im Marktwert der Anteile nieder, so können diese Gewinne nach Ablauf der Spekulationsfrist von sechs Monaten ohne neue Versteuerung realisiert werden. Da diese Steuerfreiheit der Wertzuwächse für Bezieher hoher Einkommen viel mehr wert ist als für Bezieher geringer Einkommen, aber beide in gleicher Höhe von der Körperschaftsteuer getroffen werden, bildet sich am Markt eine Bewertung der Anteile heraus, bei der der Kauf für Bezieher hoher Einkommen interessant, für Niedrigbesteuerte dagegen uninteressant wird.

Ebenso wirken erhöhte Absetzungen und andere Möglichkeiten, stille Reserven aufzubauen. Sie mindern das steuerpflichtige Einkommen, sind also um so mehr wert, je höher der Steuersatz des Anlegers ist. Das ist am Markt von sogenannten Abschreibungsprojekten zu beobachten. Sie werden ausnahmslos von Beziehern hoher Einkommen gekauft, wobei diese sich gleichzeitig hoch verschulden. So kommen Projekte zustande, deren Kaufpreis nahezu voll aus Steuerersparnis finanziert werden kann. Derselbe Effekt tritt aber im Prinzip überall dort auf, wenn auch nicht so spektakulär, wo die Abschreibungen innerhalb eines Unternehmens den Wertverzehr übersteigen oder aus anderen Gründen stille Reserven entstehen. Das Ergebnis ist eine Spezialisierung in der Art der Vermögenshaltung: Wer einem niedrigen persönlichen Steuersatz unterliegt, der legt seine Mittel in Geldvermögen an, wer persönlich hoch besteuert ist, der wählt Sachvermögen und Unternehmensbeteiligungen und verschuldet sich gleichzeitig. Hier liegt die vielleicht wichtigste Ursache für die Konzentration des Beteiligungsvermögens. Der weit überwiegende Teil aller Haushalte besitzt keine Anteile am Eigenkapital gewerblicher Unternehmen, weder in der Form von Aktien noch in anderer Form.

Am Schluß dieses Berichts von der Klagemauer sei zur Vermeidung von Mißverständnissen eine Mahntafel aufgerichtet (zugleich als Anmerkung zum Streit über die Höhe der Steuerbelastung der – nominalen – Kapitalerträge in der Bundesrepublik): Aussagen über die vor Steuern erforderlichen Kapitalerträge (Kapitalkosten) im Vergleich zu (nominalen) Renditesätzen nach Steuern, die unter Anwendung der formalen Steuersätze gewonnen sind, dürfen nicht als Aussagen über die Effektivsteuerlast auf (nominale) Kapitaleinkommen beziehungsweise auf Investitionen interpretiert werden. Anders verhielte es sich nur, wenn die steuerliche Bemessungsgrundlage sich mit einem hinreichend weit definierten Einkommen deckte. Das trifft jedoch nicht zu. Es gibt Steuerbegünstigungen, die die Bemessungsgrundlage endgültig verkürzen, und es gibt Steuerregelungen, die den steuerfreien Aufbau stiller Reserven erlauben, teilweise bewußt (so insbesondere im Falle beschleunigter steuerlicher Abschreibungen), teilweise als in Kauf genommene Folge anderweitig begründeter Bewertungsregeln (so insbesondere des Imparitätsprinzips). Nicht nur die endgültige Verminderung der Steuerpflicht, sondern auch die bloße Vertagung derselben (Freistellung stiller Reserven bis zu deren Aufdeckung) kann die Effektivsteuerlast sehr deutlich absenken (in extremen Fällen sogar negativ werden lassen), zumal wenn man berücksichtigt, daß Anlagenspezialisierung zu einer Konzentration des Aufbaus stiller Reserven in der Hand der Hochbesteuerten führt (siehe oben). Gleichwohl bleibt es für viele Fragen der Neutralität der Besteuerung richtig, an der formalen Steuerlast anzuknüpfen; man muß dann nur bedenken, daß es aus Gründen der vielfältigen begünstigenden Regeln und der Steuersatzarbitrage durch Anlagenspezialisierung nicht so schwer ist, wie es den Anschein hat, die hohe Steuerbelastung des "steuerpflichtigen Einkommens" zu erwirtschaften. Der Streit um die Aussagekraft der hohen Grenzbelastung unternehmerischen Einkommens in der Bundesrepublik – mehr als 70% – hat hier seine Wurzeln. In diesem Streit ist freilich in jedem Falle zu bedenken, daß Steuervergünstigungen im Ausland, die an die Bemessungsgrundlage anknüpfen, meist nicht geringer sind als in der Bundesrepublik, teilweise sogar noch wesentlich gewichtiger. Der einzige große Vorteil, der im internationalen Vergleich zugunsten des deutschen Steuersystems zu Buche schläge, liegt anderswo, nämlich in der vollen Anrechnung der Körperschaftsteuer auf die persönliche Einkommensteuer; ausländische Anteilseigner haben davon freilich nichts.

2. Verteilungspolitische Mißverständnisse

Ein Arbeiter des Jahres 1989 verdient real das Fünffache dessen, was sein Vater im Jahre 1949 verdient hat. Der Vater, der im Jahre 1949 Arbeiter war, arbeitete länger, und er war nicht weniger geschickt, weniger intelligent oder weniger tüchtig als sein Sohn im Jahre 1989. Ein oberflächlicher Beobachter hätte den Eindruck gewinnen können, die Wohlstandssteigerung beruhe darauf, daß die Gewerkschaften Jahr für Jahr Lohnerhöhungen durchgesetzt haben. Aber die Gewerkschaften können keine Löhne durchsetzen, deren reale Basis nicht in höherer Produktivität liegt. Versuchen sie das gegen die wirtschaftliche Logik doch, wie das Anfang der 70er Jahre der Fall war, dann entsteht Arbeitslosigkeit. Dem marktgerechten Zuwachs an Reallohn entspricht also ein ebenso großer Zuwachs an Produktivität der beschäftigten Arbeitnehmer. Diese höhere Produktivität beruht ihrerseits im wesentlichen darauf, daß investiert wurde. Dabei ist der Begriff der Investition weit zu verstehen. Er umfaßt nicht nur Maschinen, Gebäude und Infrastruktur, sondern auch Ausbildung, Forschung und Entwicklung. Durch Investitionen entstehen nicht nur Sachwerte wie Maschinen und Gebäude, sondern auch Fertigkeiten und technisches Wissen. Investitionen der einen wie der anderen Art machen die Arbeit produktiver und ermöglichen höhere Löhne. Dieser Zusammenhang zeigt sich im internationalen Vergleich deutlich. Das Land mit den höchsten Investitionen in der Welt, Japan, hat auch die größten Reallohnsteigerungen.

Die Veränderung des Kapitalstocks läßt dabei, so die Erfahrung, die Verteilung des Volkseinkommens zwischen Arbeit und Kapital fast unberührt. Die Lohnquote läßt sich auch durch die Tarifparteien nur kurzfristig beeinflussen. Würden etwa die Reallöhne plötzlich verdoppelt, so müßten die Unternehmen Arbeitskräfte freisetzen. Die Lohnquote wird zwar vorübergehend steigen, dann aber auf ihr Ausgangsniveau zurückfallen – gegebenenfalls bei anhaltend hoher Arbeitslosigkeit. In der Bundesrepublik ist seit Beginn der 70er Jahre die Lohnquote zunächst relativ stark gestiegen. Inzwischen ist sie wieder auf das Niveau der 60er Jahre zurückgekehrt (siehe Abbildung 4, S.176).

Abb. 4 **Bereinigte Lohnquote***)

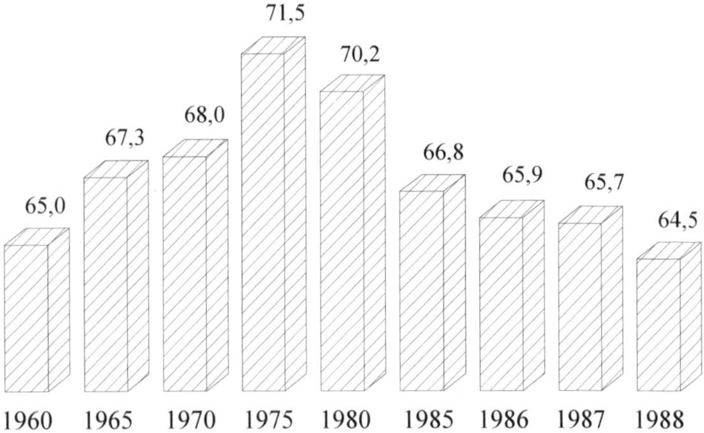

*) Anteil des Bruttoeinkommens aus unselbständiger Arbeit am Volkseinkommen. Bereinigt auf Basis der Erwerbstätigenstruktur von 1970.
Quelle: Institut der deutschen Wirtschaft

Die langfristige Konstanz der Lohnquote hat oft Anlaß zu pessimistischen Kommentaren über die Wohlstandsverteilung gegeben. Man glaubte daraus ablesen zu können, daß sich zwar das Niveau des Wohlstands allgemein heben würde, daß aber die Verteilung dieses Wohlstands unverändert bleibe. Tatsächlich hat sich die Verteilung dramatisch verändert. Der Kapitalstock hat sich seit 1950 mehr als verfünffacht. Das Arbeitsvolumen hingegen ist nur geringfügig gestiegen. Auf einen sehr viel größeren Kapitalstock entfällt also immer noch derselbe Einkommensanteil wie 1950. Man kann das auch anders ausdrücken: Das Kapital – genauer die Kapitalgüter – ist relativ ebensoviel billiger geworden, die Arbeit relativ teurer, wie Arbeit produktiver geworden ist. Oder, was ebenfalls dasselbe besagt, dem Befund aber den falschen Anschein des Erstaunlichen nimmt: Arbeit ist bei der Herstellung von Kapitalgütern ebensoviel produktiver geworden wie bei der Herstellung von Konsumgütern. In jedem Fall gilt: Hinter der Konstanz der Lohnquote verbirgt sich eine erhebliche Verbesserung der Lebenssituation der Arbeitnehmer.

Wenn Vermögen gebildet und investiert wird, dann bedeutet das – unabhängig davon, wer spart –, daß nicht nur die Kapitaleinkünfte, sondern auch die Arbeitseinkommen steigen. Der Anteil der Arbeit am Volkseinkommen, einschließlich der Arbeitseinkommen der Selbständigen, liegt seit Jahrzehnten unter Schwankungen bei rund 80%. Wenn also das Volkseinkommen steigt, weil investiert wurde, dann kommen davon vier Fünftel dem Faktor Arbeit, ein Fünftel dem Faktor Kapital zugute. Wer Kapital bildet und investiert, der trägt nicht nur zu seinem eigenen Wohlstand bei, sondern vor allem auch zum Wohlstand aller Arbeitenden. Die Grundlagen der Wohlstandssteigerung müssen in immer größerem Maße die Arbeitnehmer durch ihre Ersparnisse schaffen. Auf sie entfällt damit ein immer größerer Anteil der Gesamtkapitalbildung. Das bedeutet, daß die sogenannte funktionale Einkommensverteilung, die Verteilung zwischen Kapital und Arbeit, im Zeitverlauf immer unwichtiger wird, weil ein immer größerer Teil der Zinseinkünfte den Arbeitnehmern zufließt. Das ist die Entwicklung, die in mehr oder minder starker Ausprägung in allen Industrieländern in den vergangenen Dekaden zu beobachten war.

Im übrigen gilt: Je mehr Kapital gebildet und produktiv investiert wird, um so schneller steigen die Löhne. Das kollektive Interesse der Arbeitnehmer ist es deshalb, daß sie Vermögen bilden und daß dieses Vermögen eingesetzt wird, um die Produktivität der Arbeit und damit die Löhne zu erhöhen. Sie erlangen dadurch erstens höhere Löhne und zweitens zusätzliche Kapitaleinkünfte. Die hohe Besteuerung der Unternehmen hat gerade dem zum Schaden gereicht, dem sie eigentlich nützen sollte, nämlich dem Arbeitnehmer. Die Kapitalbesitzer sind davon in viel geringerem Umfang betroffen. Solange es weltweite Kapitalmärkte gibt, können sie sich ungünstigen Verwertungsmöglichkeiten entziehen.

Sieht man die politische Diskussion um die Unternehmensteuerreform vor dem Hintergrund dieser gesamtwirtschaftlichen Zusammenhänge, so wirkt sie gelegentlich paradox. Die Gewerkschaften als Vertreter der Arbeitnehmer stehen gegen eine durchgreifende Unternehmensteuerreform, obwohl doch gerade die Arbeitnehmer von einer solchen Reform im Ergebnis mehr profitieren als die Eigentümer des Kapitals. Innerhalb der CDU muß die Unternehmensteuerreform gegen den Arbeitnehmerflügel erstritten werden. Diese Diskussionsfront wird nur verständlich, wenn man die Unternehmensteuerreform allzu kurzsichtig als eine Steuererleichterung für die Bezieher hoher Einkommen und die Besitzer großer Vermögen begreift. Das aber ist nicht der Zweck der Reform. Ihr Ziel ist es, unternehmerische Tätigkeiten gegenüber anderen Tätigkeiten, zukünftigen Konsum gegenüber gegenwärtigem Konsum, risikoreiche Investitionen gegenüber weniger risikoreichen Investitionen und Eigenkapitalfinanzierung gegenüber Fremdkapitalfinanzierung steuerlich gleichzustellen und unnötige steuerliche Hemmnisse für eine bestmögliche Nutzung der wirtschaftlichen Ressourcen abzubauen. Kapital und Arbeit haben ein gemeinsames – und insoweit harmonisches – Interesse an mehr Arbeitsplätzen, an mehr Produktionsmöglichkeiten, die sich lohnen bzw. die sich stärker lohnen als bisher.

Wer die Unternehmensteuerreform vorwiegend unter Verteilungsgesichtspunkten sieht, der wird auch den Rang falsch einschätzen, der einer solchen Reform für die Weiterentwicklung des Wirtschafts- und Gesellschaftssystems zukommt. Eine Reform der Unternehmensbesteuerung in Richtung auf eine neutrale, also eine gleichmäßige Besteuerung würde nicht nur zusätzliche Kapitalströme in den Unternehmenssektor lenken, die Eigenkapitalfinanzierung begünstigen, die Produktivität innerhalb der Unternehmen erhöhen, sie würde auch zu einer Änderung der Eigentümerstruktur unserer Unternehmen führen. Auf dem Wege von der Klassengesellschaft zur Teilhabergesellschaft sind noch viele Schritte zurückzulegen. Der Erwerb von Produktivvermögen würde selbst für Bezieher geringer Einkommen und Besitzer kleiner Vermögen interessant. Umgekehrt würde es auch für die Unternehmen attraktiv, sich bei der eigenen Belegschaft zu finanzieren. Eine solche Steuerreform sollte nach aller wirtschaftlichen Logik dazu führen, daß ein merklicher Teil der bereits vorhandenen Geldvermögen in Beteiligungswerte umgeschichtet und daß ein beträchtlicher Teil der neuen Ersparnis in Beteiligungstiteln angelegt wird. Das gilt besonders für Beteiligungen der Arbeitnehmer am arbeitgebenden Unternehmen. Es würde sowohl für die Alteigentümer interessant, die Belegschaft als neue Teilhaber zu gewinnen, als auch für die Arbeitnehmer attraktiv, Teilhaberrechte an ihrem Unternehmen zu erwerben. Das bedeutet nicht, daß ein Konflikt zwischen Arbeit und Kapital nicht besteht oder daß er verschwindet. Aber dieser Konflikt zwischen abstrakten Produktionsfaktoren wird heute noch weitgehend als ein Konflikt zwischen bestimmten Personengruppen, nämlich den Kapitalbesitzern und den Arbeitnehmern aufgefaßt. Wenn es normal wird, daß man sowohl

Arbeitseinkünfte als auch Vermögenserträge bezieht, dann wird dieser Konflikt als sozialer Konflikt in den Hintergrund treten. Er wird also zumindest teilweise in die Brust jedes einzelnen verlegt.

Das heutige Steuerrecht prägt die Wirtschaft noch in ganz anderer Weise. Die hohen Kosten des Eigenkapitals (und die Grenzen für die steuerliche Verlustbeteiligung des Fiskus) bieten einen starken Anreiz zur innerbetrieblichen Diversifikation. Es entstehen große und verschachtelte Konzerne, die hunderte oder tausende verschiedener Artikel produzieren, um das Risiko für das Unternehmen insgesamt und damit den Bedarf an Eigenkapital zu vermindern. Dieser Drang wäre stark abgeschwächt, wenn es zwischen Eigenkapital und Fremdkapital keine steuerbedingten Kostenunterschiede mehr gäbe. Diese Diversifikationsstrategie hat betriebswirtschaftliche und gesellschaftspolitische Nachteile. Die Erfahrung hat gelehrt, daß sich Diversifikation nur in seltenen Fällen auszahlt. Das hängt überwiegend damit zusammen, daß die Unternehmensleitungen um so weniger von ihren Geschäften verstehen, je größer ihre Produktpalette wird. Gesellschaftspolitisch führt die übertriebene Diversifikation dazu, daß der einzelne Teilhaber immer einflußloser wird, daß er sich um sein Unternehmen immer weniger kümmert, daß also die Kontrolle der Unternehmen durch ihre Eigentümer unwirksam wird. Während es etwa in der Schweiz zahlreiche kleine Aktiengesellschaften mit jeweils relativ wenigen Aktionären gibt, sind bei uns wenige große Gesellschaften mit sehr vielen Aktionären vorhanden. Ein neutraleres Steuersystem könnte den deutschen Beteiligungsmarkt dem schweizerischen annähern. Dies würde nicht nur bedeuten, daß viele Arbeitnehmer auch Beteiligungen haben, sondern weit darüber hinaus, daß sie auch in unternehmerischen Kategorien denken. Zwar ist es nicht allein das Steuerrecht, das eine solche Entwicklung behindert, aber das Steuerrecht ist womöglich der wichtigste Einzelfaktor, der ihr im Wege steht.

3. Richtmaß für Reformschritte

Wir haben in der Broschüre "Bürgersteuer - Entwurf einer Neuordnung von direkten Steuern und Sozialleistungen" (April 1986, Band 11 der Schriften des Kronberger Kreises) ein Steuersystem skizziert, das dem Ideal einer neutralen Besteuerung nahekommt. Mit diesem Entwurf war nicht die Erwartung verbunden, daß sich ein solches Steuersystem in kurzer Zeit realisieren ließe. Das gesamte Steuer- und Abgabensystem läßt sich nur Schritt für Schritt weiterentwickeln. Wenn aber die Schritte in die richtige Richtung gehen sollen, dann muß man diese Richtung kennen. Sonst bewegt sich eine Politik der kleinen Schritte allzu leicht im Kreise. Beispiele dafür gibt es genügend. Die kleine Gewerbesteuerreform von 1983 sollte die Unternehmen entlasten, hat aber gleichzeitig die Diskriminierung des Eigenkapitals verstärkt. Die Verschärfung der Besteuerung von Veräußerungsgewinnen nach § 34 EStG würde zusätzliche Hürden für den Kapitalverkehr aufrichten.

Nach unserem 1986 vorgelegten Reformkonzept würden die Einkommensteuer, die Körperschaftsteuer, die Vermögensteuer und die Erbschaftsteuer durch eine einheitliche Bürgersteuer ersetzt. Dabei unterliegt nicht, wie heute, das Einkommen, sondern der Konsum der laufenden Besteuerung (Konsumsteuer). Das angesammelte Vermögen wird am Lebensende mit demselben Steuersatz belastet (Vermögenszuwachssteuer). Die Bürgersteuer ist damit eine Lebenseinkommensteuer und nicht, wie die heutige Einkommensteuer, eine Belastung der Periodeneinkommen. Gleiches Lebenseinkommen wird bei der Bürgersteuer (bei gleicher Lebensdauer) stets gleich besteuert, unabhängig davon, ob es konsumiert oder gespart, ob es in Geldvermögen, Grundvermögen oder Beteiligungsvermögen, ob riskant oder sicher angelegt wird, ob das Einkommen stetig oder schwankend ist, und unabhängig davon, wie oft die Vermögensgegenstände veräußert werden. Die zeitliche Verteilung der Steuerlast folgt den Konsumentenentscheidungen. Für die Bürgersteuer ist außerdem ein negativer Tarifast vorgesehen, der die Sozialtransfers ersetzen soll. Die Bürgersteuer sichert also ein bestimmtes Mindesteinkommen und tritt insoweit auch an die Stelle der Sozialhilfe. Schließlich sind bei der Bürgersteuer Einkommen- und Körperschaftsteuer integriert. Die Körperschaftsteuer wird – wie heute die Kapitalertragsteuer – in der wirtschaftlichen Wirkung (nicht in der rechtlichen Gestaltung) eine unselbständige Gliedsteuer der Einkommensteuer und mit dieser verrechnet. Die Bürgersteuer ist damit neutral gegenüber der Aufteilung des Einkommens auf Konsum und Ersparnis innerhalb des Lebenszyklus, gegenüber der Anlage des Vermögens in verschiedenen Vermögensformen, weitgehend auch gegenüber dem Risiko und gegenüber der Inflation, gegenüber der Vermögenshaltung im Inland oder im Ausland, gegenüber den Finanzierungsformen und gegenüber den Rechtsformen.

In diesem Steuersystem zahlen Unternehmen, unabhängig von der Rechtsform, Umsatzsteuer und Gewinnsteuer in Form der Teilhabersteuer. Die Teilhabersteuer wird im wirtschaftlichen Ergebnis auf die Steuerpflicht des Anteilseigners angerechnet. Der Anteilseigner seinerseits versteuert jedoch nicht das Einkommen im heutigen Sinne, sondern nur den konsumierten Teil seines Einkommens, während der ersparte Teil erst bei seinem Tode steuerpflichtig wird. In diesem System zahlt das Unternehmen zwar Steuern; es trägt sie jedoch letztlich nicht. Die Umsatzsteuer ist letztlich vom Konsumenten zu tragen. Die Gewinnsteuer in Form der Teilhabersteuer belastet die Anteilseigner, nicht aber das Unternehmen als eine Institution des Zusammenwirkens von Personen – Arbeitende und Kapitalgeber – zu einem gemeinsamen Zweck.

Diese neutrale, gleichmäßige Besteuerung soll im folgenden die Meßlatte dafür abgeben, ob bestimmte von uns oder anderen vorgeschlagene Einzelschritte in die richtige Richtung führen.

III. Unternehmensteuerreform

1. Gewerbesteuer und Gemeindesteuersystem

Sowohl unter den Beteiligten – Wirtschaft und Gemeinden – wie auch in der Wissenschaft herrscht völlige Einmütigkeit über die Reformbedürftigkeit der Gewerbesteuer. Für die Wirtschaft stellt die Gewerbesteuer eine Zusatzlast auf gewerbliche Investitionen dar. Sie benachteiligt die Eigenkapitalfinanzierung gegenüber der Fremdkapitalfinanzierung. Durch die kleine Gewerbesteuerreform von 1983 wurde diese Diskriminierung des Eigenkapitals noch ausgeprägter. Die Gewerbeertragsteuer ist heute de facto eine Zusatzgewinnsteuer für Betriebe ab einer gewissen Größenordnung. Die Gemeinden beklagen ihre Konjunkturanfälligkeit, weil die Gewinne der Unternehmen im Konjunkturverlauf stark schwanken. Weiterhin ist die Verbindung zwischen dem Gewerbesteueraufkommen der Gemeinden und den sozialen Kosten, die die Unternehmen verursachen, recht locker. Gemeinden mit vielen und lukrativen Gewerbebetrieben sind reich. Sie haben hohe Gewerbesteuereinnahmen und geringe Ausgaben für Sozialhilfe. Das Entgegengesetzte gilt, wenn in einer Gemeinde die Gewerbebetriebe geringe Gewinne haben oder sogar schrumpfen. So kann eine Stadt wie

Duisburg ihre Aufgaben kaum noch erfüllen, während eine Stadt wie Sindelfingen Schwierigkeiten hat, ihre Einnahmen sinnvoll unterzubringen.

Die Diskussion um die Gewerbesteuerreform ist in eine Sackgasse gelangt. Die in der Wissenschaft und von den Gemeinden bevorzugte Wertschöpfungssteuer wird von der gewerblichen Wirtschaft abgelehnt. Die von der Wirtschaft bevorzugte Umsatzsteuer, die bei Wegfall der Gewerbesteuer erhöht werden müßte, läßt keine kommunalen Hebesätze zu und wird deshalb von den Gemeinden verworfen. Als Kompromiß haben die Verbände der Wirtschaft sogenannte Anrechnungsmodelle angeboten. Sie würden es den Gemeinden ermöglichen, ihre Steuereinnahmen zu Lasten des Bundes und der Länder zu erhöhen, und sind aus diesem Grunde nicht konsensfähig. Das "Niedersachsen-Modell" mit eigenem Hebesatz der Gemeinden bei der Einkommensteuer und Teilung der Umsatzsteuer zwischen Bund, Ländern und Gemeinden macht eine Grundgesetzänderung notwendig, die politisch nicht erreichbar ist.

Unser Vorschlag zur Gemeindesteuerreform geht von dem Grundgedanken aus, daß sowohl das in einer Gemeinde erwirtschaftete Einkommen als auch das in einer Gemeinde bezogene Einkommen in gleichem Maße zur Deckung der Gemeindefinanzen herangezogen werden sollte. Das in der Gemeinde erwirtschaftete Einkommen entspricht dem Nettoumsatz der Betriebe, also dem Umsatz, vermindert um die Vorumsätze, sowie den Einkünften aus Grundvermögen. Das bezogene Einkommen entspricht der Summe der Einkommen der Gemeindebürger. Entsprechend schlagen wir eine Gemeindeumsatzsteuer vor, die im Gegensatz zur Mehrwertsteuer im Vorumsatzabzugsverfahren statt im Vorsteuerabzugsverfahren erhoben wird (Gemeindebetriebssteuer). Diese Änderung ist deshalb notwendig, weil beim Vorsteuerabzug eigene Hebesätze der Gemeinden nicht möglich sind. Die Gemeindebetriebssteuer kann einen geringeren Ertrag als die derzeitige Gewerbesteuer haben, weil die Gewerbesteuerumlage wegfallen kann. In dieser Höhe – rund 5 Milliarden DM – sollte die Mehrwertsteuer angehoben werden.

Bei Banken und Versicherungen ist für die Gemeindebetriebssteuer der Nettoumsatz als Bemessungsgrundlage nicht anwendbar. Für diese beiden Bereiche sollte deshalb als Bemessungsbasis bei gleichem Steuersatz die Summe aus Gewinnen, gezahlten Löhnen und Gehältern sowie den Abschreibungen auf Sachanlagen gewählt werden.

Zum zweiten wird eine Gemeindeeinkommensteuer als Ersatz des heutigen Gemeindeanteils an der Einkommensteuer vorgeschlagen. Einfach wäre es, sie als Annexsteuer auszugestalten. Ihre Bemessungsbasis wäre dann nicht das Einkommen der Gemeindebürger, sondern deren Einkommensteuerschuld. Mit dem Wegfall des Gemeindeanteils an der Einkommensteuer könnten die Einkommensteuersätze um 15% gesenkt werden. In der Annexsteuer als Zuschlag zur staatlichen Einkommensteuer würde freilich die Progressivität der Einkommensteuer wiederkehren, wozu bei einer Gemeindesteuer eigentlich kein Anlaß besteht.

Schließlich sollen die Einkünfte aus Grundvermögen wie bisher durch eine Grundsteuer, mit dem Einheitswert als Bemessungsgrundlage, pauschaliert werden.

Zur Vermeidung von Gefahren der Besteuerungswillkür sollten der Autonomie der Gemeinden, die Hebesätze der drei Steuern unabhängig voneinander festzusetzen, Grenzen gezogen werden.

Diese Lösung erfordert keine Änderung des Grundgesetzes. Die Gemeindeeinkommensteuer ist dort bereits vorgesehen. Die Gemeindebetriebssteuer dürfte auch nicht mit dem EG-Recht kollidieren, wie die kürzlich in Dänemark eingeführte Arbeitsmarktabgabe zeigt, die von der selben Bemessungsgrundlage ausgeht. Sie wird an der Grenze nicht ausgeglichen und berührt insofern nicht die Interessen der anderen EG-Staaten.

Vom Standpunkt der Gemeinden ist der Vorschlag dem heutigen Gemeindesteuersystem weit überlegen. Steuerpflichtig bei der Gemeindebetriebssteuer wären alle, die heute Mehrwertsteuer zu zahlen haben. Der Kreis der Steuerpflichtigen wäre also weit größer; ebenso wäre die Bemessungsbasis breiter. Die Streuung des Aufkommens zwischen verschiedenen Gemeinden dürfte geringer, die Stabilität im Zeitablauf größer werden. Schließlich wird die Gemeindefinanzautonomie erweitert, da die Gemeinden ein Hebesatzrecht auch bei der Einkommensteuer erhalten.

Die Unternehmen werden zunächst um die Gewerbesteuerumlage von rund 5 Millarden DM entlastet. Die Gemeindebetriebssteuer unterscheidet sich von der von der Wirtschaft bevorzugten Mehrwertsteuer einmal in der Steuertechnik (Vorumsatzabzug statt Vorsteuerabzug). Dieser Unterschied ist unerheblich. Bei der Einführung der Mehrwertsteuer 1968 standen beide Verfahren zur Debatte. Die Sympathie der Wirtschaft gehörte damals eher dem Vorumsatzabzug. Materiell unterscheidet sich die Gemeindebetriebsteuer von der Mehrwertsteuer dadurch, daß sie bei der Ausfuhr nicht erstattet wird. Daraus ist aber keine Minderung der Exportfähigkeit zu befürchten. Zum einen ist die Last der Gemeindebetriebssteuer ohnehin geringer als die der Gewerbesteuer, an deren Stelle sie tritt und die an der Grenze ebenfalls nicht ausgeglichen wird. Zum anderen eignet sich für kaum eine Steuer das Ursprungslandprinzip so gut wie für eine Gemeindesteuer. Der Wettbewerb der Gemeinden um Wirtschaftstätigkeit soll ein Wettbewerb mit dem Mittel möglichst günstiger Relationen von kommunalem Leistungsangebot und kommunaler Steuerlast sein.

2. Einkommen- und Körperschaftsteuer

2.1 Integration von Einkommen- und Körperschaftsteuer

Mit der Körperschaftsteuerreform von 1976 wurde der ausgeschüttete Teil der Gewinne in die Einkommensteuer einbezogen. Im Ergebnis zahlt der Anteilseigner auf Dividenden seinen persönlichen Steuersatz. Für den einbehaltenen Teil der Gewinne gilt nach wie vor ein proportionaler Körperschaftsteuersatz von 56%, der ab 1990 auf 50% gesenkt wird. Diese Reform verfolgte einen doppelten Zweck: Zum einen sollten Aktien für den "Kleinen Mann" als Vermögensanlage interessanter werden, zum anderen sollte die Doppelbesteuerung der Dividenden, die wie ein Zoll auf die Einlage von Eigenkapital in Kapitalgesellschaften wirkt, beseitigt werden. Der zweite Zweck wurde wenigstens teilweise erreicht. Sowohl die Ausschüttungen der Unternehmen als auch die Kapitalaufnahme von Aktiengesellschaften am Markt haben seitdem deutlich zugenommen. Überwältigend war der Erfolg freilich nicht.

Das erste Ziel der Reform wurde nicht erreicht. Sowohl Anteilseigner mit hohem persönlichen Steuersatz als auch mit niedrigem Steuersatz werden für den einbehaltenen Teil des Gewinnes gleich besteuert.

Beteiligt sich ein Geringbesteuerter hingegen an einer Kommanditgesellschaft oder einer OHG, so kommt für den einbehaltenen Teil des Gewinns sein eigener niedriger Steuersatz zur Anwendung. Immer dann, wenn eine proportionale Steuer – hier die Körperschaftsteuer – an die Stelle der persönlichen Einkommensteuer tritt, stellt sich für den betreffenden Vermögensgegenstand eine Marktbewertung ein, bei der der Kauf für den Bezieher hoher Einkommen interessant, für den Bezieher niedriger Einkommen jedoch uninteressant ist. Dabei kommt es nicht darauf an, wie hoch die definitive Proportionalsteuer ist. Die steuerbefreiten Anleihen nach dem ersten Kapitalmarktförderungsgesetz (also Proportionalsteuer Null) sind ebenso zu den Beziehern hoher Einkommen gewandert wie die Aktien mit dem proportionalen Steuersatz von 56% auf einbehaltene Gewinne, erstere weil sie für den Hochbesteuerten besonders attraktiv, letztere weil sie für Niedrigbesteuerte besonders unattraktiv waren. Die Höhe des Proportionalsatzes wirkt sich lediglich auf den Marktwert der Papiere aus. Durch die Körperschaftsteuerreform von 1976 wurde der Effekt zwar reduziert, an den grundsätzlichen Interessenlagen hat sich aber nichts geändert. Es kommt auf diese Weise, wie schon erwähnt, zur Spezialisierung bei der Haltung von Vermögensarten: Wer hohe persönliche Steuern zu zahlen hat, legt sein Vermögen in Beteiligungen an, wer persönlich niedrig besteuert wird, legt es in Geldvermögen an.

Es wird deshalb vorgeschlagen, Körperschaft- und Einkommensteuer im wirtschaftlichen Ergebnis zu integrieren. Die Rechtskonstruktion, die das ermöglicht, ist als Teilhabersteuer bekannt geworden. Dabei hat der Teilhaber den anteiligen Gewinn in der Gesellschaft als eigenes Einkommen zu deklarieren, und er kann die anteilige Körperschaftsteuer als eigene Steuerleistung geltend machen. Da nun allerdings der steuerpflichtige Gewinn der Gesellschaft oft erst Jahre später feststeht, würde dieses Verfahren zu großen technischen Komplikationen führen. Bei der Teilhabersteuer wird deshalb der anteilige steuerpflichtige Gewinn der Gesellschaft durch den Teilhaberertrag ersetzt. Er entspricht dem anteiligen Gewinn der jeweiligen Steuerbilanz. Wird die Steuerbilanz zurückliegender Jahre etwa durch eine Betriebsprüfung korrigiert, so wird die Differenz für zurückliegende Jahre im laufenden Teilhaberertrag verrechnet. Die Teilhabersteuer sollte auch auf Personengesellschaften angewandt werden. Sie führt selbst bei wenigen Teilhabern zu steuertechnischen Erleichterungen. Wird nämlich die einheitliche Gewinnfeststellung für zurückliegende Jahre geändert, dann bleiben die gesonderten Gewinnfeststellungen davon unberührt.

Die Teilhabersteuer brächte nicht nur eine Gleichbesteuerung von Gesellschaften verschiedener Rechtsformen, sie würde auch manche Ungereimtheiten und Komplikationen des derzeitigen Steuerrechts vermeiden. Auf den gespaltenen Steuersatz könnte ebenso verzichtet werden wie auf die Kapitalertragsteuer auf Dividenden. Darüber hinaus ist die derzeitige Regelung für die Besteuerung von Ausschüttungen kompliziert, ohne daß sie alle Ungereimtheiten vermeidet.

Solange im Außensteuerrecht nichts geändert wird, sollte es bei einem gespaltenen Satz der Körperschaftsteuer auch bei der Teilhabersteuer bleiben, ebenso bei der Erhebung der Kapitalertragsteuer. Es würde dann wie heute gelten, daß die Steuerpflicht von Ausländern in der Regel durch die Kapitalertragsteuer abgegolten ist, während der voll steuerpflichtige Steuerinländer den Teilhaberertrag als eigenes Einkommen zu deklarieren hätte, aber auch die gesamte von der Gesellschaft gezahlte Körperschaftsteuer als eigene Steuerleistung geltend machen könnte.

2.2 Senkung des Spitzensteuersatzes

Es wäre vernünftig, den Einkommensteuerspitzensatz mindestens auf 50% abzusenken. Die Begründung hierfür liegt nicht nur darin, daß eine solche Senkung ganz allgemein von Vorteil ist, zumal dies nicht zuletzt eine Minderung der besonders problematischen hohen Belastung der Risikoprämien im unternehmerischen Einkommen bedeutet. Ebenso fällt ins Gewicht, daß das derzeitige Steuersystem zu starke Anreize setzt, die Einkommensteuerprogression – mit unguten Nebenwirkungen – zu unterlaufen. Eine Senkung des Einkommensteuerspitzensatzes bedeutete daher tatsächlich weithin keine niedrigere Besteuerung von Spitzenverdienern, wohl aber eine Minderung der Anreize zur Steuersatzarbitrage durch Spezialisierung bei der Vermögenshaltung (siehe oben Seite 173).

2.3 Die Besteuerung inflationärer Scheingewinne

Das Einkommen aus Arbeit besteht in Lohn, Gehalt oder anderen Arbeitseinkünften, vermindert um die Werbungskosten. Das Einkommen aus Kapital besteht in dessen Mehrung im Laufe einer Periode. Die steuerliche Belastung des Kapitaleinkommens hängt in doppelter Weise, die des Arbeitseinkommens nur in einfacher von der Inflationsrate ab.

Angenommen, die Inflationsrate betrage 10%. Dann ist ein Einkommen von 11.000,- DM einem Betrag von 10.000,- im Vorjahr real gleichwertig. Wenn nun für ein nominales Einkommen von 11.000,- DM wegen der Progression des Einkommensteuertarifs ein höherer Steuersatz gilt, dann wird die reale Besteuerung des realen Einkommens durch die Inflation – also ohne irgendeinen Beschluß des Gesetzgebers – erhöht. Dieser Effekt trat in der Vergangenheit häufig auf. Er wurde von Zeit zu Zeit dadurch (teilweise) kompensiert, daß die Steuersätze auf das Nominaleinkommen gesenkt wurden. Dieser Effekt trifft Arbeits- und Kapitaleinkünfte gleichermaßen.

Dagegen trifft der zweite Effekt nur Kapitaleinkünfte: Wird unterstellt, daß der Nominalzins, der bei Preisstabilität z.B. 2% betrug, entsprechend der Inflationsrate von 10% auf 12% steigt, so bezieht ein Kapitalanleger aus einem Anfangskapital von 100.000,- DM ein nominales Kapitaleinkommen von 12.000,- DM. Der nominale Wert seines Kapitalbestandes ist von 100.000,- DM auf 112.000,- DM gewachsen. Wenn sein Grenzsteuersatz 33 1/3% beträgt, so bleiben ihm davon 8.000,- DM nach Steuern. Real gerechnet ist aber ein nominaler Kapitalbestand von 110.000,- DM am Ende der Periode einem Kapitalbestand von 100.000,- DM am Anfang der Periode äquivalent. Unser Kapitalanleger braucht also ein Nominaleinkommen von 10.000,- DM, um nur die Kaufkraft seines Vermögens zu erhalten. Sein reales Einkommen beträgt nur 2.000,- DM. Wird das nominale Einkommen besteuert, so bedeutet das in diesem Falle, daß sein Realeinkommen von 2.000,- DM mit einer Steuerpflicht von 4.000,- DM belegt ist, also mit einem Steuersatz von 200% real. (Soweit die Nominalverzinsung hinter der Inflation zurückbleibt, steigt der reale Steuersatz noch weiter an.) Die Steuerlast muß hier real gesehen großenteils aus dem Vermögen bezahlt werden.

Dieser Effekt tritt bei verschiedenen Formen der Vermögensanlage in unterschiedlichem Maße auf. Er trifft das Geldvermögen stark. Beim Sachvermögen der Unternehmen wird dieser Effekt dadurch gemildert, daß Wertsteigerungen am ruhenden Vermögen nicht steuerpflichtig sind und daß bei der Realisierung derartiger Gewinne häufig der § 6b des Einkommensteuergesetzes anwendbar ist.

Insgesamt können bereits geringe Inflationsraten dazu führen, daß Kapitaleinkünfte höher besteuert werden als Arbeitseinkünfte gleicher realer Höhe und daß die Investitionsentscheidungen verzerrt werden. Je höher die Inflationsrate ist, um so attraktiver werden aus steuerlichen Gründen das Wohnungsvermögen und der Erwerb von Antiquitäten, Preziosen und Kunstgegenständen. Insoweit bedeutet die Senkung der Inflationsrate seit Beginn der 80er Jahre im Ergebnis einen bedeutsamen Schritt der Unternehmensteuerreform. Erwägenswert sind Vorkehrungen für eine automatische Anpassung der Besteuerung für den Fall, daß die Inflation sich beschleunigt.

2.4 Intertemporaler Ausgleich

Bereits eine proportionale Steuer auf den Periodengewinn führt dazu, daß ungleichmäßig fließende Einkommen stärker belastet werden als gleichmäßige. Tritt nämlich in einzelnen Perioden ein Verlust auf, so wird er nicht in gleichem Maße subventioniert, wie ein Gewinn besteuert wird. Nehmen wir an, zwei Steuerzahler A und B hätten ein gleiches Einkommen von 500.000,- DM über eine 5-Jahresperiode, und es gelte ein proportionaler Steuersatz von 50%, so ergeben sich bei verschiedenem Einkommensanfall die in Tabelle 2 veranschaulichten Steuerwirkungen.

Tab. 2
Steuerwirkungen II

	A		B	
	Einkommen	Steuer	Einkommen	Steuer
Periode 1	100.000	50.000	400.000	200.000
2	100.000	50.000	400.000	200.000
3	100.000	50.000	./.600.000	0
4	100.000	50.000	700.000	350.000
5	100.000	50.000	./.400.000	0
zusammen	500.000	250.000	500.000	750.000

Im Beispiel wird das Gesamteinkommen des A mit 50%, das des B mit 150% besteuert. Intertemporale Neutralität wäre dann hergestellt, wenn nicht nur Gewinne mit 50% besteuert, sondern auch Verluste mit 50% erstattet würden. Diese Lösung ist allerdings schwer realisierbar. Sie würde allzu große Anreize bieten, steuerpflichtige Gewinne ins Ausland zu verlagern und im Inland einen Verlustausgleich zu kassieren, von grundsätzlichen Bedenken gegen eine so radikale Verlustbeteiligung des Fiskus einmal abgesehen.

Der Gesetzgeber hat zum Ausgleich die Möglichkeit geschaffen, Verluste begrenzt rückzutragen und unbegrenzt vorzutragen. Damit wird der Nachteil aber nur unvollständig ausgeglichen: Zum einen, weil sowohl die Kassenwirksamkeit eines Verlustvor- wie eines Verlustrücktrags später anfällt als der Verlust selbst, also später als eine teilweise Verlusterstattung anfallen würde; zum zweiten, weil beide Ausgleichsmaßnahmen nur dann und insoweit genutzt werden können, als Gewinne anfallen bzw. vorher angefallen sind. Besonders bei Neugründungen oder bei Unternehmen, die liquidiert werden, kann oft weder die eine noch die andere Möglichkeit genutzt werden. Ist die Steuer – wie unsere Einkommensteuer – progressiv, dann gibt es denselben Effekt in der Regel auch dann, wenn keine Verluste auftreten, sondern die Gewinne nur schwanken. Bei durchgehender Progression gibt es ihn stets, weil der Grenzsteuersatz dann immer steigt. In unserer Einkommensteuer wird der Grenzsteuersatz bei sehr hohem Einkommen konstant. Bei Schwankungen innerhalb dieses Bereichs hoher Einkommen tritt also keine Zusatzbelastung auf. Das Prinzip der Periodenbesteuerung bedeutet deshalb bei unvollkommenem Verlustausgleich und progressivem Steuertarif eine Mehrbelastung schwankender gegenüber gleichmäßig fließenden Einkommen. Da man annehmen kann, daß ungleichmäßige Einkommen auch riskanter sind als gleichmäßige, bedeutet es zugleich, daß riskante Einkommen höher belastet werden als sichere. Das ist unter allen relevanten Gesichtspunkten falsch: Unter dem Gesichtspunkt der Gerechtigkeit ist die Gleichmäßigkeit der Besteuerung durchbrochen. Unter dem Gesichtspunkt der Effizienz werden riskante Investitionen gegenüber sicheren diskriminiert.

Es sollte daher ein – z.B. auf zehn Jahre – erweiterter Verlustrücktrag zugelassen werden. Auch die Verzinsung des Verlustvortrags könnte in Betracht kommen. Es erscheint darüber hinaus erwägenswert, dem Steuerpflichtigen Möglichkeiten zur Progressionsglättung einzuräumen, etwa durch das Angebot zum Erwerb bestimmter Steuergutscheine (Tax Reserve Certificates). Die Ausgaben für deren Erwerb können im Jahr des Erwerbs von der Steuerbemessungsgrundlage abgesetzt werden. Im Jahr der Rückgabe wird der Erlös der Steuerbemessungsgrundlage wieder zugesetzt. Auf diese Weise könnte ein wesentlich besserer intertemporaler Ausgleich erreicht werden als durch die steuerstundende Investitionsrücklage, die zu diesem Zwecke propagiert wird.

2.5 Die Besteuerung von Veräußerungsgewinnen

Veräußerungsgewinne werden heute grundsätzlich nicht besteuert, wenn sich die Vermögensgegenstände im Privatvermögen befinden; sie werden grundsätzlich voll besteuert, wenn sie zum Betriebsvermögen gehören. Von dieser allgemeinen Regel gibt es Ausnahmen. Gewinne aus der Veräußerung von Unternehmensbeteiligungen führen auch dann zur Steuerpflicht (mit Freibeträgen), wenn sie zum Privatvermögen gehören. Umgekehrt lassen sich stille Reserven, die bei der Veräußerung von Vermögensgegenständen im Betriebsvermögen aufgedeckt werden, auf neue Investitionen unter gewissen Voraussetzungen übertragen (§ 6b EStG). Die Steuerpflicht wird in diesem Fall – möglicherweise ad infinitum – hinausgeschoben. Im Falle von Personengesellschaften entspricht der Veräußerungsgewinn dem sogenannten Goodwill. Er kann beim Erwerber im Laufe von 15 Jahren abgeschrieben werden. Bei Beteiligungen an Aktiengesellschaften dagegen entsteht ein solcher Goodwill und damit auch die Abschreibungsmöglichkeit nicht.

In ihrer Gesamtheit führen die Regelungen dazu, daß durch Veräußerungen teilweise Steuervorteile ausgelöst werden, teilweise aber auch Doppel- und Mehrfachbesteuerungen auftreten. So möge ein Bauherr ein Haus zum Preis von 1 Mio. DM gebaut haben. Er macht sieben Jahre lang Abschreibungen von je 5% pro Jahr steuermindernd geltend. Das sind 350.000,- DM. Er spart also bei einem Steuersatz von 50% 175.000,- DM Steuern. Der Buchwert des Hauses ist nach 7 Jahren 650.000,- DM. Verkauft er es nun für 1,4 Mio. DM, so ist nicht nur der Veräußerungsgewinn von 750.000,- DM steuerfrei – der Erwerber kann darüber hinaus von dem erhöhten Wert von 1,4 Mio. DM seinerseits abschreiben. Hier liegt eine Netto-Subvention vor: Es können in Form der Abschreibungen Wertminderungen steuermindernd geltend gemacht werden, obgleich der Wert nicht gesunken, sondern gestiegen ist. Wird dagegen eine Maschine veräußert, so ist der Gewinn richtigerweise steuerpflichtig. Auch in diesem Falle hatte der Eigentümer Wertminderungen in der Form von Abschreibungen steuerlich geltend gemacht. Der Veräußerungserlös deckt auf, daß dieser Wertverfall nicht oder in geringerem Maße stattgefunden hat. Wird der Veräußerungsgewinn besteuert, so liegt darin das Gegenstück früherer überhöhter Abschreibungen.

Ganz anders liegt der Fall bei Beteiligungen. Die Deutsche Bank hält eine Beteiligung an Daimler-Benz von 28%. Daimler-Benz hat in der Vergangenheit einen großen Teil seiner Gewinne einbehalten und mit 56% versteuert. Die einbehaltenen Beträge wurden vernünftig investiert. Sie führten damit zu einer Erhöhung der Aktienkurse von Daimler-Benz. Verkauft die Deutsche Bank nun ihre Beteiligung, so wird der schon einmal besteuerte Vermögenszuwachs ein zweites Mal steuerpflichtig.

Dahinter steht ein grundsätzliches steuersystematisches Problem: Als Einkommen aus Unternehmen gilt der sogenannte Gewinn. Über die Gesamtlebensdauer eines Unternehmens entspricht die Summe der Gewinne genau der Summe der Wertsteigerungen eines Unternehmens, wobei sich der Unternehmenswert als diskontierte Summe zukünftiger Bilanzgewinne ergibt. Die Wertsteigerung ist also lediglich ein periodenverschobener Ausdruck desselben wirtschaftlichen Erfolges, der auch durch den Bilanzgewinn gemessen wird. Man sollte deshalb entweder den Wertzuwachs oder den Bilanzgewinn besteuern, nicht aber beide.

Im Falle von Unternehmen oder Beteiligungen und anderen Vermögensgegenständen, deren Ertrag selbständig steuerpflichtig ist, gibt es deshalb zwei Verfahren einer neutralen Besteuerung. Entweder der Veräußerungsgewinn wird steuerpflichtig, dann muß der Erwerber diesen Veräußerungsgewinn (Differenz von Preis und Buchwert = Goodwill) sofort steuermindernd abschreiben können, oder aber der Erwerber kann den Goodwill steuerlich nicht abschreiben (weder sofort noch später), dann muß der Veräußerungsgewinn steuerfrei bleiben. Im wirtschaftlichen Ergebnis besteht zwischen beiden Verfahren kein großer Unterschied. Ist der Veräußerungsgewinn beim Erwerber sofort abschreibungsfähig, dann wird er bereit sein, einen höheren Preis zu bezahlen, so daß der Veräußerer sich nach Steuern ebenso gut steht, als wenn er den Veräußerungsgewinn nicht hätte versteuern müssen. Aus Gründen der Bilanzoptik ist allerdings die Steuerfreiheit des Veräußerungsgewinns vorzuziehen – im anderen Falle würde der Erwerber einen Erwerbsverlust ausweisen, dem wirtschaftlich kein Verlust gegenübersteht.

Die Doppelbesteuerung von Veräußerungsgewinnen ist ein Fall, bei dem fast mit Sicherheit gesagt werden kann, daß die Steuererträge wegen der hohen Besteuerung nur gering sind. Zum einen gibt es wegen der Steuerbelastung kaum ein Geschäft mit der Gründung neuer Unternehmen. Zum anderen wird die Veräußerung im Gewinnfalle vermieden. In beiden Fällen fällt kein Steuerertrag an. Dagegen sind Veräußerungen im Verlustfall nicht mit Steuern belegt. Sie kommen deshalb häufiger vor und mindern den Steuerertrag. Die heutige Besteuerung von Veräußerungsgewinnen erweist sich als eine Maßnahme, die nicht nur großen wirtschaftlichen, sondern darüber hinaus auch fiskalischen Schaden anrichtet.

2.6 Investitionsförderung oder Sparförderung

Es wurde schon darauf hingewiesen, daß die Besteuerung der Ersparnis und der Erträge aus ihr eine Doppelbelastung darstellt. Man müßte entweder die Ersparnis oder aber deren Erträge steuerfrei stellen. Das würde in vollständiger Weise erreicht, würde die heutige Einkommensteuer durch eine Konsumsteuer ersetzt. Ein derartiger Vorschlag ginge aber derzeit über das Ziel einer Reform der Unternehmensbesteuerung hinaus. Immerhin könnte man einen Schritt in diese Richtung unternehmen.

Dabei wäre es in einer geschlossenen Volkswirtschaft gleichgültig, ob man die Ersparnis oder die Investition steuerlich entlastet. (Derzeit gibt es als Sparförderung vor allem die Maßnahmen nach dem 3. Vermögensbildungsgesetz sowie die Privilegierung der Erträge aus den meisten Lebensversicherungsverträgen und aus der betrieblichen Altersversorgung.) In einer offenen Volkswirtschaft dagegen macht es einen Unterschied, ob man das Sparen oder aber das Investieren entlastet. Die Entlastung des Sparens bedeutet gleichzeitig eine Entlastung aller Investitionen, die mit diesen Mitteln finanziert werden, gleichgültig ob sie im Inland oder im Ausland liegen. Die Entlastung des Investierens dagegen bedeutet, daß alle Ersparnisse gefördert werden, die im Inland angelegt werden, unabhängig davon, ob sie von Inländern oder von Ausländern stammen.

Derzeit scheint es eher angebracht, das Investieren als das Sparen zu entlasten. In den meisten Ländern der Welt gelten investitionsbegünstigende Regelungen. Das aber bedeutet, daß der Ansatz, im Inland das Sparen zu entlasten, auf eine Entlastung der Investitionen hingegen zu verzichten, zu einer Begünstigung des ausländischen Standortes führt. Inländische Ersparnisse, die im Ausland investiert werden, erfahren hier wie dort eine Förderung. Ausländische Ersparnisse, die im Inland investiert werden, weder dort noch hier. Im Ergebnis wären inländische Sachinvestitionen gegenüber ausländischen Sachinvestitionen benachteiligt. Diese Erwägungen haben sich in der Diskussion zu verschiedenen konkreten Vorschlägen verdichtet.

2.6.1 Steuerbegünstigung des nicht entnommenen Gewinns

Einer dieser Vorschläge ist die Rückkehr zur Steuerbegünstigung des nicht entnommenen Gewinns, wie sie in der Anfangsphase der Bundesrepublik Deutschland bestanden hat und im Ausland noch heute die Regel ist, soweit es um Kapitalgesellschaften geht. Gegen die steuerliche Bevorzugung des einbehaltenen Gewinns sprechen die bekannten guten Gründe, die den deutschen Gesetzgeber veranlaßt haben, die frühere Bevorzugung zu beseitigen. Es gab freilich auch immer Gründe gegen das Ergebnis dieser Reformbemühungen der Vergangenheit, zumal die heute geltenden steuerlichen Regelungen nicht auf Neutralität hinauslaufen, sondern eine Diskriminierung des einbehaltenen Gewinns geschaffen haben, jedenfalls bei Kapitalgesellschaften. Manche sehen zudem angesichts der veränderten außenwirtschaftlichen Aspekte die Gewichte der Gründe und Gegengründe heute anders als früher.

Im einzelnen sind dies die Gründe dafür:

- Eine deutlich herabgesetzte Besteuerung des einbehaltenen Gewinns könnte in entscheidendem Maße der Sorge entgegenwirken, daß deutsche Unternehmen mehr und mehr Investitionen aus steuerlichen Gründen im Ausland vornehmen oder auch nur mit der Steuerbasis auswandern, also (zu Lasten des deutschen Fiskus) Gewinne ins Ausland verlagern, die eigentlich inländischer Geschäftstätigkeit zuzurechnen sind. Diese Besserstellung beträfe auch den Wettbewerb mit Auslandsinvestitionen, deren Gewinne transferiert werden, soweit sie inländischen Unternehmen zufließen, dort aber – steuerfrei – thesauriert werden. Zugleich würde für Ausländer die Anlage von Kapital in inländischem Beteiligungsvermögen (Direktinvestitionen und Beteiligungserwerb) attraktiver, soweit es auf die Ausschüttung der Gewinne nicht entscheidend ankommt. Und auch bei ihnen wird das Interesse abgebaut, daß Gewinne, die sich verlagern lassen, möglichst nicht in der Bundesrepublik anfallen sollen.

– Strategisch gesehen, jedenfalls im Sinne einer pragmatischen Strategie, paßt eine deutliche Entlastung des einbehaltenen Gewinns durchaus als Ergänzung zu einer Politik, die bei den Kapitalerträgen schon eine sehr weitreichende Durchbrechung oder Einschränkung der Steuerpflicht geschaffen oder zugelassen hat (von den nichterklärten Zinseinkommen über steuerbegünstigte Betriebsrenten und steuerfreie Selbstnutzung von Wohnungen bis hin zu Dividenden, die Lebensversicherungen zufließen und dort eingehen in den steuerfrei bleibenden Ertragsanteil der Versicherungsleistungen). Unter diesem Blickwinkel könnte man pragmatisch sagen: Eine Begünstigung des einbehaltenen Gewinns verkleinerte bloß die größte noch bestehende Lücke in der effektiven Steuerfreiheit von Kapitalerträgen.

– Eine Absenkung der steuerlichen Belastung des einbehaltenen Gewinns wäre eine Form der Entlastung von Investitionen, die – anders als wichtige sonstige Formen – keine neuen Anreize zur Anlagenspezialisierung setzt (vgl. Seite 173.); teilweise werden solche Anreize sogar reduziert. Für alle Kapitalanleger wird (inländisches) Beteiligungsvermögen attraktiver, und für jeden im gleichen Maße: Für den Hochbesteuerten, weil der thesaurierte Teil der Erträge weniger besteuert wird als Erträge aus Geldvermögen und Auslandsvermögen, für den Niedrig- und den Mittelhochbesteuerten, weil für sie thesaurierte Gewinne weniger oder nicht mehr diskriminiert werden. Hinzu kommt: Der Anreiz zur Anlagenspezialisierung aufgrund des für die Steuerpflichtigen unterschiedlichen – nämlich vom persönlichen Steuersatz abhängigen – Werts des Anrechts auf Abschreibungserleichterungen und auf den steuerfreien Aufbau sonstiger Reserven verringert sich: Auch für den Hochbesteuerten bringt der Aufbau stiller Reserven regelmäßig nur noch einen Steuervorteil nach Maßgabe des – reduzierten – Steuersatzes für einbehaltene Gewinne. Das Differential zum Steuervorteil des Niedrigbesteuerten, das die Anlagenspezialisierung antreibt, ist also entsprechend der Senkung des Thesaurierungssteuersatzes kleiner als vorher. Eingeschränkt würde dieser Gewinn an Neutralität freilich durch den Anreiz der Hochbesteuerten, auf eine erhöhte Thesaurierungsquote zu drängen – zum Schaden der Niedrigbesteuerten und deren Interesse an Beteiligungstiteln hochthesaurierender Unternehmen. Wenig spricht allerdings gegen die Vorstellung, daß es auch künftig Unternehmen geben wird, die mit hohen Ausschüttungsquoten den Anlegern entgegenkommen, die vor allem an Ausschüttung interessiert sind.

- Eine allgemeine und durchgreifende Entlastung des einbehaltenen Gewinns würde es erlauben, die Abschreibungserleichterungen deutlich zu reduzieren. Diese haben großenteils ja eine ähnliche Wirkung, sind aber wichtige Ursache der Anlagenspezialisierung und im übrigen durchweg alles andere als neutral ausgestaltet und von daher ohnehin ebenfalls reformbedürftig. Eine Entlastung des einbehaltenen Gewinns – teilweise – so zu finanzieren, wäre jedenfalls allemal vorzuziehen etwa einem Übergang von der Vollanrechnung zur Teilanrechnung der Körperschaftsteuer bei der Ausschüttung. Letzteres wird gegenwärtig ebenfalls diskutiert, bedeutete jedoch steuersystematisch einen beklagenswerten Rückschritt. Hier sollte die Bundesrepublik nicht auf die weniger fortschrittlichen Besteuerungsmodelle der Partnerländer, mit denen sie im Wettbewerb steht, einschwenken.

- So dürftig das Argument sich ausnehmen mag: Von den Alternativen einer Minderbelastung des Investierens wäre die Sonderbehandlung des einbehaltenen, also nicht unmittelbar verfügbaren Gewinns in der politischen Arena leichter durchzusetzen.

Und dies sind die Gründe dagegen:

- Die Rückkehr zu einer Diskriminierung des ausgeschütteten Gewinns, der vielfach fälschlich mit Konsum gleichgesetzt wird, bedeutet, daß die Kapitalverwendung abermals verzerrt wird. Demgegenüber hebt eine Teilhabersteuer die bisher bestehende Diskriminierung eines Teils der einbehaltenen Gewinne auf.

– Für den einbehaltenen Gewinn wird die Lenkungsfunktion des Kapitalmarktes insoweit beeinträchtigt oder aufgehoben, als die Anteilseigner ihre Anlageentscheidung bei der Reinvestition von Gewinnen in verschiedenen Unternehmen nicht mehr neutral fällen: Die Wiederanlage im selben Unternehmen wird auch dann vorgezogen, wenn eine alternative Verwendung vor Steuern zwar günstiger, nach Steuern aber ungünstiger ist. Es kann deshalb zu Fehllenkungen des Kapitals und zur ungerechtfertigten Begünstigung etablierter Unternehmungen kommen.

– Damit hängt ein weiterer Nachteil der Begünstigung des einbehaltenen Gewinns zusammen: Es wird die Unternehmungskonzentration dadurch gefördert, daß mit Hilfe der derartig privilegierten Selbstfinanzierung etablierter Unternehmen Diversifikationen auch dann gefördert werden, wenn sie ohne Steuerprivileg und einen auch steuerlichen internen Gewinn- und Verlustausgleich weniger rentabel wären.

– Der Interessengegensatz zwischen Groß- und Kleinaktionären, die man vereinfachend mit Hoch- und Niedrigbesteuerten gleichsetzen kann, wird nicht wie bei der Teilhabersteuer neutralisiert, sondern bestenfalls ein wenig gemildert. Die einseitige Konzentration des Beteiligungsvermögens wird, wie schon erwähnt, insoweit gefördert, als das Auseinanderfallen des Spitzensteuersatzes bei der persönlichen Einkommensteuer und des wesentlich niedrigeren Körperschaftsteuersatzes für den einbehaltenen Gewinn bei den Hochbesteuerten einen extremen Anreiz schafft, gewinnträchtige Beteiligungstitel zu erwerben und in den Firmen für eine hohe Thesaurierung und minimale Ausschüttungen einzutreten.

– Die Erwartung, eine Steuerbegünstigung einbehaltener Gewinne werde vor allem zusätzliche Sachinvestitionen bewirken, ist nicht ohne weiteres begründet. Es wird auch die Geldvermögensbildung der Unternehmungen begünstigt.

Falls man sich trotz der Gegengründe für diesen Weg entschiede, käme als allgemeinste Form der Privilegierung des einbehaltenen Gewinns in Betracht, bei der Besteuerung der Unternehmensgewinne zu einer einheitlichen linearen Betriebssteuer überzugehen. Diese Betriebssteuer wäre dann im Falle der Entnahme beziehungsweise Ausschüttung von

Gewinnen – wie derzeit die Körperschaftsteuer – auf die persönliche Einkommensteuer anzurechnen. Eine durchweg praktikable und zugleich hinreichend saubere Abgrenzung der Unternehmenssphäre von der Privatsphäre dürfte freilich nicht einfach sein, wenngleich nicht von vornherein unmöglich. Auch die Behandlung des sogenannten Unternehmerlohns (soll ein einbehaltener Unternehmerlohn steuerbegünstigt sein?) könnte Probleme aufwerfen. Einen einfacheren Weg böte die Beschränkung dieses Teils der Reform auf die Kapitalgesellschaften. Man brauchte nur den Körperschaftsteuersatz für einbehaltene Gewinne deutlich herabzusetzen, z.B. auf den Satz für ausgeschüttete Gewinne (derzeit 36%). In diesem Fall müßte man allerdings gegenüber den Nachteilen einer so gravierenden zusätzlichen Verletzung des Grundsatzes der Rechtsformenneutralität bei der Besteuerung sehr robust sein, robuster als der Kronberger Kreis für vertretbar hält. Auf Verbesserungen im Hinblick auf diesen Grundsatz, auf die Fortentwicklung der Körperschaftsteuer zu einer in die Einkommensteuer voll integrierten Teilhabersteuer nämlich, die im übrigen das Problem der Diskriminierung thesaurierter Gewinne von Kapitalgesellschaften ebenfalls beseitigte, und zwar auf steuersystematisch einwandfreie Weise, müßte in jedem Fall verzichtet werden.

2.6.2 Abschreibungserleichterungen

Als Alternative wird in der Diskussion vorgeschlagen, die Abschreibungsmöglichkeiten der Unternehmen großzügiger zu bemessen (und neutraler auszugestalten). Eine solche Maßnahme wäre zwar insoweit zielgenauer als die Begünstigung des einbehaltenen Gewinns, als der Vorteil günstigerer Abschreibungsmöglichkeiten die Investition der betreffenden Beträge voraussetzt. Doch wird durch noch günstigere Abschreibungsmöglichkeiten unter Umständen der Effekt der Anlagenspezialisierung weiter verstärkt: Das Sachvermögen wandert – großenteils kreditfinanziert – zu den Beziehern hoher Einkommen, weil die Abschreibungsvergünstigung desto mehr wert ist, je höher der persönliche Steuersatz ist. Niedrigbesteuerte geben ihre Ersparnisse als Fremdkapital.

2.6.3 Investitionsrücklagen

Schließlich wird eine steuerstundende Investitionsrücklage gefordert. Auch das wäre keine gute Lösung. Durch diese Rücklage würde nämlich zunächst einmal gar nicht die Bildung von Sachvermögen, sondern die Bildung von Geldvermögen begünstigt. Diese Begünstigung gilt zwar nur, wenn der betreffende Betrag später auch investiert wird. In der Summe dürfte die Maßnahme jedoch dazu führen, daß die Gesamtheit der Unternehmen ständig mehr Geldvermögen als bisher hielte. Die steuerstundende Investitionsrücklage wird auch damit begründet, daß auf diese Weise, insbesondere bei kleineren und mittleren Unternehmen, ein besserer intertemporaler Ausgleich erreicht werden könnte. Das ist nur dann richtig, wenn die Abschreibungsmöglichkeiten den tatsächlichen Wertverzehr einer Investition übersteigen, es gilt also nur in Verbindung mit Abschreibungsvergünstigungen. Überdies kann man diesen Ausgleich, wie schon dargetan, mit anderen Mitteln weit vollkommener erreichen.

2.6.4 Kapitalzuschüsse

Eine Möglichkeit zu hinreichend neutraler Entlastung von Investitionen bieten allgemeine Kapitalzuschüsse (Investitionszulagen oder Investitionszuschüsse, Steuergutschriften für Investitionen). Allerdings dürfte die Bemessungsbasis solcher Zuschüsse nicht die investierte Summe sein. In diesem Falle würden kurzfristige Investitionen sehr stark gegenüber langfristigen bevorzugt. Die Bemessungsbasis der Zuschüsse müßte vielmehr die Differenz zwischen der Investitionssumme und dem Barwert aller steuerlichen Abschreibungen sein. Das klingt komplizierter als es ist. Die von der Lebensdauer der Investitionsgüter abhängigen Zuschußsätze könnten – ebenso wie heute die Abschreibungen – in entsprechenden Tabellen zusammengestellt werden. Zuschüsse erlauben eine Begünstigung ausschließlich der Investitionen in inländisches Sachvermögen gegenüber dem Halten von Geldvermögen, ohne daß es zur Spezialisierung bei der Vermögenshaltung kommt. Ersteres ließe sie – rechnet man je eingesetzter DM – effizienter sein als die Steuerbegünstigung des einbehaltenen Gewinns oder die steuerstundende Investitionsrücklage. Letzteres zeichnet sie vor Abschreibungsvergünstigungen aus.

Gegen das Konzept allgemeiner Kapitalzuschüsse (Zulagen, Zuschüsse oder Steuergutschriften für Investitionen) läßt sich vorbringen, daß es verhältnismäßig leicht für neuen Dirigismus mißbraucht werden kann. Obwohl im Prinzip geeignet, mehr Neutralität in der effektiven steuerlichen Behandlung von Investitionen zu schaffen, ist das Konzept technisch sehr leicht für selektive Subventionswillkür zu nutzen. Die Möglichkeit eines verschärften internationalen Subventionswettbewerbs, der letztlich nicht bei einigermaßen neutraler Gesamtbelastung der Investitionen endet, ist dabei ebenfalls zu bedenken. Schließlich: Ebensowenig wie Abschreibungsvergünstigungen können Kapitalzuschüsse dem fiskalischen Problem der bloßen Auswanderung der Steuerbasis beikommen. Aus diesen Gründen rät der Kronberger Kreis nicht dazu, die Diskriminierung des Investierens gegenüber dem Konsumieren, die in der Einkommensbesteuerung enthalten ist, auf dem Wege der Kapitalzuschüsse für Investitionen auszugleichen.

3. Vermögensteuer

Die Vermögensteuer wird in der Literatur als Sondersteuer auf "fundiertes Einkommen" mit ihrer "Nachhol- und Kontrollfunktion" begründet. Gedacht war hier offenbar an automatisch zufließende, verhältnismäßig sichere Einkommen und daran, daß Vermögenserträge, soweit sie in Wertzuwächsen bestehen, nur unvollständig erfaßt werden können. Daraus ist eine Steuer geworden, die fast ausschließlich das Eigenkapital von Unternehmen belastet. Wie die Vermögensteuerstatistik ausweist, entfällt der größere Teil des Vermögensteueraufkommens auf die Vermögensteuer der Kapitalgesellschaften, und von den Steuerbeträgen, die Private zahlen, entfällt wiederum der größere Teil auf Anteile an Unternehmen, sowohl Personen- als auch Kapitalgesellschaften. Das liegt daran, daß das Geldvermögen zwar steuerpflichtig ist, aber nur unvollständig vom Fiskus erfaßt wird. Grundvermögen wird zu einem so niedrigen Wert angesetzt, daß schon bei geringer Verschuldung das steuerpflichtige Vermögen verschwindet. Unternehmensvermögen wird bei den Anteilseignern zum größeren Teil erfaßt und nicht mit dem Buchwert des Eigenkapitals bewertet, sondern mit einem Ertragswert, der nach dem sogenannten Stuttgarter Verfahren ermittelt wird und der in der Regel über dem Buchwert des Eigenkapitals liegt. Bei börsennotierten Gesellschaften tritt an dessen Stelle der üblicherweise noch höhere Kurswert.

Dasselbe Vermögen ist bei der Kapitalgesellschaft ein weiteres Mal steuerpflichtig, und der Steuerbetrag ist überdies bei der Körperschaftsteuer nicht abzugsfähig. Das bedeutet, daß das im Unternehmen eingesetzte Eigenkapital, wird es voll von der Steuer erfaßt, einen Ertrag von rund 1,4% vor Steuern abwerfen muß, nur damit die betriebliche Vermögensteuer gezahlt werden kann. Hinzu kommt noch die Vermögensteuer des Anteilseigners, die 0,5% des Vermögens beträgt.

Die Vermögensteuer verschärft also die Nichtneutralität unserer Einkommensteuer gegenüber der Aufteilung des Einkommens auf Konsum und Ersparnis. Sie ist überdies überwiegend zu einer Sondersteuer auf Beteiligungen an Unternehmen geworden, verschärft also auch die ohnehin bestehende Diskriminierung des Eigenkapitals, nicht nur gegenüber dem Geldvermögen, sondern auch gegenüber sämtlichen anderen Anlageformen. Von den risikotheoretischen Mängeln der Vermögensteuer als einer ertragsunabhängigen Steuer war schon die Rede.

Bleibt es bei der Einkommensbesteuerung anstelle der Konsumbesteuerung und wird auch auf indirektem Wege die steuerliche Doppelbelastung der Ersparnis gegenüber dem Konsum nicht beseitigt, so sollte die Vermögensteuer ganz abgeschafft werden. Wenn man sich dazu nicht entschließen kann, sollte wenigstens die Doppelbesteuerung des Vermögens von Kapitalgesellschaften aufgehoben werden, und zwar in der Form, daß die Vermögensteuerpflicht für Kapitalgesellschaften entfällt.

Im Bereich der privaten Vermögensteuer sollten für den Fall, daß sich eine Abschaffung der Vermögensteuer nicht erreichen läßt, die Bewertungen verschiedener Anlageformen einander angeglichen werden. Unternehmensvermögen sollte grundsätzlich gleich bewertet werden, unabhängig davon, ob für die Anteile ein Marktpreis feststellbar ist oder nicht. Beim Geldvermögen ergäben sich keine Änderungen gegenüber dem heutigen Zustand; die vollständigere Erfassung wäre zu sichern. Das Grundvermögen sollte marktnäher bewertet werden, also nicht zum Einheitswert, sondern mit einem pauschalen Vielfachen, beispielsweise dem Vierfachen des Einheitswertes. Auf diese Weise bliebe es zwar dabei, daß die Vermögensteuer die ohnehin bestehende Doppelbesteuerung der Ersparnis durch die Einkommensteuer noch weiter verschärft, es entfiele aber weitgehend die Allokationswirkung aus der Diskriminierung zwischen verschiedenen Vermögensformen. Der Steuersatz sollte zumindest soweit abgesenkt werden, daß die Reform der persönlichen Vermögensteuer aufkommensneutral bleibt.

4. Kapitalverkehrsteuern

Die Steuern auf den Kapitalverkehr – also Gesellschaftsteuer, Wechselsteuer, Börsenumsatzsteuer und in weiterem Sinne auch die Grunderwerbsteuer – sind in hohem Maße ineffizient. Sie richten im Verhältnis zu ihrem Aufkommen besonders großen wirtschaftlichen Schaden an.

Die *Gesellschaftsteuer* wird auf die Zufuhr von neuem Eigenkapital zu Kapitalgesellschaften erhoben. Sie verteuert damit die Eigenkapitalfinanzierung, und sie diskriminiert eine Schütt-aus-Hol-zurück-Politik gegenüber der Einbehaltung von Gewinnen. Hier wird, bei fiskalisch ganz unerheblichen Erträgen, ein Zoll auf den Kapitalverkehr gelegt, dessen Schäden möglicherweise ein Mehrfaches des eigentlichen Steueraufkommens ausmachen.

Ähnlich wirkt die *Börsenumsatzsteuer*. Sie treibt Börsenumsätze außer Landes. Mit sinkenden Kommunikationskosten und sinkenden Börsenspannen könnte dies beträchtliche Ausmaße annehmen.

Der *Wechselstempel* hätte eigentlich dazu führen müssen, daß die Finanzierung über Wechsel uninteressant geworden wäre. Das ist deshalb nicht eingetreten, weil die Bundesbank Wechsel zu einem besonders niedrigen Zinssatz ankauft. Die Wirkung des Wechselstempels ist also im wesentlichen, daß die Bundesbank geringere Gewinne erzielt als ohne diese Zusatzsteuer.

Die *Grunderwerbsteuer* wird dann zu einer Unternehmensteuer, wenn bei der Umwandlung eines Unternehmens in eine andere Rechtsform ein steuerpflichtiger Grunderwerb fingiert wird.

Vermutlich würde die schlichte Abschaffung der Gesellschaftsteuer, der Börsenumsatzsteuer und des Wechselstempels das Steueraufkommen insgesamt nicht nennenswert vermindern, möglicherweise sogar erhöhen. Die Finanzmärkte würden belebt, die Kapitalstruktur der Unternehmen würde verbessert, internationaler Kapitalverkehr in die Bundesrepublik gezogen, jedenfalls einer Auswanderung entgegengewirkt. Dies brächte Vorteile, die sich in zusätzlichen Investitionen niederschlügen, an deren Erträgen dann wiederum auch der Fiskus beteiligt wäre. Vermutlich würde dieser fiskalische Gewinn stärker zu Buche schlagen als der Verlust aus dem Wegfall der Kapitalverkehrsteuern.

IV. Die Vorschläge und ihre Wirkungen

1. Vorschläge zur Unternehmensteuerreform

Leitgedanken der Unternehmensteuerreform sollten sein:

- Die steuerliche Belastung von Investitionen und damit der Arbeitsplätze muß verringert werden.

- Für die Steuerlast muß es gleichgültig sein, ob riskante oder sichere Investitionen getätigt werden, in welche Rechtsform die Investitionen eingekleidet sind, ob sie mit Eigen- oder Fremdkapital finanziert werden.

- Wo immer zweckmäßig, sollten niedrige Steuersätze und diese auf eine umfassende Bemessungsbasis angewandt werden.

1. Gemeindesteuer

1.1 Gemeindebetriebssteuer: Die Gewerbesteuer wird durch eine Gemeindebetriebssteuer mit Hebesatzrecht der Gemeinden ersetzt. Ihre Bemessungsbasis ist der Nettoumsatz, also der Umsatz, vermindert um die Vorumsätze (bezogene Güter und Dienstleistungen). An die Stelle des Nettoumsatzes tritt bei Banken und Versicherungen die Summe von Personalaufwendungen, Gewinn und Abschreibungen auf Sachanlagen. Die Gewerbesteuerumlage entfällt bei der Gemeindebetriebssteuer.

1.2. Gemeindeeinkommensteuer: Es wird eine Gemeindeeinkommensteuer eingeführt, sei es als Annexsteuer mit einem Zuschlagsatz von – im Durchschnitt der Gemeinden – 15 iH (18 vH) der staatlichen Einkommensteuer, sei es als selbständige Einkommensteuer mit einem Proportionalsatz von im Durchschnitt etwa 4,5 vH der Bemessungsgrundlage der staatlichen Einkommensteuer. Der derzeitige Einkommensteueranteil der Gemeinden entfällt.

2. Einkommen- und Körperschaftsteuer

2.1 Steuersätze: Wir gehen von einem Körperschaftsteuersatz von 50% aus. Die staatliche Einkommensteuer wird zum Ausgleich der Gemeindeeinkommensteuer linear um 15% gesenkt. Der Spitzensatz der Einkommensteuer wird auf 42,5% festgesetzt. Das ergibt, wenn die Gemeindeeinkommensteuer dem bisherigen Anteil der Gemeinden an der Einkommensteuer entspricht und als Annexsteuer erhoben wird, für beide Einkommensteuern zusammen einen Spitzensatz von 50% im Durchschnitt der Gemeinden. Im Falle einer Gemeindeeinkommensteuer als selbständiger Proportionalsteuer betrüge der kumulierte Spitzensteuersatz (42,5% + 4,5% =) 47%.

2.2 Teilhabersteuer: Einkommensteuer und Körperschaftsteuer werden integriert. Die – ausgeschütteten oder einbehaltenen – Gewinne von Körperschaften werden als Einkommen der Anteilseigner gezählt, die von der Gesellschaft gezahlte Steuer als eigene Steuerleistung der Anteilseigner anerkannt. Der Körperschaftsteuersatz entspricht dem kumulierten Spitzensatz der Einkommensteuer.

2.3 Intertemporaler Ausgleich: Es wird ein auf zehn Jahre begrenzter Verlustrücktrag eingeführt. Weiter wird den Steuerpflichtigen angeboten, Steuergutscheine zu erwerben, deren Kaufpreis bei Erwerb von der Bemessungsgrundlage abgesetzt werden kann und bei Einlösung der Bemessungsgrundlage wieder zugefügt werden muß.

2.4 Veräußerungsgewinne: Gewinne aus der Veräußerung von ganzen Unternehmen und Beteiligungen zählen nicht zum steuerpflichtigen Einkommen, unabhängig davon, ob die Veräußerung aus einem Betriebsvermögen oder einem Privatvermögen erfolgt. Der Erwerber kann vom Goodwill keine steuersparenden Abschreibungen vornehmen.

3. Vermögensteuer

3.1 Doppelbesteuerung: Kapitalgesellschaften werden von der Vermögensteuer befreit.

3.2 Bewertung: Im Bereich der privaten Vermögensteuer werden die Bewertungen der Anteile an Unternehmen einander angeglichen. Die Bewertung von Grundvermögen wird an die Bewertung von Unternehmensvermögen angeglichen.

3.3 Steuersatz: Zum Ausgleich für Bewertungsänderungen wird der Steuersatz derart angepaßt, daß die Reform der persönlichen Vermögensteuer im ganzen aufkommensneutral wird.

4. Umsatzsteuer

Der Steuersatz der Umsatzsteuer wird zum Ausgleich des Wegfalls der Gewerbesteuerumlage um einen halben Prozentpunkt angehoben.

5. Gesellschaftsteuer

Die Gesellschaftsteuer wird abgeschafft.

6. Börsenumsatzsteuer

Die Börsenumsatzsteuer wird abgeschafft.

7. Wechselstempel

Der Wechselstempel wird abgeschafft.

8. Grunderwerbsteuer

Die Umwandlung von Unternehmen in andere Rechtsformen wird nicht als grunderwerbsteuerpflichtige Veräußerung besteuert.

2. Eine weniger reinliche Alternative

Man mag bestimmte negative Folgen internationaler Unterschiede im Steuersystem, etwa die Anreize zur "Auswanderung der Steuerbasis" aufgrund der in der Bundesrepublik ungewöhnlich hohen Belastung thesaurierter Gewinne von Kapitalgesellschaften, so hoch gewichten, daß eine Unternehmensteuerreform, die an solchen Stellen keine durchgreifende Besserung bringt, nicht konsensfähig wird. Das würde dann auch für die vorstehenden Vorschläge gelten. Denn bei diesen Vorschlägen wird um eines im übrigen möglichst neutralen Besteuerungssystems willen in Kauf genommen, daß gravierende internationale Unterschiede in der steuerlichen Behandlung von Kapitalerträgen fortbestünden, etwa durch den nationalen Sonderweg zur Teilhaberbesteuerung. Der Kronberger Kreis vertraut darauf, daß die Vorteile eines überlegenen Steuersystems stärker zu Buche schlagen als die Nachteile aus den genannten Unterschieden. Wer sich diesem Vertrauen nicht anschließt, mag nach einem alternativen Reformkonzept suchen, das dann ebenfalls in sich stimmig zu sein hätte. Folgende Abweichungen von den zuvor zusammengestellten Reformvorschlägen könnte man erwägen:

- Für bilanzierungspflichtige Unternehmen wird eine lineare Betriebssteuer in Höhe von 36% des steuerpflichtigen Gewinns eingeführt. Für die Körperschaftsteuer bedeutet dies die Aufhebung des gespaltenen Steuersatzes. Im Falle der Entnahme beziehungsweise Ausschüttung von Gewinnen wird die Betriebssteuer auf die insoweit erst dann zu erhebende persönliche Einkommensteuer angerechnet.

- Die Überführung der Körperschaftsteuer in eine Teilhabersteuer wird vertagt. Es wird versucht, in der Europäischen Gemeinschaft Einvernehmen für einen konzertierten Übergang zu dieser Besteuerung zu einem späteren Zeitpunkt zu gewinnen. Die Betriebssteuer später wieder entfallen zu lassen, wäre problemlos möglich, wenn inzwischen der Spitzensatz der Einkommensteuer weiter deutlich gesenkt wäre, was wegen des internationalen Wettbewerbs der Steuertarife wahrscheinlich unvermeidbar ist.

- Mit Rücksicht auf den begrenzten Spielraum für Steuersenkungen bleibt es vorläufig bei der vermögensteuerlichen Doppelbelastung des Vermögens in Kapitalgesellschaften.

- Die Abschreibungsregelungen des § 7 EStG werden so geändert, daß eine Beschleunigung der steuerlichen Abschreibung gegenüber der ökonomischen Abschreibung für den Regelfall unterbleibt.

- Die Freibeträge für Einkommen aus Kapitalvermögen werden auf 3.000,-/6.000,- DM erhöht. Diese Abweichung von den zuvor dargelegten Vorschlägen wäre im Rahmen des Alternativkonzepts aus doppeltem Grund angemessen: Der Übergang zu einer Betriebssteuer für Unternehmensgewinne entlastet die thesaurierten Erträge aus Beteiligungsvermögen für die Niedrigbesteuerten nicht entscheidend, da der Thesaurierungssatz über dem Einkommensteuersatz bliebe. Die Anreize, Beteiligungsvermögen zu halten, blieben für sie unzureichend. Der erhöhte Sparerfreibetrag würde dafür einen gewissen Ausgleich schaffen, weil bis zu dessen Höhe ausgeschüttete Kapitalerträge, die der Quellenbesteuerung unterliegen (Dividenden) nicht länger diskriminiert werden gegenüber solchen, die keiner Quellensteuer unterliegen (Zinsen) oder die definitiv steuerfrei gestellt sind (Ertragsanteil der meisten Lebensversicherungsleistungen). Außerdem könnte man es ungerecht finden, wenn die de-facto-Kappung der Einkommensteuerprogression, die in der Betriebssteuer angelegt ist, nicht durch eine ausgleichende Besserstellung auch der niedrigbesteuerten Bezieher von Kapitalerträgen ergänzt wird.

Alle Elemente eines solchen Alternativkonzepts wären nur durch eine pragmatische Betrachtung der Steuerreformaufgaben zu rechtfertigen. Ausdruck eines reinlichen Konzepts wären sie nicht. Im übrigen dürfte die zumindest temporär hinzunehmende Haushaltsbelastung bei einer solchen Reform deutlich größer ausfallen als bei den zuvor dargelegten Vorschlägen des Kronberger Kreises.

Ein Mitglied des Kronberger Kreises, Hans Willgerodt, hält die Einwendungen gegen eine Steuerbegünstigung des nicht entnommenen Gewinns (siehe Seite 195 f.) für so schwerwiegend, daß er nicht einmal erwägenswert findet, einen solchen Weg zu gehen. Er glaubt vor allem, daß die Begünstigung des einbehaltenen Gewinns dem Ziel einer Beteiligung breiter Schichten an haftendem Kapital widerspricht. Außerdem hält er die Chancen für gering, daß von einem solchen Konzept der Übergang zu einer konsequenten Lösung gefunden werden kann, insbesondere der Spitzensatz der Einkommensteuer wieder an den Satz der Körperschaftsteuer angepaßt wird.

3. Wirtschaftliche Wirkungen

Nach unserem Vorschlag gibt es keine selbständige Unternehmensbesteuerung (Besteuerung von Unternehmenserträgen) mehr. Die Gewerbesteuer wird in eine Nettoumsatzsteuer umgewandelt; die Vermögensteuer von juristischen Personen entfällt. Die Körperschaftsteuer wird im wirtschaftlichen Ergebnis zu einer Erhebungsform der Einkommensteuer. Im internationalen Vergleich der Steuerlast von Unternehmen ergäbe sich eine Belastung deutscher Unternehmen von Null. (Dabei ist davon abgesehen, daß die Nettoumsatzsteuer in der hier vorgeschlagenen Reform – anders als die Mehrwertsteuer – keine reine Verbrauchsteuer ist, da es keinen Grenzausgleich gibt und die kommunalen Hebesätze differieren sollen.) Entscheidend ist freilich für die unternehmerische Tätigkeit oder für die Investitionen die Summe aus der Steuerlast des Unternehmens und seiner Anteilseigner. Die Rendite, auf die es bei der Entscheidung über Anlagen ankommt, ist die Rendite nach allen Steuern.

Die Investitionschancen und die erwarteten Renditen vor Steuern sind am Markt unabhängig von der Besteuerung gegeben. Welche Investitionsmöglichkeiten durchführenswert sind, hängt von der Relation zwischen Rendite und Kapitalkosten ab. Eine Investition ist vorteilhaft, wenn die Rendite über den Kapitalkosten liegt. Durch die vorgeschlagene Steuerreform werden die Kapitalkosten gesenkt und damit auch die notwendige Rendite, die Kapitalanleger zur Investition veranlassen. Die Kapitalkosten setzen sich ihrerseits aus den Kosten für Eigenkapital und Fremdkapital zusammen.

Um einen Eindruck von der Wirkung unserer Vorschläge zu vermitteln, gehen wir für eine repräsentative Aktiengesellschaft von einer Eigenkapitalrendite entsprechend den Eigenkapitalkosten in Höhe von 20% vor Steuern aus. (Die Rendite nach allen Unternehmensteuern beträgt 8% des eingesetzten Eigenkapitals. Siehe hierzu Seite 167.) Entsprechend der dort – aus Vereinfachungsgründen – getroffenen Annahme sehen wir von dem Einfluß steuerfrei aufzubauender stiller Reserven auf die Renditesätze vor und nach Steuern ab. Dieser Einfluß ist zwar bedeutend, er berührt jedoch nicht die Antwort auf die Frage nach der Änderung der Differenz zwischen vor und nach Steuern vom Markt geforderten Renditesätzen, die aus Steuerrechtsänderungen folgt, die ihrerseits keinen direkten Einfluß auf den – steuerfreien – Aufbau stiller Reserven haben. Und nur um eine solche Frage geht es hier.) Weiter gehen wir davon aus, daß die einbehaltenen Gewinne nach Steuern mit unveränderter Rentabilität investiert werden, der Wert der Anteile also etwa um diesen Betrag steigt. Für ein Unternehmen mit einem Gewinn je Aktie von 100,- DM vor Steuern und einem Börsenkurs von 500,- DM ergibt sich der in Tabelle 3 (Seite 208) hergeleitete Gewinn nach Unternehmensteuern. Dabei ist unterstellt, daß vom Gewinn nach Gewerbesteuer (Hebesatz 440%), aber vor Körperschaftsteuer 48,- DM zur Einbehaltung sowie zur Vermögensteuerzahlung und 31,30 DM zur Ausschüttung bestimmt sind (nach Körperschaft-

Tab. 3 **Steuerwirkungen III**	**heute**
Notwendiger Gewinn je Aktie vor Steuer	100,00 DM
- Gewerbesteuer	20,70 DM
- Körperschaftsteuer	37,60 DM
- Vermögensteuer	1,70 DM
Gewinn nach Unternehmensteuern	40,00 DM
Notwendige Eigenkapitalrendite vor Steuern (Eigenkapitalkosten)	20%
Eigenkapitalrendite nach Steuern (Vorgabe von S. 167)	8%

steuer je 20,- DM); der Einheitswert des Betriebsvermögens betrage 370,- DM.

Geht man weiterhin von der Annahme dreier unterschiedlich besteuerter Anteilseigner aus (Anteilseigner A sei vermögensteuerpflichtig und unterliege dem höchsten Einkommensteuersatz, Anteilseigner B zahle

Tab. 4

Steuerwirkungen IV **heute**

	A	B	C
Dividende	20,00 DM	20,00 DM	20,00 DM
+ Steuergutschrift	11,30 DM	11,30 DM	11,30 DM
	31,30 DM	31,30 DM	31,30 DM
- Steuer auf Dividende	17,50 DM	0,00 DM	17,50 DM
	13,80 DM	31,30 DM	13,80 DM
+ Kursgewinn	20,00 DM	20,00 DM	20,00 DM
Gesamtertrag	33,80 DM	51,30 DM	33,80 DM
- Steuern auf Kursgewinn	0,00 DM	0,00 DM	11,20 DM
- Vermögensteuer (Kurs 500)	2,50 DM	0,00 DM	2,50 DM
Ertrag nach allen Steuern	31,30 DM	51,30 DM	20,10 DM
Rendite beim Kurs von 500	6,25%	10,25%	4,0%

weder Vermögensteuer noch Einkommensteuer und Anteilseigner C sei ein anderes Unternehmen, bei dem der Veräußerungsgewinn von Unternehmensanteilen seinerseits steuerpflichtig ist), so ergibt sich für die drei Anteilseigner (und unter der Voraussetzung, daß die Kurssteigerung – 20,- DM – realisiert wird) jeweils die in Tabelle 4 hergeleitete Rendite nach Steuern. Von der Eigenkapitalrendite von 20% bleiben nach heutigem Recht also im günstigsten Fall 10 1/4%, im ungünstigsten 4% nach allen Steuern.

In einem Zwischenschritt sei vergegenwärtigt, was die 1990 in Kraft tretenden Steuerrechtsänderungen für dieses Kalkül bringen werden. Dabei sei unterstellt, daß die erforderliche Rendite vor Steuern (der Satz der Eigenkapitalkosten) letztlich herzuleiten ist aus dem Renditeverlangen der Kapitalanleger vor Steuern, wie es sich vor den Steuer-

Tab. 5

Steuerwirkungen V	**ab 1990** A
Notwendiger Gewinn je Aktie vor Steuer	91,10 DM
Gewerbesteuer	19,10 DM
Körperschaftsteuer	31,30 DM
Vermögensteuer	1,70 DM
Gewinn nach Unternehmensteuern	39,00 DM
Dividende	19,50 DM
+ Steuergutschrift	10,90 DM
	30,40 DM
- Steuer auf Dividende	16,10 DM
	14,30 DM
+ Kursgewinn/Veräußerungsgewinn	19,50 DM
Gesamtertrag	33,80 DM
- Steuern auf Kursgewinn	0,00 DM
- Vermögensteuer (Kurs 500)	2,50 DM
Ertrag nach allen Steuern	31,30 DM
Notwendige Eigenkapitalrendite vor Steuern (Eigenkapitalkosten)	18,25%
Eigenkapitalrendite nach Steuern (Vorgabe aus Tabelle 4)	6,25%

rechtsänderungen dargestellt hat. Und wir nehmen an, daß es die Rendite nach Steuern der Hochbesteuerten ist – 6 1/4% –, die dabei durchschlägt. In Tabelle 5 ist die Herleitung mitgeteilt. Es zeigt sich, daß ab 1990 ein Gewinn vor Steuern von 91,- DM je Aktie, eine Rendite vor Steuern von reichlich 18% (=Eigenkapitalkosten) ausreichen wird, dieselbe Rendite nach Steuern zu erzielen, wie sie heute vom Markt gefordert wird. Dies ist der Einfluß der Senkung des Körperschaftsteuersatzes für einbehaltene Gewinne auf 50% und der Ermäßigung des Spitzensteuersatzes der Einkommensteuer auf 53%.

Nun zu unserem Reformvorschlag! Danach entfallen die Gewerbesteuer und die Vermögensteuer des Unternehmens. Die neu hinzutretende Nettoumsatzsteuer der Gemeinden belastet nicht Investitionen bzw. deren Erträge. Die Körperschaftsteuer entspricht dem Spitzensatz der Einkommensteuer (50%) und wird mit ihr verrechnet. Veräußerungsgewinne aus Beteiligungen sind steuerfrei. Wiederum gilt: Da es für Anlageentscheidungen allein auf die Rendite nach allen Steuern ankommt, schlägt sich die Verbesserung der Relation von Vorsteuerrendite und Nachsteuerrendite nicht in den tatsächlichen Renditen nach Steuern, sondern in den Kapitalkosten der Unternehmen nieder. Anders ausgedrückt: Wenn bisher eine Nachsteuerrendite von 6 1/4% ausreichte, um den Anleger A zu gewinnen, dann reicht sie auch nach der Reform aus. Für diese Nachsteuerrendite von 6 1/4% braucht man heute 20% vor Steuern, nach der Steuerreform 1990 werden rund 18% benötigt, nach unserem Vorschlag nur noch 13,5%. Das ist freilich noch keine endgültige Schätzung der Veränderung der Eigenkapitalkosten der Unternehmen. Wird die entsprechende Rechnung für den Anleger B aufgemacht, dann wäre nur noch eine Rendite von 10 1/4% vor Steuern nötig; für Anleger C wären es 9%. Für die künftigen Eigenkapitalkosten kommt es auf das Zusammenspiel der reformbedingt erhöhten Nachfrage der drei Anleger nach Unternehmensbeteiligungen sowie der Reaktion der Eigenkapitalnachfrage der Unternehmen auf sinkende Kapitalkosten an. Nach der vorgeschlagenen Reform ergibt sich ein besonders starker Anreiz zum Erwerb von Beteiligungswerten für Private, die einem niedrigen persönlichen Steuersatz unterliegen und nicht vermögensteuerpflichtig sind, sowie für Unternehmen, die Beteiligungswerte im Betriebsvermögen halten wollen. Für ersteres sorgt die Integration der Körperschaftsteuer, für letzteres die Abschaffung der Steuer auf den Gewinn aus der Veräußerung von Unternehmensbeteiligungen. Aus beidem resultiert eine Mehrnachfrage nach Beteiligungstiteln, die tendenziell die Kapitalkosten über das hinaus senkt, was in der Verminderung der Steuerlast für den Hochbesteuerten (A) angelegt ist. Hinzu kommt noch, daß die Beseitigung der ertragsunabhängigen Teile der Gewerbesteuer und der Vermögensteuer der Unternehmen das Verhältnis von Chancen und Risiken aus Investitionen verbessert und damit die notwendige Risikoprämie mindert. Es ist daher wahrscheinlich eher vorsichtig geschätzt, wenn man erwartet, daß die Eigenkapitalkosten der Unternehmen von heute rund 20% über 18% ab 1990 auf etwa 12 1/2% nach der von uns vorgeschlagenen Reform sinken werden. Tabelle 6 zeigt, wie sich die Situation für das Unternehmen und die drei Anlager darstellt, wenn dies zutrifft. Hervorgehoben sei, daß die Rendite nach Steuern für den bisherigen Hauptanleger A aufgrund der Reform sinkt, also am Ende niedriger ist als heute, wenn die zuvor genannten Reaktionen eintreten. A wird im Wettbewerb mit B und C möglicherweise einen Teil seines Portefeuilles an diese abgeben, möglicherweise es aber sogar ebenfalls aufstocken – trotz der verminderten Rendite nach Steuern, wegen der verminderten Risikoprämie, die er verlangt.

Tab. 6
Steuerwirkungen VI nach Reform*)

	A	B	C
Notwendiger Gewinn je Aktie vor Steuer	62,50 DM	62,50 DM	62,50 DM
- Körperschaftsteuer minus Erstattung (Teilhabersteuer)	31,25 DM	0,00 DM	31,25 DM
- Private Vermögensteuer	2,50 DM	0,00 DM	2,50 DM
Gewinn nach Steuern	28,75 DM	62,50 DM	28,75 DM
Notwendige Eigenkapitalrendite vor Steuern (Eigenkapitalkosten)	12,5%	12,5%	12,5%
Eigenkapitalrendite nach Steuern	5,75%	12,5%	5,75%

*) Nach Anpassung von Eigenkapitalangebot und Eigenkapitalnachfrage bzw. Investitionen an die Reform

Bei der Ermittlung der Eigenkapitalkosten muß vom Marktwert des Unternehmens, des Eigenkapitals, und nicht vom Eigenkapital der Bilanz ausgegangen werden. Im Marktwert des Eigenkapitals kommen zukünftige erwartete Erträge, aber auch stille Reserven zum Ausdruck. Deshalb ist die Relation von Marktwert des Eigenkapitals zu Marktwert des Fremdkapitals weit günstiger als die der entsprechenden Bilanzwerte. In einer Marktwertbetrachtung – die für Kapitalkostenkalkulationen allein maßgeblich ist – kommen deutsche Unternehmen auf 40 bis 50% Eigenkapital.

Daraus ergibt sich ein Anhaltspunkt dafür, wie zusätzliche Investitionen finanziert werden müssen. Angenommen, für Neuinvestitionen braucht man im Durchschnitt 40% Eigenkapital, und der Fremdkapitalanteil von 60% der Investitionssumme bestehe im Durchschnitt je zur Hälfte aus langfristigem Fremdkapital (gewerbesteuerpflichtige Dauerschulden) zu 7% Zins und kurzfristigen Krediten zu ebenfalls 7%, dann ergeben sich für Neuinvestitionen die in Tabelle 7 zusammengestellten Kapitalkosten.

Tab. 7
Steuerwirkungen VII **Kapitalkosten**

	heute	1990	nach Reform
40% Eigenkapital	20,0%	18,2%	12,5%
30% Dauerschulden zu 7%	7,5%	7,6%	7,0%
30% kurzfristige Kredite zu 7%	7,0%	7,0%	7,0%
durchschnittl. Kapitalkosten	12,4%	11,7%	9,2%

Nun hat allerdings jede Investition ihre eigenen Kapitalkosten, die nicht mit den Durchschnittskapitalkosten des Unternehmens übereinstimmen. Sie hängen vom Risiko der jeweiligen Investition ab. Näherungsweise kann man die Kapitalkosten einer Investition dadurch abgreifen, daß man untersucht, in welchem Maße die einzelne Investition fremdfinanziert werden könnte (sog. “new borrowing power”-Ansatz). Je sicherer die Investition ist, um so weniger Eigenkapitalfinanzierung ist notwendig. Das soll an fünf Investitionstypen veranschaulicht werden:

- Anlage in Bundesanleihen, die zu 90% mit kurzfristigen Geldern zu 7% Zins und zu 10% mit Eigenkapital finanziert werden (I),

- Erhöhung des Lagerbestandes, der zu 70% mit kurzfristigen Krediten zu 7%, zu 30% mit Eigenkapital finanziert wird (II),

- Ersatzinvestition, die zu 60% mit langfristigen Krediten zu 7%, zu 40% mit Eigenkapital finanziert wird (III),

- Erweiterungsinvestition, die zu 40% mit langfristigen Krediten zu 7%, zu 60% mit Eigenkapital finanziert wird (IV),

- Forschungsinvestition, die voll mit Eigenmitteln finanziert werden muß (V).

Es ergeben sich die in Tabelle 8 zusammengestellten Kapitalkosten im heutigen Steuersystem, nach der Reform 1990 und nach den Vorschlägen des Kronberger Kreises.

Tab. 8
Durchschnittliche Kapitalkosten verschiedener Investitionen

	I	II	III	IV	V
Heutiges Steuersystem	8,3%	10,9%	12,5%	15,0%	20,0%
Steuersystem 1990	8,1%	10,4%	11,8%	14,0%	18,2%
Vorgeschlagene Reform	7,6%	8,7%	9,2%	10,3%	12,5%
Kapitalkostenersparnis (in Prozentpunkten)	0,5	1,7	2,6	3,7	5,7

Man sieht, daß die Kapitalkosten aller Investitionen nach der vorgeschlagenen Reform niedriger liegen als 1990. Bei der hochriskanten Forschungsinvestition ist die Kapitalkostenminderung jedoch viele Male höher als bei der sicheren Anlage in Bundesanleihen.

Die Kapitalkostensenkung bedeutet, daß sehr viele Investitionen, die unter heutigen Bedingungen nicht lohnend sind, nach der Reform als vorteilhaft erscheinen. Mit diesen Kapitalkostensätzen würde die Wettbewerbsfähigkeit im internationalen Standortwettbewerb erheblich verbessert. Ohnehin ist zu bedenken, daß die zum Teil niedrigen Unternehmensteuern in einigen wichtigen Partnerländern nicht darüber hinwegtäuschen dürfen, daß dort andere steuerliche Bedingungen ungünstiger sind:

- Höhere Inflationsraten führen vielfach zu einer höheren Belastung inflationärer Scheingewinne.

- Der ausgeschüttete Gewinn wird gerade in den Ländern mit niedrigem Körperschaftsteuersatz voll einkommensteuerpflichtig. Er wird also durch Körperschaft- und Einkommensteuer doppelt belastet.

- Veräußerungsgewinne unterliegen einer Kapitalgewinnsteuer.

Die vorgeschlagene Reform würde nicht dazu führen, daß Investitionen in Unternehmen gleich behandelt werden wie andere Investitionen. Das Grundvermögen, das wenig verschuldete Eigenheim und das land- und forstwirtschaftliche Vermögen werden auch nach der Reform günstiger behandelt als die Investitionen in Unternehmen. Dagegen würden durch die Reform alle Rechtsformen untereinander gleich behandelt. Die Anreize zur Fremdfinanzierung würden verringert, bei den Kapitalgesellschaften wesentlich verringert. Dadurch würden riskantere Investitionen stärker entlastet als sichere und Investitionen in Sachvermögen stärker als Investitionen in Geldvermögen. Schließlich wäre die relative Vorteilhaftigkeit der Investition in Unternehmensbeteiligungen für die Anleger weniger von ihrem Steuersatz abhängig. Wir hätten also mit einer starken Erhöhung der Anzahl der Kapitalgesellschaften zu rechnen.

Die gravierenden direkten steuerlichen Nachteile der Eigenkapitalfinanzierung wären beseitigt. Die Eigenkapitalfinanzierung wäre nicht teurer als die Fremdkapitalfinanzierung. Der Ersatz von Fremdkapital durch Eigenkapital erhöht also in diesem System die durchschnittlichen Kapitalkosten nicht. Die steuerlichen Anreize zur Fremdfinanzierung beschränkten sich auf die Anreize, die die Kapitalanleger hierzu haben: die Quellensteuerfreiheit von Zinseinkommen sowie der verbleibende

– freilich bedeutende – Anreiz zur Spezialisierung in der Vermögenshaltung, soweit dieser Anreiz in dem vom individuellen Steuersatz abhängigen Wert des Anspruchs auf – steuerfrei aufgebaute – stille Reserven wurzelt. Vom Standpunkt der Unternehmen bzw. der Unternehmensleitung ist aber Eigenkapital vorteilhafter als Fremdkapital. Es gibt wenige empirische Anhaltspunkte dafür, wie stark die Wirkung auf die Finanzierungsformen wäre. Dort, wo die Diskriminierung schwächer ist als bei uns – bestes Beispiel ist die Schweiz –, liegen die Eigenkapitalquoten wesentlich höher. Bis zum Ersten Weltkrieg, als die Eigenkapitaldiskriminierung noch kaum merkbar war, lagen die Eigenkapitalquoten von Industrieaktiengesellschaften bei 70-80%. Man könnte sich durchaus eine Verdoppelung der heutigen bilanzmäßigen Eigenkapitalquoten vorstellen. Da sich das gegebene Risiko dann auf ein größeres Eigenkapital verteilt, wären die Risikoprämien kleiner, die durchschnittliche Beteiligung des Fiskus daran geringer.

Eine so beträchtliche Vermehrung des Eigenkapitals könnte selbstverständlich nicht durch die Einbehaltung von Gewinnen gebildet werden, sondern erfordert zum größeren Teil die Eigenkapital-Außenfinanzierung. Das bedeutet, daß vorhandenes Vermögen, insbesondere Geldvermögen, umzuschichten ist. Dafür wären die Voraussetzungen steuerlich verbessert. Bisher eignet sich die Aktie aus steuerlichen Gründen nur als Anlage für Bezieher hoher Einkommen. Nach der vorgeschlagenen Reform lassen sich die verbleibenden steuerbedingten Anreize zur Geldvermögensanlage bei niedrig- oder mittelhochbesteuerten Anlegern von anderweitigen Anreizen zum Kauf von Aktien eher überspielen. Während man heute annehmen kann, daß der durchschnittliche Grenzsteuersatz von Aktionären nicht sehr weit vom Spitzensatz der Einkommensteuer liegt, könnte dieser durch die Reform merklich sinken. Wir haben also nicht nur mit einer starken Vermehrung des Eigenkapitals, sondern auch mit einer breiteren Streuung zu rechnen.

Besonders stark dürften die Auswirkungen auf die Neugründungen von Unternehmen sein. Das Gründungsgeschäft, also die Gründung eines Unternehmens durch ein anderes, ist heute durch die Doppelbesteuerung völlig unattraktiv. Die Kapitalkosten dieses Geschäfts würden durch die Reform massiv sinken. Da gleichzeitig die Kapitalkosten riskanter Investitionen erheblich stärker zurückgehen als die sicherer Investitionen, darf man mit einem starken Aufblühen des Gründungsgeschäftes, insbesondere für den riskanten Spitzentechnikbereich rechnen.

4. Fiskalische Wirkungen

Für die Abschätzung der Reformvorschläge auf das Steueraufkommen können hier nur einige Hilfsüberlegungen geboten werden. Das Steueraufkommen wird zum einen dadurch beeinflußt, daß sich bei gegebenen Steuerbemessungsbasen die Steuersätze ändern, zum anderen dadurch, daß es zu einer Veränderung der Steuerbemessungsbasen selbst kommt. Der erste Faktor kann in den meisten, nicht allen Fällen, einigermaßen zuverlässig geschätzt werden, beim zweiten ist das nicht möglich.

Im einzelnen ist zu bedenken:

- Die vorgeschlagene Reform der Gewerbesteuer wäre aufkommensneutral.

- Die Anrechnung einbehaltener Gewinne im Rahmen der Teilhabersteuer führt bei all den Steuerpflichtigen zu Minderzahlungen, deren Grenzsteuersatz unter 50% liegt. Obwohl man vermuten darf, daß derzeit der allergrößte Teil der Unternehmensbeteiligungen bei Personen liegt, die den Einkommensteuer-Spitzensatz zahlen, käme es hier also zu – wenngleich geringen – Steuerausfällen. Auf der anderen Seite macht die Reform die Anlage in Beteiligungswerten auch für Bezieher geringerer Einkommen interessant. Das führt tendenziell zu einer Umschichtung von Geldvermögenswerten in Beteiligungstitel. Da man weiter annehmen kann, daß ein großer Teil dieser Geldvermögenserträge nicht versteuert wird (Sparkonten), bewirkt die Umschichtung insoweit eine Erhöhung des Steuerertrags. Der Saldo läßt sich kaum abschätzen. Er könnte sehr gering sein. Es ist nicht einmal auszuschließen, daß er positiv ausfällt.

- Die Senkung des Spitzensatzes der Einkommensteuer dürfte für sich genommen – also bei gegebenen Bemessungsbasen – zu Steuerausfällen in Höhe von ein bis zwei Milliarden Mark führen. (Die Senkung des Satzes von 56 auf 53% war mit einer Milliarde Mark kalkuliert.) Auch dieser beträchtlichen Verminderung stünde eine –

allerdings kaum abschätzbare – Mehreinnahme aus der Expansion der Bemessungsbasen gegenüber.

- Die vorgeschlagene Änderung der Besteuerung von Veräußerungsgewinnen dürfte aus Gründen, die auf Seite 99 angeführt sind, eher zu Steuermehreinnahmen als zu Steuermindereinnahmen führen.

- Die Beseitigung der Körperschafts-Vermögensteuer und die Harmonisierung der Bewertung bei der privaten Vermögensteuer führte zu Einbußen von rd. 4 Mrd. DM.

- Aus Gründen, die auf Seite 104 genannt wurden, bedeutet die Abschaffung der Kapitalverkehrsteuern – wenn überhaupt – nur einen geringen Ausfall.

Den Einnahmeausfällen stünde ein starker Investitionsimpuls und damit ein Wachstumsimpuls gegenüber. Wächst das Sozialprodukt um einen Prozentpunkt schneller, so bringt das rund 5 Mrd. DM in die Staatskasse. Freilich steigen erfahrungsgemäß auch die Staatsausgaben stärker, wenn das Sozialprodukt rascher wächst. Trotzdem wären die Haushaltrisiken der vorgeschlagenen Reform beherrschbar, denn die Ausgabensteigerung bei wachsendem Sozialprodukt liegt weitgehend in den Händen von Regierung und Parlament. Und bei kräftigerem Wirtschaftswachstum sollte man für realistisch halten, daß die Expansionsrate der Staatsausgaben unter der Zuwachsrate des Sozialprodukts gehalten werden kann.

Wir haben in einer früheren Veröffentlichung die kurzfristige Streichung von rd. 33 Mrd. DM an Subventionen vorgeschlagen. Davon sind im Rahmen der Steuerreform rd. 18 Mrd. DM abgebaut worden. Andere Subventionen bzw. Vergünstigungen sind seither hinzugekommen, so etwa die beschleunigte Abschreibung auf Betriebsgebäude. Hier gibt es unausgenutzte Finanzierungsspielräume, die eine substantielle Unternehmensteuerreform ermöglichen.

Mehr Markt in Hörfunk und Fernsehen

Dezember 1989

Wolfram Engels, Walter Hamm
Otmar Issing, Wernhard Möschel
Olaf Sievert, Hans Willgerodt
(KRONBERGER KREIS)

I. Wettbewerbsvorteile für öffentlich-rechtliche Rundfunkanstalten

Rundfunkmonopol beseitigt

1. Seit dem 1. Dezember 1987 ist das Rundfunkmonopol, also das Monopol zur Verbreitung von Hörfunk- und Fernsehsendungen von ARD und ZDF, endgültig beseitigt. Durch den Staatsvertrag zur Neuordnung des Rundfunkwesens in der Bundesrepublik Deutschland und durch neue Landesmediengesetze sind die rechtlichen Voraussetzungen für ein duales Rundfunksystem, also für ein Nebeneinander von öffentlich-rechtlichem und privatem Rundfunk, geschaffen worden. Seit diesem Zeitpunkt gelten für bundesweite Veranstalter weitgehend einheitliche Regelungen. Dennoch vollzieht sich die Liberalisierung des Rundfunkmarktes in Deutschland nur zögernd. Die bislang geschaffenen Öffnungen für privaten Hörfunk und privates Fernsehen sind von einem bürokratischen Kontrollnetz überspannt. Die privaten Wettbewerber werden nach wie vor durch Reglementierungen, mit denen die Vormachtstellung der öffentlich-rechtlichen Anstalten zementiert werden soll, in ihrer Wettbewerbsfähigkeit behindert.

Dominanz von ARD und ZDF ungebrochen

2. Zwar hat sich in den letzten Jahren die Landschaft der elektronischen Medien gewandelt. Eine größere Anzahl privater werbefinanzierter Fernseh- und Hörfunkveranstalter ist neben die öffentlich-rechtlicher gebühren- und werbefinanzierten Rundfunkanstalten getreten. Dennoch bleibt die Dominanz der öffentlich-rechtlichen Unternehmen ungebrochen. Ihre Überlegenheit ist in erster Linie Ausfluß der gesicherten Finanzierung über Gebühreneinnahmen (1988 3,6 Mrd. DM bei der ARD, 873 Mio. DM beim ZDF). Diese Zwangsabgaben verschaffen den öffentlich-rechtlichen Unternehmen bei der Programmbeschaffung

und -verbreitung einen nahezu unbegrenzten finanziellen Rückhalt, da die Höhe der Gebühren sich letztlich an den Kosten orientiert.

Erhebliche Vorsprünge haben diese Anstalten aber auch auf dem Werbemarkt. 1988 betrugen die Werbeeinnahmen der ARD beim Hörfunk 664,1 Mio. DM und 924,9 Mio. DM beim Fernsehen. Beim ZDF betrugen die Einnahmen aus Fernsehwerbung im gleichen Jahr 648,3 Mio. DM. Hinter diesen Einnahmen bleiben trotz erheblicher Zuwächse die beiden größten privaten Anbieter mit bundesweitem Fernsehprogramm weit zurück: RTL plus erzielte 1988 124,6 Mio. DM und SAT 1 115, 5 Mio. DM. Ohne eine Verbesserung der Wettbewerbschancen der privaten Anbieter wird die überragende Marktstellung der öffentlich-rechtlichen Anstalten auf absehbare Zeit unangetastet bleiben.

Rechtsprechung des Bundesverfassungsgerichts

3. Die Nachteile für die privaten Wettbewerber werden durch die Rechtsprechung des Bundesverfassungsgerichts weiter gefestigt. Mit den vom Bundesverfassungsgericht – wenn auch nur innerhalb einer dualen Rundfunkordnung – festgelegten Bestands-, Entwicklungs- und Finanzierungsgarantien wird die Überlegenheit der öffentlich-rechtlichen Anstalten nicht nur festgeschrieben. Es werden auch Wege geöffnet, sie auf Kosten der Wettbewerber und Gebührenzahler weiter auszubauen. So erklärt das Bundesverfassungsgericht in seinem fünften und bislang letzten Rundfunk-Urteil den Ausbau der regionalen und lokalen öffentlich-rechtlichen Programme zum Bestandteil der Rundfunkfreiheit. Zudem verpflichtet es den Gesetzgeber – unter Offenhaltung der Finanzierungsformen -, für eine hinreichende Finanzierung zu sorgen. Eine gesetzliche Beschränkung in der Anzahl der öffentlich-rechtlichen Programme ist daher nicht mehr möglich. Der im vierten Rundfunk-Urteil noch mit Grundversorgung umschriebene Rundfunkauftrag der öffentlich-rechtlichen Anstalten wird mit dem fünften Urteil des Verfassungsgerichtes in Richtung Höchstversorgung verschoben. Einer möglichen Aufgabenteilung zwischen öffentlich-rechtlichen und privaten Anbietern in der Form, daß die öffentlich-rechtlichen sich auf eine Mindestversorgung unter Berücksichtigung ihres kulturpolitischen Auftrags beschränken, wird damit eine Absage erteilt. Aufgrund dieser Rechtsprechung ist eher mit einer weiteren Expansion als mit einem Rückzug der öffentlich-rechtlichen Anbieter zu rechnen. Dies zeigt sich am deutlichsten darin, daß auch die terrestrische Verbreitung

des ARD-I Plus-Programms von den SPD regierten Bundesländern angestrebt wird und im bremischen Landesmediengesetz sogar ausdrücklich geregelt ist.

Rahmenbedingungen für eine Medienordnung

4. Derzeit ist der Medienmarkt der Bundesrepublik von einem freien Markt noch weit entfernt. Eine Medienordnung, welche privaten Anbietern Marktchancen ohne Diskriminierung beließe, hat eine Vielzahl rechtlicher, technischer und wirtschaftlicher Bedingungen als Rahmen für eine privat-autonome Betätigung im Bereich der elektronischen Medien zu berücksichtigen. Die ökonomisch-technischen Voraussetzungen für private Rundfunksendungen hängen in erster Linie von den verfügbaren Übertragungswegen und den möglichen Finanzierungsformen ab. Der rechtliche Rahmen wird in starkem Maße durch die Rechtsprechung des Bundesverfassungsgerichts, durch die Bestimmungen der für den Rundfunk maßgeblichen Landesgesetze sowie durch deren Interpretation durch die Landesmedienanstalten festgelegt. Sowohl von den ökonomisch-technischen als auch von den rechtlichen Möglichkeiten her bleiben als Hebel für eine allmähliche Umgestaltung des Medienmarktes ein Abbau vielfältiger Behinderungen privater Anbieter und eine Änderung der Finanzierungsformen.

II. Wirtschaftsordnung und Medienordnung

Besondere Bedeutung der Medien

5. Die politische und wirtschaftliche Ordnung der Bundesrepublik beruht weitgehend auf Wettbewerb. Parteien und Unternehmen müssen jeweils im Wettbewerb um die Gunst der Bürger konkurrieren. Wirtschaftlicher Wettbewerb der Unternehmen und Meinungswettbewerb der Parteien setzen bei den Bürgern Wahlmöglichkeiten und Entscheidungsfreiheit voraus. Nur so erhalten die im Wettbewerbsprozeß sich durchsetzenden politischen und wirtschaftlichen Entscheidungen ihre gesellschaftliche Legitimation.

In diese Ordnung sind die Medien in zweifacher Weise eingebunden. Zum einen sind sie selbst Teil des Wirtschaftssystems, zum anderen stellen sie für die politischen und wirtschaftlichen Wahlalternativen der

Bürger die Öffentlichkeit her. Dies macht das Mediensystem so bedeutsam, für Staat und Wirtschaft gleichermaßen begehrenswert. Um so wichtiger ist, daß die Medien neben ordnungspolitischen Rahmenregelungen der Kontrolle des Wettbewerbs ausgesetzt sind. Sonst kann das Mediensystem sich leicht zu einem nicht mehr kontrollierbaren Staat im Staat entwickeln oder zu einem Instrument für politische oder wirtschaftliche Interessenten deformiert werden.

Zweiteilung der Medienordnung

6. Dieser herausragenden gesellschaftspolitischen Stellung des Mediensystems trägt das Grundgesetz in Artikel 5 Abs.1 Rechnung: „Jeder hat das Recht, seine Meinung in Wort, Schrift und Bild frei zu äußern und zu verbreiten und sich aus allgemein zugänglichen Quellen ungehindert zu unterrichten. Die Pressefreiheit und die Freiheit der Berichterstattung durch Rundfunk und Film werden gewährleistet. Eine Zensur findet nicht statt.“ Beide Freiheiten werden in einem Satz genannt. Dennoch ist bei der praktischen Ausgestaltung zwischen Presse und Rundfunk unterschieden worden. Durch die Gesetzgebung und die Rechtsprechung des Bundesverfassungsgerichts zum Rundfunk hat sich eine Zweiteilung der Medienordnung herausgebildet.

Pressefreiheit und Rundfunkregulierung

7. Die Pressefreiheit wurde umfassend, auch im Sinne einer Presse-Angebotsfreiheit, hergestellt. Zutrittsbarrieren in Form von Lizenzen oder staatlichen Auflagen, die über die allgemeinen Gesetze hinausgehen, finanzielle Reglementierungen oder Absicherungen gibt es nicht. Zeitungen, Zeitschriften, Bücher, Schallplatten, andere Ton- sowie Bildträger wurden den marktwirtschaftlichen Spielregeln unterworfen. Meinungsvielfalt wird durch Pressevielfalt, also wirtschaftlichen Wettbewerb, gesichert. Öffentliche Kontrollen oder Aufsichtsorgane bestehen nicht.

Rundfunkfreiheit hingegen blieb bis auf den heutigen Tag ein Betätigungsfeld massiver staatlicher Regulierung. Das öffentlich-rechtliche Rundfunksystem der Bundesrepublik entstand in einer Gegenposition zur privatwirtschaftlichen Presse. Dies war namentlich Resultat einer Politik der britischen Besatzungsmacht, die sich am Vorbild ihrer British Broadcasting Corporation (BBC) orientierte und glaubte, damit eine einseitige Inbesitznahme von Hörfunk und Fernsehen durch politische oder wirtschaftliche Interessenten verhindern zu können. Dabei sollten Kontrolle und Meinungsvielfalt nicht durch wirtschaftlichen Wettbewerb, sondern durch die pluralistische Besetzung der Anstaltsgremien mit Repräsentanten gesellschaftlich relevanter Gruppen gewährleistet werden.

Öffentlich-rechtliche Anstalten: Erwartungen nicht erfüllt

8. Die in das idealtypische Modell eines Rundfunksystems gesetzten Erwartungen, wonach weder vom Staat noch von gewinnorientierten Wirtschaftsinteressen bestimmender Einfluß ausgehen sollte, haben sich nicht erfüllt. Hörfunk und Fernsehen sind in eine immer engere Verflechtung mit den politischen Parteien und den gesellschaftlichen Gruppen geraten, die sich zur Kontrolle in den Rundfunk-, Fernseh- und Verwaltungsräten der öffentlich-rechtlichen Anstalten zusammenfinden. Diejenigen, die über die Unabhängigkeit des Rundfunks wachen sollten, entdeckten ihn als ein Instrument zur Entfaltung und Befriedigung ihrer Interessen. An die Stelle persönlicher Leistung als Organisationsprinzip des Handelns ist politische Solidarität getreten. Das auffälligste Merkmal dafür sind die Freundeskreise des ZDF-Fernsehrats, in denen sich Angehörige und Sympathisanten von CDU/CSU einerseits sowie der SPD andererseits regelmäßig vor den Sitzungen des Gremiums treffen. Dort werden für Personal-, Programm- und Wirtschaftsentscheidungen die Weichen gestellt. Diese politische Beeinflussung wird durch die Gebührenentscheidungen der Ministerpräsidenten der Länder und der Landtage noch erhöht. Denn diesen Entscheidungen gehen politische Kontaktnahmen zwischen Ministerpräsidenten, Fraktionen der Parlamente und Rundfunkanstalten voraus.

Politikverflechtung ...

9. Sowohl die Verflechtung mit der Politik als auch die Anlehnung an Organisationsformen des öffentlichen Dienstes haben zur Aufblähung des Apparats beigetragen. Der Proporz in den Gremien führte zum Proporz in der Besetzung wichtiger Stellen in Programmbereichen, Verwaltung und Technik der Sendeanstalten. Überdies gewähren die Rundfunkanstalten ihren Bediensteten ein Maß an finanziellem und sozialem Komfort, der in vielen Fällen den des öffentlichen Dienstes weit übertrifft. Im Zusammenwirken mit starken Gewerkschaftsein-

flüssen hat dies dazu geführt, daß der Apparat immobil ist, leistungsorientierte Personaleinsatzplanung stark behindert wird und eine ungewöhnlich große Zahl von Mitarbeitern dank Regelaufstieg oder Abschiebung auf höher dotierte Positionen Besoldungsstufen erreicht, welche die höchsten Stufen der Ministerialbürokratie übertreffen.

... und Verkrustung

10. Die Rundfunkanstalten sind von ihrem Aufbau und ihrer Organisationsstruktur her nicht auf die Interessen der Zuhörer und Zuschauer angelegt. Das ist eine Folge der Finanzierung durch Gebühren, die jeder entrichten muß, der ein Hörfunk- oder Fernsehgerät benutzt. Eine Rückkoppelung im Markt fehlt. Hörfunk und Fernsehen werden damit von der Notwendigkeit freigestellt, sich mit ihren Angeboten auf die Nachfrage, also die Bedürfnisse der Bürger einzurichten. In dem Maße, wie sie darauf verzichten konnten, sich im Wettbewerb zu behaupten, entfernten sich Hörfunk und Fernsehen von den Grundlagen unserer politischen und wirtschaftlichen Ordnung. Sie konnten sich in einer Weise etablieren, die bei der wirtschaftlichen und sozialen Absicherung des Systems und seiner Beschäftigten dem öffentlich-rechtlichen Staatsapparat verwandter war als der Wirtschaft. Die Anstalten empfinden sich heute eher als Erzieher denn als Diener ihrer Kunden.

Ausweitung der Werbeeinschaltungen

11. Die freie wirtschaftliche Betätigung wurde aber nicht nur dadurch beschnitten, daß die Freiheit des Rundfunkangebots eingeschränkt wurde. Durch ihr Veranstaltungsmonopol beherrschten die Rundfunkanstalten auch die Zugänge zur Werbung in Hörfunk und Fernsehen. Zumindest mittelbar wurde damit der Wettbewerb in den Märkten für Waren und Dienstleistungen beeinflußt. Die verbreiteten Klagen von Wirtschaftsverbänden und Handelsunternehmen über mangelnde Werbemöglichkeiten in elektronischen Medien belegen dies. Das Monopol ermöglichte den Rundfunkanstalten zudem, Preise für Werbeeinspielungen durchzusetzen, die über den Preisen an einem Wettbewerbsmarkt liegen.

Wo sie die Werbesendungen ausgeweitet haben, sind die öffentlich-rechtlichen Anstalten zunehmend zu Konkurrenten privatwirtschaftlich organisierter Medien geworden. Mit aktiver Unterstützung ihrer Aufsichtsorgane, zumindest ohne deren erkennbaren Widerstand, konnten die Anstalten der ARD und das ZDF dort, wo es ihnen nützlich erschien, lukrative kommerzielle Betätigungen in Konkurrenz zu privatwirtschaftlichen Unternehmen für sich erschließen. Beispiele dafür sind Tochterfirmen im Bereich der Fernsehproduktion, des Handels mit solchen Produktionen, des Merchandising und anderer Rechteverwertung. Aber auch umfangreiche Grundstücksgeschäfte, offiziell ausgewiesen als Absicherung von Pensionsverpflichtungen, wurden eingegangen. Mehrere Rundfunkanstalten besitzen Hotels und Restaurants, die über Tochterfirmen betrieben werden. Wo der öffentlich-rechtliche Status die privatwirtschaftliche Betätigung der jeweiligen Anstalt ausschließt, wurde sie auf Tochterfirmen übertragen, vornehmlich auf die sogenannten Werbetöchter. Ihnen obliegt dann die Akquisition und Gestaltung der Rundfunkwerbung.

Beschaffungsmärkte

12. Auch auf den Beschaffungsmärkten haben ARD und ZDF eine dominierende Stellung. Um den drohenden Wettbewerb privater Veranstalter von vornherein zu begrenzen, erwarb die ARD Anfang 1984 langfristige Exklusivrechte für über 1500 Filme von der amerikanischen Filmgesellschaft Metro Goldwyn Mayer/United Artists für etwa 240 Mio. DM. Das ZDF zog kurz danach mit dem Erwerb von 1200 Filmlizenzen von mehr als 10 Filmproduzenten nach. Für die private Konkurrenz sind dies Zugangsschranken zu dem verfügbaren Angebot an attraktiven Spielfilmen. Erst durch Intervention der europäischen Kartellbehörden hat sich die ARD bereit erklärt, für einen Zeitraum von 3 Jahren Unterlizenzen an andere, auch private Veranstalter einzuräumen.

Hinzu kommt die Praxis von ARD und ZDF, Kartellabsprachen für die Übertragung von publikumsattraktiven Sportereignissen zu treffen. Sie treten gegenüber Anbietern bzw. Rechteinhabern – bei internationalen Ereignissen im Rahmen der Europäischen Rundfunkunion (EBU) – als Kollektiv auf und mindern so die Chancen privater Veranstalter. Kommen sie dennoch beim Lizenzpoker einmal ins Hintertreffen, wie z.B. bei der Übertragung des Tennisturniers von Wimbledon, so kaufen sie im Gegensatz zu anderen privaten Sendern keine Zweitrechte, die eine Übertragung von Zusammenfassungen erlauben, sondern strafen ihre

Zuschauer mit sparsamster Ergebnisberichterstattung, um so den Volkszorn gegen die privaten Sender zu schüren.

Keine wirksame Kontrolle möglich

13. Eine wirksame Kontrolle der Anstalten und ihrer Ausgaben ist kaum mehr möglich. Denn eigenes Wissen über die internen Vorgänge bei den Anstalten, sowohl hinsichtlich der Programminhalte als auch der programmwirtschaftlichen Angelegenheiten, fehlt den ehrenamtlich tätigen Repräsentanten der Parteien, der Verbände, der Kirchen, der Gewerkschaften, der Wohlfahrtsorganisationen etc. in aller Regel. Ihre Kompetenzen liegen nicht dort, wo sie für die Kontrolle mächtig gewordener, bürokratisch und parteipolitisch ausgerichteter Apparate erforderlich wären. Deshalb sind sie auf Informationen angewiesen, die ihnen just der Apparat liefert, den sie aus eigener Kompetenz beaufsichtigen sollten. Es ist daher kein Wunder, daß die Rundfunkanstalten regelmäßig Gebührenerhöhungen anmahnen, über die ebenso regelmäßig von den Ministerpräsidenten der Länder und den Länderparlamenten ohne direkten Bezug zu den Entwicklungen in den Angeboten der Anstalten und der Märkte entschieden wird. Schon Versuche der zuständigen politischen Stellen, die Erörterung der Gebührenerhöhungen mit Fragen der Programmangebote zu verbinden, werden von den Rundfunkanstalten, aber auch den. meisten Anstaltsgremien, als unzulässige Einmischung des Staates in die Rundfunkfreiheit abgewehrt.

Widerstände gegen freien Rundfunkmarkt

14. Es ist verständlich, daß unter den gegebenen Umständen die Parteien lange Zeit keine Anstrengungen unternommen haben, die Rundfunkanstalten denselben Normen zu unterwerfen, wie sie für die übrigen Medien gelten, in einem Wort: dem Wettbewerb. Zu bequem ist es, politische Positionen auf dem Proporzwege zu besetzen, statt sie im offenen Wettbewerb zu erringen. Zu leicht ist es, auf der bisherigen Schiene Medieneinfluß auszuüben, statt freien Hörfunk- und Fernsehveranstaltern ausgesetzt zu sein. Hinzu kommt der Widerstand der Bundesländer. Sie wollen eines der wenigen Gestaltungsfelder, das ihnen verblieben ist, nicht verlieren. Unbeschadet unterschiedlicher gesellschaftspolitischer Ausrichtung ihrer Regierungen entlassen sie Hörfunk und Fernsehen nicht aus ihrer Regulierungsmacht.

Grundgesetz: Keine Präferenz für eine bestimmte Rundfunkordnung

15. Es ist von der Verfassung nie beabsichtigt gewesen, den Rundfunk dem Bereich der öffentlichen Zwangsversorgung zuzuordnen, die in den vergangenen Jahren auf immer mehr individuelle Lebensbereiche ausgedehnt worden ist, die den einzelnen Bürger der Eigenverantwortung enthebt und ihn in wachsendem Maße von staatlichen Institutionen und staatlichen Reglementierungen abhängig macht. Das Bundesverfassungsgericht hat vielmehr mehrmals betont: Das Grundgesetz kennt keine Präferenz für die überkommene Rundfunkordnung. Diese ist immer nur eine mögliche, nicht eine zwingend gebotene Ordnung des Rundfunks gewesen. Schon im 1. Rundfunkurteil hat es ausgesprochen, die Verfassung fordere nicht, daß Veranstalter von Rundfunksendungen nur Anstalten des öffentlichen Rechts sein könnten. Auch rechtsfähige Gesellschaften des privaten Rechts könnten Träger von Veranstaltungen dieser Art sein. Auch folge aus Artikel 5 GG keineswegs, daß für solche Institutionen in einem Bundesland ein Monopol begründet werden müsse. Die begleitende wissenschaftliche Diskussion hat zudem bekräftigt, daß die Freiheit, Hörfunk und Fernsehen zu veranstalten, als ein Jedermannsrecht und damit auch als ein Recht zur freien Berufsausübung zu begreifen ist.

III. Die Sonderstellung des Rundfunks ist überholt

Technische Zutrittsbarrieren

16. Seit Ende der fünfziger Jahre gab es wiederholt Versuche, das Rundfunksystem zumindest durch eine marktwirtschaftliche Komponente zu ergänzen. Sie gingen von wirtschaftlichen und publizistischen Interessenten aus, aber auch von Politikern, die in der öffentlich-rechtlichen Struktur eine Ursache für politische Einseitigkeiten in Hörfunk- und Fernsehprogrammen sehen wollten. Solche Bemühungen scheiterten am Bundesverfassungsgericht und an der Weigerung der Länder, neue Rundfunkgesetze zu schaffen.

Das Bundesverfassungsgericht hatte in seinem ersten Rundfunkurteil von 1961 für den Hörfunk und das Fernsehen in der Bundesrepublik Deutschland im Vergleich zu sonstigen Wirtschaftsbereichen eine Sonderstellung postuliert. Sie wurde damit begründet, daß

– Frequenzen für die Ausstrahlung von Rundfunkprogrammen nur in geringer Zahl zur Verfügung stünden und

– hohe Kosten für die Programmerstellung eine so große Zutrittsbarriere bildeten, daß die Gefahr eines Ausschlusses wichtiger Teile der Gesellschaft von der Möglichkeit der Verbreitung ihrer Meinung im Rundfunk abgewehrt werden müsse.

Solche Argumentation war von Anfang an Zweifeln ausgesetzt: Eine weitgehende Institutionalisierung der Rundfunkfreiheit beseitigte tendenziell ihren individualrechtlichen Gehalt. Außerdem stellte sich das Gericht gar nicht die Frage, ob die von ihm bevorzugten Institutionen überhaupt nach vorliegenden Erfahrungen imstande waren, eine "ausgewogene öffentliche Meinung" zu erreichen. Im übrigen war das demokratietheoretische Vorverständnis des Gerichts ohne wirkliche Überzeugungskraft. Demokratie lebt nicht von der Ausgewogenheit, sondern vom offenen Streit. Wie dem auch sei, beide Voraussetzungen für eine so umrissene Sondersituation sind in den vergangenen Jahren entfallen.

Neue Techniken

17. Von der heutigen Technik gehen vielfältige Impulse aus, die geeignet sind, alle technischen Formen der Individualkommunikation und alle Massenmedien, also insbesondere Presse, Hörfunk und Fernsehen, nachhaltig umzugestalten. Dabei werden die herkömmlichen Trennungslinien zwischen Individual- und Massenkommunikationssystemen technisch und zumindest teilweise auch inhaltlich verschoben. In einzelnen Bereichen werden sie sogar aufgehoben.

Aufgrund vorhandener und sich abzeichnender technischer Entwicklungslinien kann beim Hörfunk und Fernsehen mit folgenden Änderungen gerechnet werden:

– Durch Satelliten, Breitbandkabel in Kupfer- und Glasfasertechnik sowie bessere Ausnutzung terrestrischer Sendewege wird sich die Anzahl nutzbarer Frequenzen wesentlich vermehren. Das heißt, es stehen für mehr Programme als bisher Verteilwege zur Verfügung.

- Durch Überlagerung der bisher nationalen Programmangebote mit Satellitensendungen international operierender Veranstalter mit neuartigen Programmformen und durch Direktübertragung wichtiger Ereignisse vom Ursprungsland rund um die Welt werden die Rundfunkmärkte internationalisiert.

- Breitbandnetze und Lowpower-Sender machen es möglich, Hörfunk- und Fernsehprogramme zu regionalisieren und auf lokale Gruppen zuzuschneiden.

- Moderne Netze erleichtern die Differenzierung und erlauben eine stärkere Zielgruppenorientierung von Programmen, seien es große Zielgruppen (Sport) oder kleinere (Kunst).

- Das Fernsehen kann direkt zum Warenverkauf eingesetzt werden (Teleshopping).

- Die Herstellung und Verbreitung von Rundfunk- und Fernsehprogrammen ist billiger geworden.

- Durch Codierung von Signalen ist eine individuelle Adressierung und Abrechnung auch bei drahtlos verbreiteten Programmen möglich. Das bedeutet statt pauschaler Gebühren für Mischprodukte zum Beispiel im Bereich Fernsehen eine Ausweitung des Einsatzes bereits heute in Amerika eingeführter Angebote wie Pay TV, Pay per view.

Grenzen zwischen Presse und Rundfunk verschwimmen

18. Die technischen Entwicklungen lassen überdies in zunehmendem Maße die bislang noch deutlich erkennbaren Grenzen zwischen elektronischen und gedruckten Medien verschwimmen. Die Herstellung von Zeitungen und Zeitschriften findet in allen dem Druck vorgelagerten Stufen bereits vollelektronisch statt. Die Informationsströme fließen über dieselben Telekommunikationswege, wie sie Hörfunk und Fernsehen nutzen: integrierte Systeme von Satelliten, terrestrische Funkwege und Kabel. Die Informationen werden digitalisiert gespeichert und bearbeitet – wie künftig auch bei Hörfunk und Fernsehen. Videotext und Bildschirmtext machen den Fernsehbildschirm zum Träger geschriebener Information, deren Ausgabe auf einem angeschlosse-

nen Drucker möglich ist. An der automatischen Umwandlung von Hörfunk- und Fernsehtexten in Schriftform wird gearbeitet.

Erfahrungen im Ausland

19. In anderen Ländern, namentlich in den USA, in Japan, Großbritannien, Italien, der Schweiz und den Beneluxländern zeigte sich schon lange, daß

- Fernmelde- und Rundfunksatelliten, Breitbandverkabelung und bessere Ausnutzung der vorhandenen terrestrischen Frequenzen eine Vielzahl von Übertragungsmöglichkeiten für Hörfunk- und Fernsehprogramme zu wirtschaftlich günstigen Bedingungen ermöglichen,

- die Herstellung von Hörfunk- und Fernsehangeboten durch moderne elektronische Verfahren, also Verbilligung der Studio- und Reportagetechnik sowie Vereinfachung des personellen Aufwands nicht länger eine wirtschaftliche Zugangssperre in dem vom Verfassungsgericht bisher angenommenen Umfang darstellt,

- Investitionen für Einrichtung und Betrieb der kommunikationstechnischen Infrastruktur zu privatwirtschaftlichen Bedingungen möglich sind,

- für Investitionen in privatwirtschaftliche Programme des Hörfunks und des Fernsehens ein vielschichtiges Potential vorhanden ist und daß

- die wirtschaftlichen Antriebskräfte für kommunikationstechnische und programmwirtschaftliche Innovation durch eine umfassende Deregulierung mobilisiert werden können.

Kostenaufwand rechtfertigt nicht den Ausschluß eines Grundrechts

20. Das Argument, die Veranstaltung von Fernseh- und Rundfunksendungen unterliege wegen der damit verbundenen beträchtlichen Kosten einer faktischen Besonderheit, die die verfassungsrechtliche Ungleichbehandlung von Presse und Film einerseits und Rundfunk andererseits

rechtfertige, ist aber nicht nur wegen der ausländischen Erfahrungen ohne Überzeugungskraft. Der Wert eines Grundrechts wird ad absurdum geführt, wenn der Gesetzgeber den zu gewährleistenden Freiheitsbereich einschränkt, weil er nicht von jedermann in Anspruch genommen und realisiert werden kann. Niemand würde daran denken, die verfassungsmäßigen Freiheitsrechte daran scheitern zu lassen, daß nicht alle z.B. die für die Gründung eines Unternehmens notwendigen finanziellen Mitteln besitzen oder beschaffen können. Zudem ist die Behauptung eines beträchtlichen Kostenaufwands zu undifferenziert. So sind etwa die Kosten für Hörfunkveranstaltungen weitaus geringer als diejenigen für Fernsehsendungen. Auch ist es wirtschaftlich unvergleichlich einfacher, einen privaten Rundfunksender zu betreiben als mit einer neuen Tageszeitung auf einen lokalen oder regionalen Zeitungsmarkt zu gehen.

Wegfall der Sonderstellung ...

21. Sowohl aufgrund der technischen Möglichkeiten als auch der Erfahrungen in anderen Ländern ist es nicht länger gerechtfertigt oder gar geboten, das Rundfunksystem der Bundesrepublik von einer Wettbewerbsordnung abzukapseln. Zwar haben mittlerweile alle Bundesländer Gesetze zur Zulassung privaten Rundfunks verabschiedet. Auch hat die Bundespost seit 1982 beträchtliche Investitionen für die Infrastruktur neuer Übertragungswege ausgeführt. Von einem freiheitlich geordneten Hörfunk- und Fernsehsystem ist die Bundesrepublik Deutschland jedoch rechtlich, politisch und wirtschaftlich noch weit entfernt. Weder die Verfassungsrechtsprechung noch die Gesetzgebung der Länder oder die Zulassungs- und Investitionspolitik der Bundespost haben mit dem in anderen westlichen Industrieländern bereits angewandten kommunikationstechnischen und medienwirtschaftlichen Expansionskurs auch nur annähernd Schritt gehalten.

... nur zögernd anerkannt

22. Insbesondere vom Bundesverfassungsgericht wurde die Entwicklung der Technik nur sehr zögernd berücksichtigt. Zwar können seine Urteile weniger auf Zukunftsparameter wie die Dynamik des technischen Fortschritts und der wirtschaftlichen Antriebskräfte setzen. Aber auch von den Beispielen im westlichen Ausland, wo sich Hörfunk und Fernsehen wirtschaftlich und mit ihrem Programm bewährt haben, ließ

sich das Gericht nicht leiten. Ebenso fand die Tatsache, daß ein großer Teil der von den öffentlich-rechtlichen Anstalten gesendeten Programme privatwirtschaftlich produziert und von privatwirtschaftlichen Programmhändlern auf den internationalen Markt gebracht wird, in den Karlsruher Urteilen keinen Niederschlag. Aus seinem Urteil vom 24. März 1987 sind vielmehr unverändert Vorbehalte gegen ein marktwirtschaftlich geordnetes Rundfunksystem herauszulesen. Es deutet darin an, daß "unter den derzeitigen Bedingungen" private Anbieter für sich allein den Anforderungen der grundgesetzlich zu gewährleistenden Rundfunkfreiheit möglicherweise nicht voll entsprechen.

Aufgrund der Vorgaben des Rundfunkstaatsvertrages haben die Länder die Zulassung von Hörfunk- und Fernsehunternehmen mit einer neuen Medienbürokratie verbunden und deren Organe wie schon die Aufsichtsgremien der öffentlich-rechtlichen Rundfunkanstalten nach ihrem Proporz besetzt. Die technische Infrastruktur der Übertragungswege wird in einigen Ländern ausschließlich nach politisch-administrativen Gesichtspunkten vorgegeben. Die öffentlich-rechtlichen Anstalten erhielten zusätzliche Spielräume für Gebühren- und Werbeeinnahmen und konnten damit ihren Wettbewerbsvorsprung vor den neu in den Markt eintretenden Wettbewerbern durch Besetzung von Programmlücken und Vervielfachung alter Programmangebote absichern.

Was unter solchen Bedingungen an privatwirtschaftlicher Komponente neben der öffentlich-rechtlichen entsteht, ist wirtschaftlich gravierend benachteiligt und politisch dem Wohlwollen von Landesregierungen und Bundespost anheimgegeben.

Zusammenspiel der Monopole

23. Der geringe Niederschlag, den die technische Entwicklung und die ausländischen Erfahrungen in Gesetzgebung und Rechtsprechung gefunden haben, dürfte auch mit einem Zusammenwirken zweier politisch bestimmter Monopole zu tun haben:

- Die Bundesländer handelten nicht nur nach den Interessen ihrer jeweiligen parteipolitischen Mehrheit. Sie waren mangels eigener Kompetenz auf die Informationen über die technischen Veränderungen angewiesen, die sie von den Fachleuten der Rundfunkanstalten und der Bundespost erhielten.

- Die Bundespost bestimmte auf der Grundlage ihres Fernmeldemonopols über die technische Infrastruktur und die Investitionen für die Anwendung neuer Systeme. Solange sie von der sozialdemokratisch dominierten Bundesregierung geführt wurde, stand ihr Monopol im Dienste einer Medienpolitik, die ausdrücklich privatwirtschaftlichen Rundfunk verhindern wollte. Ihr Lizenzmonopol für fernmeldetechnische Anlagen wurde insbesondere zur Verhinderung der Breitbandverkabelung durch Private mißbraucht.

- Die Informationen über den Stand der medientechnischen Entwicklung, auf die sich das Bundesverfassungsgericht in seinen Urteilen stützte, stammten in hohem Maße von Institutionen, die zwar als technisch kompetent ausgewiesen sind, nämlich Bundespost und Techniker der Rundfunkanstalten, zugleich aber Partei oder Betroffene der Verfahren waren.

Bei dieser Sachlage konnten die rechtlichen und die technischen Voraussetzungen, die privatwirtschaftlichen Rundfunk in der Bundesrepublik Deutschland ermöglichen, nur langsam vorangebracht werden. Auch dieses Wenige kam erst unter dem Druck drohender Auslandskonkurrenz zustande, einer Konkurrenz, die technisch in der Lage ist oder sein wird, Rundfunk- und Fernsehprogramme in der ganzen Bundesrepublik zu verbreiten, ohne dabei der deutschen Gesetzgebung zu unterliegen.

IV. Vorbehalte gegen privatwirtschaftlichen Rundfunk

Vorbehalte gegen private Veranstalter: ...

24. Die heutige Reglementierung der privaten Rundfunk- und Fernsehanbieter ist nicht zuletzt Ausfluß weitverbreiteter Vorbehalte gegen ein marktwirtschaftlich geordnetes Rundfunksystem. So wird die Befürchtung ausgesprochen, durch privat ausgestrahlte Programme trete eine Verflachung des Programmniveaus ein. Auch sei eine durch die binnenpluralistische Besetzung institutionalisierte Ausgewogenheit der öffentlich-rechtlichen Anstalten, die auch Minderheiten die Möglichkeit eröffne, zu Wort zu kommen, bei privaten Rundfunkveranstaltern nicht gewährleistet. Sie richteten aus werbewirtschaftlichen Gründen

ihre Programme nur auf Mehrheiten aus und ließen Minderheiten unberücksichtigt.

... Programmverflachung und ...

25. Der Hinweis auf Programmverflachung bezieht sich auf die Tatsache, daß private werbefinanzierte Fernsehveranstalter ihre Sendezeit weitgehend mit Spielfilmen (insbesondere aus amerikanischer Produktion) füllen. Diese sind aber für die privaten Newcomer von besonderer wirtschaftlicher Bedeutung. Zum ersten gehören Spielfilme zur publikumsattraktivsten Programmsparte. Zum zweiten sind Eigenproduktionen etwa dreimal so teuer wie der Kauf entsprechender US-Rechte und damit für die Privaten vorerst unerschwinglich. Zum dritten sind Fernsehrechte aus früher produzierten deutschen Serien und Filmen weitgehend im Besitz der Töchter von öffentlich-rechtlichen Anstalten. Sie besitzen im Gegensatz zu den USA, wo die Ausstrahlungsrechte zeitlich beschränkt sind und die Produzenten die Möglichkeit zur Verwertung nach Ablauf der Erstlizenz haben, die Ausstrahlungsrechte auf unbestimmte Dauer. Überdies wird bei dem Hinweis auf die Programmverflachung durch private Veranstalter die Tatsache übergangen, daß mehr als 40 Prozent der von den öffentlich-rechtlichen Anstalten ausgestrahlten Fernsehsendungen aus amerikanischer Produktion stammen oder zumindest amerikanischen Vorbildern direkt nachgestaltet sind. Ohne Zugriff auf die großen Programmvorräte der USA hätten die öffentlich-rechtlichen Anstalten weder ihre Programmexpansion betreiben können noch die Zuschauerquoten vorzuweisen, die sie als Nachweis einer publikumsorientierten Programmpolitik anführen.

Im Kern kennzeichnet aber der Hinweis auf eine mögliche Verflachung des Programmniveaus das Bestreben, die Bürger in ihrer Entscheidungsfreiheit einzuengen und ihnen Informations- und Unterhaltungsangebote vorzuenthalten. Solcher anmaßenden Attitüde liegt die Meinung zugrunde, dieselben Bürger, die als Wähler die politische Führung des Staates bestimmen, seien unfähig zu einer vernünftigen Entscheidung, wenn sie ihre Unterhaltungs- und Informationsquellen auswählen. Die Vertreter solcher Auffassung sind keine Garanten von Bürgerfreiheiten, sondern Verwalter eines Erziehungs- und Bevormundungsinstruments. Rundfunk in diesem Sinn wird den Bildungseinrichtungen des Staates nahegerückt mit der Folge, daß auch die Inhalte mit Erziehungsansprüchen ausgestattet werden.

... Ausschluß von Minderheiten

26. Auch der Hinweis auf den Schutz von Minderheiten geht fehl. Dies zeigen die Erfahrungen mit dem privatwirtschaftlichen Sektor unseres Mediensystems. Dort ist es zu einer Vielfalt von Zeitungen, Zeitschriften, Büchern, Schallplatten und Videokassetten mit vielseitigen Inhalten unterhaltender und informierender Art gekommen. Auch die Publikationen von und für Minderheiten aller Schattierungen und Einstellungen entstehen in diesem Markt. Die privatwirtschaftlichen Verlage produzieren unter kommerziellen Bedingungen ein blühendes Kulturangebot, das sich in jeder Buchhandlung wiederfindet. Berücksichtigung von Minderheiten durch Differenzierung im Markt ist aber auch im Fernsehsystem nicht ausgeschlossen. Durch Codierung und Decodierung von Signalen ist eine individuelle Adressierung und Abrechnung von speziellen Angeboten möglich. Bei Vorhandensein der dafür notwendigen technischen Infrastruktur gäbe es auch für private Fernsehsender vielfältige Anreize, auf Minderheiten zugeschnittene Programme anzubieten, die über Abonnements bezogen werden könnten (Pay-TV).

Demokratische Legitimation gegen institutionalisierte Ausgewogenheit

27. In einem Wettbewerbssystem werden die Wünsche von Minderheiten durch den Markt befriedigt. Im öffentlich-rechtlichen Rundfunksystem entscheidet das durch die Besetzung der Gremien und Redaktionen geschaffene „ausgewogene“ Meinungsspektrum darüber, welche Minderheiten dort in welcher Weise und in welchem Umfang zu Wort kommen. Dies führt unvermeidlich zu einer Verzerrung des Meinungswettbewerbes. So besitzen im öffentlich-rechtlichen Rundfunk einige Gruppen Einflußmöglichkeiten, die weit größer sind als jene Zustimmung, die sie am Markt erlangen könnten. Es würde wahrscheinlich keiner dieser Gruppen gelingen, in gleichem Maße wie in öffentlich-rechtlich ausgestrahlten Sendungen ein Publikum zu erringen, wenn sie ihre Meinungen in der Form gedruckter Presseprodukte verkaufen müßten. Der Niedergang der Parteienpresse, insbesondere des früheren sozialdemokratischen Zeitungskonzerns, zeigt, daß sich die Bürger bei freier Wahl gegen eine Parteienpublizistik entscheiden. Ähnliches gilt für die Gewerkschafts- oder die Kirchenpresse.

Was aber legitimiert dann deren Bevorzugung gegenüber denen, die nicht das Privileg haben, irgendwann von einem Gesetzgeber den Status „gesellschaftlich relevant“ zuerkannt zu bekommen? Mit diesem System wird selbst unter den Minderheiten noch einmal zwischen denen unterschieden, die dank früherer Gesetzgebungsentscheidungen bei der Besetzung der Rundfunkgremien berücksichtigt wurden, und jenen, die unter den gegebenen Bedingungen nie eine Chance haben, gegen die etablierten Platzhalter in Gremien oder Programmen anzutreten.

Mit dem privatwirtschaftlichen Sektor unseres Mediensystems sind also genau die umgekehrten Erfahrungen gemacht worden wie mit dem öffentlich-rechtlichen Sektor: Während das öffentlich-rechtliche Rundfunksystem seinen eigenen Anspruch auf Vielfalt und Ausgewogenheit konzeptionell wie praktisch nicht einlösen kann, erfüllen die privatwirtschaftlichen Medien die Erwartungen, die ihr Publikum in sie setzt. Sie erwerben ihre Legitimation immer wieder aufs neue mit der Entscheidung der Käufer. Der öffentlich-rechtliche Rundfunk stützt sich demgegenüber weitgehend auf den Machterhaltungswillen von Parteien und Gruppeninteressen.

Eine doppelte Fehlvorstellung

28. So beruht die traditionelle Argumentation gegen eine marktwirtschaftliche Ordnung des Rundfunksystems auf einer doppelten Fehlvorstellung. Eine Gremienbesetzung nach einem „Spiegelbild’ der Gesellschaft wie bei den öffentlich-rechtlichen Anstalten bewirke tatsächlich Staatsferne und Pluralismus der Meinungen. Gewinnorientierte Privatunternehmen seien demgegenüber schon institutionell nicht in der Lage, für „Ausgewogenheit“ zu sorgen. Dieser „Doppelfehler“ schlägt dann auf die speziellen Reglementierungen für private Programmanbieter durch. Das Postulat einer Ausgewogenheit des Gesamtangebots aller Programme, Zugangsregelungen in Form der Verteilung von Sendezeiten auf unterschiedliche Interessenten nach rechnerischen Proporzformeln sowie Einflußrechte öffentlich-rechtlicher Aufsichtsorgane sollen bei privaten Anbietern Pluralismus institutionell herstellen. Dabei wird verdrängt, daß der Markt ein ungleich effizienteres und einfacheres Kontrollsystem abgibt. Die hoheitlichen Reglementierungen selbst haben zu den verschachtelten und damit unübersichtlichen Beteiligungsverhältnissen bei den privaten Sendern beigetragen. Sie

stellen das größte Hindernis dafür dar, daß sich ein wettbewerbliches und nach den Wünschen der Nachfrager pluralistisches und ausgewogenes Angebot, also ein marktwirtschaftliches Ordnungssystem voll entfalten kann.

V. Behinderung privatwirtschaftlicher Rundfunkanbieter

Bevorzugung von finanzkräftigen Unternehmen

29. Die Erschwernisse, die den Privatfunkveranstaltern aufgebürdet werden, würden in jedem anderen Wirtschaftsbereich zu einer Welle von Konkursen führen. Sie sind überdies mittelstandsfeindlich. Nur finanzkräftige Interessenten sind in der Lage, lange gewinnlose Zeiträume durchzuhalten.

Erschwerend kommt eine Besonderheit des Rundfunks hinzu: Die Kosten für die Erstellung eines Programms, das nur ein zahlenmäßig kleines Publikum erreicht, sind in der Regel nicht niedriger als die Kosten für Sendungen, die über eine ausgebaute technische Infrastruktur alle Haushaltungen des Sendegebietes abdecken. Diesem Umstand ist mit Regulierungen nicht abzuhelfen, sondern nur mit schnellerer Entwicklung der Infrastruktur und mit Deregulierung bei den Auflagen an die Veranstalter.

Für eine Medienpolitik, die angetreten ist, auch kleineren Unternehmen im Hörfunk und im Fernsehen eine Chance zu geben, wäre es ein Mißerfolg, wenn aufgrund der Zugangsbedingungen und der allgemeinen Marktkonditionen gerade die Entstehung mittelständischer Rundfunkbetriebe ausgeschlossen würde.

Vielfältige Hindernisse für private Anbieter

30. Insgesamt lassen sich die wesentlichen Hindernisse für private Anbieter wie folgt zusammenfassen:

- Die bürokratisch verwalteten Zulassungsverfahren sind politisch manipulierbar, weil sie von Landesregierungen und parteipolitisch besetzten Gremien beherrscht werden. Interessenten könnten sich gezwungen fühlen, politische und finanzielle Zugeständnisse zu machen, wollen sie ihre Position – zum Beispiel bei der Zuteilung von günstigen Frequenzen – gegenüber Wettbewerbern verbessern.

- Die Investitionen in den privaten Rundfunk sind im gegenwärtigen System weitaus riskanter als Anlagen in anderen Wirtschaftsbereichen. Denn zu den politischen Risikofaktoren kommt Rechtsunsicherheit, weil Mediengesetze unter Versuchsvorbehalt stehen oder aus politischen Gründen verfassungsrechtlich angegriffen werden.

- Die Märkte, in denen sich Wirtschaftsunternehmen am schnellsten einen festen Platz erobern könnten, sind von den Rundfunkanstalten weitgehend verstopft worden. Die Politik hat dies geduldet. Beispiele dafür sind die Programmausweitungen, die die Anstalten sowohl im Fernsehen (Serien, Filme, Sport, insbesondere auch in den ursprünglich anderen, vorwiegend kulturellen Inhalten gewidmeten dritten TV-Programmen) als auch im Hörfunkprogramm (Zielgruppenorientierung und Regionalisierung) vorgenommen haben.

- Privatunternehmen müssen unter vollem wirtschaftlichem Risiko gegen öffentlich-rechtliche Wettbewerber antreten, die unabhängig von ihrem wirtschaftlichen Verhalten und der Akzeptanz ihrer Angebote im Markt mit politischen Garantien krisensicher ausgestattet sind. Hinzu kommt die rechtliche Fundierung ihrer Position in problematischen Urteilen des Bundesverfassungsgerichts und in der verbreiteten Auffassung, öffentlich-rechtliche Anstalten könnten nicht in Konkurs gehen, weil ihre „Muttergemeinwesen", die Länder, in jedem Fall für sie aufkommen müßten.

- Den Kunden beider Teile des Rundfunksystems wird das Recht verweigert, ihre Gebühren dem Veranstalter zukommen zu lassen, dessen Leistung sie beanspruchen. Das nimmt dem privaten Veranstalter die Chance, eine Beziehung zu seinen Kunden aufzubauen, wie sie in allen übrigen Bereichen der Wirtschaft selbstverständlich ist.

- Den privatwirtschaftlichen Rundfunkbetreibern wird das Recht vorenthalten, den Markt oder das Marktsegment, das sie bedienen wollen, selbst zu bestimmen und nach ihrer wirtschaftlichen und programmlichen Potenz auszurichten. Stattdessen können sie sich nur um eine Lizenz für Märkte bewerben, deren wirtschaftlicher und geographischer Zuschnitt nach politisch-administrativen Gesichtspunkten vorbestimmt wurde. Dies geschieht mit Frequenzmanipulationen, für die von den Ländern die Bundespost in Anspruch genommen wird. Das Ergebnis sind zum Beispiel in Bayern, Baden-Württemberg und Nordrhein-Westfalen Sendegebiete, deren Einwohnerzahl zuweilen unter 100.000 liegt. Aus so kleinen Gebieten lassen sich nicht genügend Werbeeinnahmen erzielen, um ein Ganztagsprogramm zu finanzieren, das politisch gefordert wird.

– Für die neuen Programme ist eine Infrastruktur nötig, die noch im Aufbau ist und die eine Haushaltsabdeckung, wie sie die öffentlich-rechtlichen Anstalten erzielen (nahezu hundert Prozent aller Haushalte), erst mittelfristig möglich erscheinen läßt. Bevor die Länder in der Lage waren, in Absprache mit der Deutschen Bundespost Frequenzpläne für neue Hörfunk- und Fernsehangebote auszuarbeiten, konnten sich die Rundfunkanstalten – u.a. durch das administrativ geregelte Verfahren der „Bedarfsplananmeldung“ – mit vermehrten Sendemöglichkeiten eindecken. Ihnen kam dabei zustatten, daß sie über eigene technische Apparate einschließlich eigener Sendebetriebsstätten verfügen, die unabhängig von der Bundespost operieren. Außerdem wirkte sich gerade in der Frequenzplanung und der Frequenznutzungspolitik die langjährige Zusammenarbeit zweier Monopole für neue Anbieter nachteilig aus. Veränderungswilligen Landesregierungen und privatwirtschaftlichen Interessenten fehlten die Kenntnisse, die sie in die Lage versetzt hätten, frühzeitig auf die Verteilung Einfluß zu nehmen.

Behinderungen durch die Bundespost

31. Das Monopol der Deutschen Bundespost bei der Entscheidung über technische Systeme, Zulassung und Betrieb von Fernmeldeeinrichtungen beschneidet den Anspruch der neuen Veranstalter, sich für die Verbreitung und den Empfang ihrer Signale die jeweils preiswerteste Technik auszusuchen. Am deutlichsten wird dies am Beispiel der Fernsehsatelliten TV-Sat 1 und 2. Sie sollten der deutschen Wirtschaft einen kommunikationstechnischen Vorsprung auf dem Weltmarkt sichern. Über diese Satelliten, die mit einer neuen Norm senden sollten, entschieden die technischen Hersteller und die Bundespost Arm in Arm gegen den Bedarf der privatwirtschaftlichen Satellitennutzer. Die Ver-

anstalter hatten guten Grund für ihren Protest: Für den Empfang dieser Satelliten sind sowohl neue Antennen als auch neue Fernsehgeräte notwendig. Andererseits können es sich die privaten Fernsehunternehmen nicht leisten, auf die Nutzung solcher Satelliten zu verzichten, weil deren Kanäle sonst auf Dauer von den öffentlich-rechtlichen Konkurrenten belegt werden, die sich den Luxus des Sendens ohne Empfangsmöglichkeit gestatten können. Hinzu kommt, daß die Zuteilung terrestrischer Frequenzen eng gekoppelt ist mit der Inanspruchnahme der Kanäle des TV-Sat. So hat die Bundespost in der Vergangenheit immer wieder unmißverständlich darauf hingewiesen, daß ohne Nutzung des TV-Sat RTL plus und Sat 1 die terrestrischen Frequenzen nicht oder nicht im gewünschten Umfang erhalten werden.

Mittlerweile sind sich die meisten Fachleute darin einig, daß dieser Satellitentyp nicht nur technisch überholt, sondern wegen des Mißverhältnisses zwischen Kosten und Leistungsfähigkeit wirtschaftlich kaum einsetzbar ist. Der TV-Sat 1 ist – nicht nur wegen seines Defektes nach dem Start – ein im Weltraum positioniertes Denkmal für die Fehlplanungen, die im marktfernen Zusammenspiel von Medien-Blockadepolitik und Postmonopol ihren Ursprung haben.

Während der nach der Frequenzverknappungspolitik der früheren Bonner Regierungskoalition dimensionierte TV-Sat nur durch den Einsatz von Steuergeldern und durch interne Quersubventionierungen im Postbetrieb einsetzbar ist, zeigt das in Luxemburg in viel kürzerer Zeit von der Société Européenne des Satellites realisierte Konzept des Astra-Satelliten, daß für ein marktorientiertes, auf die wirtschaftliche Leistungsfähigkeit privater Fernsehveranstalter ausgerichtetes Projekt privates Kapital für die Finanzierung und für den Betrieb der technischen Infrastruktur gefunden werden kann.

Ungleichgewichtige Marktaufteilung

32. Es ist fraglich, ob unter diesen regulativ verzerrten Bedingungen je ein richtiger Leistungswettbewerb aufkommen kann, ob also ein vielfaches und vielseitiges Programmangebot von unterschiedlichen Programmveranstaltern je erreicht wird. Es ist unter den jetzt geltenden Bestimmungen und Einflüssen eher zu erwarten, daß die öffentlich-rechtlichen Anstalten ihre Vorrangstellung behalten.

Die ungleichgewichtige Marktaufteilung könnte verhindern, daß sich im privaten Rundfunksektor jene Meinungsvielfalt einstellt, die den Pressebereich in hohem Maße kennzeichnet. Dies könnte wiederum das Bundesverfassungsgericht veranlassen, eine Liberalisierung des Rundfunkmarkts weiter zu erschweren. Es wäre die bedenklichste Folge einer halbherzig betriebenen Medienpolitik. Die Bedingungen, die nach Ansicht des Bundesverfassungsgerichts vorliegen müssen, bevor es die Ansätze einer sich dem Marktkonzept öffnenden Rundfunk-Rechtsprechung glaubt weiterentwickeln zu können, würden nie erreicht werden. Die regulativen Rahmenbedingungen, die angeblich ein anderes Rundfunksystem ermöglichen sollen, haben gerade dessen Entstehung verhindert. Es läge kein Versagen des Marktes, sondern der Politik vor. Von manchen wird dies offenbar angestrebt.

VI. Internationalisierung der Märkte

Internationalisierung der Märkte durch Satelliten

33. Die Exportfähigkeit bei kommunikationstechnischen Konzepten, Produkten und Dienstleistungen ist eng verbunden mit den Möglichkeiten der Programmveranstalter, der Internationalisierung der Fernsehmärkte wirtschaftlich und programmlich zu entsprechen. Die Dynamik international tätiger Fernsehunternehmen wird gespeist von wirtschaftlichen Anreizen, die erst wirksam werden konnten, als Satelliten für die Programmverbreitung einsatzbereit waren.

Die Initiatoren für privatwirtschaftliche Investitionen in Satellitenprogramme setzen darauf, daß

- Reserven in den Fernsehmärkten, in denen bisher das Fernseh-Werbevolumen durch Reglementierung eng begrenzt war, auch international erschlossen werden können,

- Markenwerbung insgesamt internationaler wird,

- die Bedeutung der in internationaler Kooperation geplanten und realisierten Fernsehproduktionen zunimmt,

- die Bedeutung der nationalen Sprachgebiete in Europa, welche für die Finanzierung international attraktiv einsetzbarer Serien und TV-

Filme zu klein sind, zugunsten multinationaler Programmverbindungen abnimmt.

Ausgangsbasis heimischer Markt

34. In diesem internationalen Wettbewerb können Unternehmen leichter bestehen, wenn sie über große Wirtschaftskraft und multinationale Verbindungen verfügen. Sie müssen nicht nur in der Lage sein, lange Verlustzeiten zu überbrücken. Sie müssen für den Zugriff auf die Programmrechte genügend finanzielle Kraft aufbringen. Ob dabei amerikanische Firmen, die ihre Produktionen im riesigen heimischen Markt leicht finanzieren können und die bei deren Weiterverwertung attraktive Gewinne erzielen, wie bisher im weltweiten Fernsehgeschäft führend sein werden, hängt wesentlich davon ab, ob europäische Unternehmen bereit sind, für das internationale Engagement Risiken einzugehen. Die Ausgangsbasis dafür müßte ein ausreichendes Betätigungsfeld im heimischen Markt sein, so wie es bei britischen, französischen und italienischen Unternehmen der Fall ist. Sie sind bisher Vorreiter in der Erschließung multinationaler Fernsehmärkte Europas gewesen.

EG-Recht ...

35. Durch die grenzüberschreitende Satellitenübertragung werden neue und größere Märkte geschaffen. Staatliche Versuche zur Abwehr dieser Entwicklungen werden auf Dauer wirkungslos sein, wenn ausländische Anbieter dank technischer Fortschritte von ausländischen Brückenköpfen her nationale Grenzen unabwehrbar überspringen können. Die Kommission der Europäischen Gemeinschaften hat dies erkannt. Sie versteht Rundfunk als eine Dienstleistung, welche den Regeln für einen freien Waren- und Dienstleistungsverkehr innerhalb der Gemeinschaften unterliegt. Entsprechend hat der Ministerrat der Europäischen Gemeinschaften einheitliche Spielregeln für das „Fernsehen ohne Grenzen" festgelegt. Diese EG-Richtlinie soll im Rahmen des bis Ende 1992 angestrebten Binnenmarktes sicherstellen, daß kein Mitgliedsland Ausstrahlung, Einspeisung in Kabelanlagen und Vermarktung von Fernsehproduktionen aus einem anderen Gemeinschaftsland unterbinden kann.

... und Kulturhoheit der Bundesländer

36. Dagegen steht die Auffassung der deutschen Bundesländer, wonach es sich bei Hörfunk und Fernsehen um kulturelle Veranstaltungen handelt, die primär in ihren Hoheitsbereich fallen. Daß es zur Kulturhoheit der Bundesländer gehöre, auch die Einfuhr ausländischer Bücher und Zeitschriften zu reglementieren, hat freilich noch niemand behauptet. Die Kommission gesteht den Mitgliedsländern der Gemeinschaft zwar zu, Einzelheiten ihrer internen Rundfunkordnung festzulegen, verwahrt sich jedoch insbesondere gegen eine Bevorzugung inländischer Veranstalter vor ausländischen. Angesichts dieser vom EWG-Vertrag gestützten Position und der grenzüberschreitenden Übertragungsmöglichkeiten machen Schutzzonen in Form reglementierter nationaler Rundfunkmärkte immer weniger Sinn. Deutsche Medienunternehmen werden im zukünftigen europäischen Binnenmarkt nur dann eine führende Rolle spielen können, wenn die Regulierungen am deutschen Rundfunkmarkt entschlossen beseitigt werden.

Rechtsunsicherheit für private Veranstalter

37. Die Umsetzung der EG-Richtlinie in deutsches Recht ist allerdings noch völlig offen. Die Bundesrepublik ist der einzige EG-Staat, dessen Gliedstaaten über Gesetzgebungskompetenzen verfügen. Der Widerspruch zwischen dieser Kompetenzaufteilung und dem EG-Recht ist in der Gemeinschaft nicht explizit geregelt. Das schafft insbesondere für die privaten Veranstalter zusätzliche Rechtsunsicherheit. Hinzu kommt deren Furcht, daß die Werbevorschriften der Richtlinie, die großzügiger sind als die bisherigen Anforderungen an die öffentlich-rechtlichen Sender, letztlich auch von diesen in Anspruch genommen werden könnten.

Protektionismus vermindert die Wettbewerbsfähigkeit

38. Allerdings ist die freiheitliche Grundposition der EGKommission nicht frei von antimarktwirtschaftlichen Einschüben. So soll zum Schutz der einheimischen Fernsehproduktion der Hauptteil der Sendezeit mit "europäischen" Werken bestritten werden. Auf diese Weise soll eine – wie auch immer definierte – europäische kulturelle Identität gesichert bleiben. Daß die Quote jedoch weniger aus Sorge um die europäische Kultur entstand, sondern als Instrument zum Schutz vor unliebsamer

Konkurrenz dient, wird schon daran deutlich, daß Produktionen aus mittel- und osteuropäischen Ländern (außerhalb der Staaten des Europarates) nur dann als "europäisch" gelten sollen, wenn entsprechende Kulturabkommen oder Kooperationsverträge mit der Gemeinschaft bestehen. Aber auch europaweit gilt: Unter protektionistischen Bedingungen würden die Medienunternehmen letztlich an Wettbewerbsfähigkeit einbüßen, zu ihrem Schaden wie zu dem der Verbraucher.

VII. Der Rundfunkmarkt der Zukunft

Ausreichende Versorgungsmöglichkeiten

39. Durch eine Vielzahl freier TV-Frequenzen, über die sogenannte Low-Power-Sender betrieben werden können, durch die Verkabelung der Haushalte, die Einspeisung von Satellitenprogrammen in das Kabelnetz sowie durch deren Direktempfang könnte Mitte der 90er Jahre die weitaus überwiegende Zahl der bundesdeutschen Haushalte per Antenne oder Kabel eine Vielzahl von Rundfunk- und Fernsehprogrammen empfangen. Angesichts dieser Versorgungsmöglichkeiten ist es nicht mehr gerechtfertigt, Hörfunk und Fernsehen außerhalb der Grundregeln des Marktes zu belassen. Es gibt keinen Anlaß mehr, dem sonst so gern beschworenen mündigen Bürger ausgerechnet als Konsument von Hörfunk- und Fernsehprogrammen den vollen Nutzen technischer Entwicklungen und programmlicher Entfaltungsmöglichkeiten zwangsweise vorzuenthalten. Damit entfällt auch die Legitimation für eine politische Förderung oder Diskriminierung bestimmter Programmanbieter.

Öffnung des Rundfunkmarktes

40. Notwendig ist eine Rundfunkpolitik, die statt einer zaghaften Öffnung von Schlupflöchern für Privatveranstalter eine grundlegend andere Rundfunkordnung schafft. Sie muß mehr als die heutige an marktwirtschaftlichem Denken und marktwirtschaftlichen Möglichkeiten ausgerichtet sein. Die Rahmenbedingungen für den Rundfunk der Zukunft dürfen nicht mehr wie bisher auf dem Rationierungs- und Bezugscheinsystem einer überholten Mangelsituation basieren. Für Hörfunk und Fernsehen sollten die gleichen Bedingungen gelten wie für die anderen Medien, es muß also effektiver Wettbewerb zugelassen werden. Über

Fragen, ob für ein stark erweitertes Medienangebot überhaupt Bedarf bestehe, ob dieses zu einer Qualitätsminderung der Programme führe und ob dem Bürger nicht zu viel zugemutet würde, hat er selber als Konsument zu entscheiden. Angesichts des Erfolgs, den die privatwirtschaftliche Presse hat, gibt es keine Gründe, warum private Rundfunkveranstalter nicht auch in der Lage sein sollten, mindestens ebenso viele und anspruchsvolle Informationssendungen zu veranstalten und gleichwertige Unterhaltungsangebote hervorzubringen, wie es jetzt die öffentlich-rechtlichen Rundfunkanstalten tun.

Konsumentensouveränität

41. Hauptziel einer Neuordnung des Rundfunksystems sollte es daher sein, einen Markt mit echter Konsumentensouveränität zu ermöglichen. Das erfordert, daß die Nachfrager über ihre Zahlungsbereitschaft direkt oder über Einschaltquoten indirekt ihre Präferenzen signalisieren und damit das Programmangebot wirksam beeinflussen. Um dies zu erreichen, sollte die derzeitige pauschale Zwangsgebühr für höchst unterschiedliche Programme abgeschafft werden. An ihre Stelle sollten insbesondere im Bereich Fernsehen nutzungsabhängige Entgelte oder werbefinanzierte Programme treten. Pay-TV würde selbstverständlich die Abonnierung eines Gesamtprogrammes bei einem Anbieter mit einschließen können.

Reglementierungen unnötig

42. In dem Maße, wie ein echter Markt erreicht wird, also Rundfunkdienstleistungen nicht mehr als Teil der öffentlichen Zwangsversorgung definiert werden, erübrigen sich die heutigen Reglementierungen der privaten Rundfunkunternehmen. Politisch dominierte Aufsichtsgremien, die darüber entscheiden, was den Kunden frommt, wären dann funktionslos. Die derzeitigen Rundfunkbehörden der Länder, deren Aufgabe neben der Lizenzierung die Kontrolle der privaten Programme durch sogenannte gesellschaftlich-relevante Gremien ist, sind ebensowenig notwendig wie heute bei der Presse. Nur die konkrete Verteilung von Frequenzen und Kanälen verbliebe als Ordnungsaufgabe für eine Landesbehörde. Auch Auflagen für die Werbeaufteilung geben wenig Sinn. Angesichts neuer Werbemethoden wie Teleshopping oder Product-Placement sind schon jetzt die Grenzen zwischen Information bzw. Unterhaltung und Werbung fließend. Publizistische

Codices könnten im Wege der Selbstkontrolle, wie sie zum Beispiel der Deutsche Werberat oder der Deutsche Presserat kennen, angewandt werden.

Meinungsvielfalt durch Wettbewerb erhalten

43. Wettbewerb und eine konsequente Wettbewerbspolitik sind das effizienteste Mittel, um Machtpositionen, welcher Art auch immer, zu beschneiden. Nur unter Bedingungen des Wettbewerbs lassen sich wirtschaftliche Freiheitsrechte, darin eingeschlossen die Betätigung von Rundfunkveranstaltern, gesellschaftlich legitimieren. Der Erhaltung des Wettbewerbs auf dem Medienmarkt kommt damit eine besondere Aufgabe zu. Eine Einschränkung des Wettbewerbs könnte sich namentlich ergeben, wenn sich Zeitungsverlage als Rundfunkveranstalter betätigen. Wenn das Sendegebiet eines Rundfunkveranstalters und das Vertriebsgebiet einer Zeitung zusammenfallen, ist eine Tendenz zur Marktmonopolisierung nicht auszuschließen. Die Beteiligung an Rundfunkveranstaltungen sollte Zeitungen zwar nicht grundsätzlich verboten sein, zumal sie zur Erhaltung der Wettbewerbsfähigkeit im Gesamtmarkt wichtig sein kann. Ein grundsätzliches Verbot erschiene unverhältnismäßig. Um aber wesentliche Einschränkungen des Wettbewerbs von vornherein zu unterbinden, sollte die Erteilung von Rundfunklizenzen rechtlich wie ein Unternehmenszusammenschluß behandelt und damit einer kartellrechtlichen Kontrolle unterworfen werden.

Zukunft der öffentlich-rechtlichen Sender

44. In einem Markt mit echter Konsumentensouveränität können sich auch die öffentlich-rechtlichen Anbieter nur über nutzungsabhängige Entgelte oder über Werbesendungen finanzieren. Welche Rolle sie unter diesen Bedingungen im Rundfunksystem der Zukunft spielen, entscheidet der Markt. Konsequent wäre es, die öffentlich-rechtlichen Anstalten in eine privatrechtliche Rechtsform zu überführen und z.B. durch Verkauf an das breite Publikum zu privatisieren. Sollte der Gesetzgeber den gegenwärtigen öffentlich-rechtlichen Programmauftrag, nämlich „Nachrichten und Darbietungen erbauender, bildender, belehrender und unterhaltender Art“ zu verbreiten, weiterhin als öffentliche Aufgabe ansehen, dann käme in Frage, die Erfüllung dieser Aufgabe aus Haushaltsmitteln zu fördern. Da dies aber das Tor zu einer dauerhaften Staatsfinanzierung öffnen und damit die notwendige Staats-

ferne nicht gewährleisten würde, wird vorgeschlagen, die erheblichen Mittel, die aus der Privatisierung erlöst werden, in eine Stiftung – oder in mehrere Stiftungen auf Länderebene – einzubringen. Die aus dem Stiftungsvermögen erzielten Erträge sollten der Förderung von Programmteilen dienen, an denen ihrer Art und Qualität wegen ein wesentliches öffentliches Interesse besteht. Die Förderung könnte sich an die heutige Filmförderung anlehnen. Das Förderangebot richtete sich an alle Veranstalter. Die Stiftungslösung könnte die gewünschte Staatsferne gewährleisten.

Wir meinen, daß auch bei dieser Konzeption eine positive Ordnung im Sinne der Rechtsprechung des Bundesverfassungsgerichtes gewährleistet ist. Sie stellt sicher, daß die Vielfalt der bestehenden Meinungen in möglichster Breite und Vollständigkeit Ausdruck findet.

Freisetzung von Kräften durch Deregulierung

45. Solche Deregulierung würde wie ein Befreiungsschlag wirken und erhebliche Kräfte freisetzen. Hörfunk und Fernsehen könnten aufgrund ihres Entwicklungspotentials zu Faktoren von gesamtwirtschaftlicher Bedeutung werden. Durch die Schaffung neuer und größerer Märkte könnte bei den investitionswilligen Medienunternehmen, den Zulieferern von technischen Ausrüstungen, den Verwertern von Rechten, den Anbietern von Unterhaltung und Information sowie bei den schon bestehenden und neu entstehenden kulturellen Einrichtungen eine Vielzahl neuer Arbeitsplätze geschaffen werden.

VIII. Verwirklichung der Ziele in Stufen

Beseitigung der Zwangsgebühren nach einer Übergangszeit

46. Das hier skizzierte marktwirtschaftliche Hörfunk- und Fernsehsystem setzt voraus, daß die heute üblichen, nicht an die Nutzung der Leistung gekoppelten Zwangsgebühren durch freiwillige Abonnements, durch individuelle Abrechnungen oder durch Werbeeinnahmen ersetzt werden.

Für die Einzelabrechnung der Nutzung sind die Techniken zwar erkennbar, aber der Auf- und Ausbau der erforderlichen Netze ist noch nicht abgeschlossen. Überdies dürfte gerade bei Hörfunkempfängern der damit verbundene technische Aufwand zu teuer sein. Um gleichwohl die Wettbewerbsbedingungen der privaten Anbieter schon jetzt zu verbessern, kann die Beteiligung aller Vollprogrammanbieter an der allgemeinen Rundfunkgebühr erwogen werden. So ist z.B. vorstellbar, daß die bisherige Nutzungspauschale bestehen bleibt, sie aber nach der Höhe der jeweiligen Einschaltquoten auf die Sender verteilt wird. Alternativ käme – so auch von der Monopolkommission gefordert – ein völliger Werbeverzicht der öffentlich-rechtlichen Anstalten in Frage. Aus Anbietersicht führen beide Wege zu einem Abbau bestehender Wettbewerbsverzerrungen. Aber aus Konsumentensicht würden beide nicht voll befriedigen. Da die öffentlich-rechtlichen Anbieter eine Senkung ihrer Gebühreneinnahmen bzw. Werbeeinnahmen nicht ohne weiteres verkraften könnten, wäre mit einer Erhöhung der Gesamtgebühren zu rechnen.

Aus diesem Grunde schlagen wir für die Bereiche Fernsehen und Hörfunk unterschiedliche Formen der Finanzierung vor:

- Im Bereich Fernsehen sollten die heutigen Zwangsgebühren nach einer Übergangsfrist von fünf oder sieben Jahren zugunsten von individuellen Abrechnungen und Werbeeinnahmen beseitigt werden. Nur in der Übergangszeit bliebe es bei den heutigen Finanzierungsformen.

- Im Bereich Hörfunk sollte es dauerhaft bei den bisherigen Nutzungspauschalen bleiben. Allerdings sollten diese nach einer Übergangszeit auf alle Sender nach der Höhe der Einschaltquoten verteilt werden.

Aufhebung der Regulierungen, Vergabe der Frequenzen unter Kontrolle der Kartellbehörden

47. Für die Übergangszeit muß sichergestellt werden, daß das bisher relativ geschlossene System mehr und mehr geöffnet wird und nach dieser Periode auch offenbleibt. Wie das Rundfunksystem der Zukunft konkret aussieht, sollen die Konsumenten über den Markt entscheiden. Für die Übergangszeit wäre das „duale Rundfunksystem", also das Nebeneinander von öffentlich-rechtlichen und privaten Anbietern, unverändert prägend. Diese Übergangszeit ist daher so zu gestalten, daß private Anbieter die Chance haben, in den Markt hineinzuwachsen, und

die öffentlich-rechtlichen Anbieter die Chance, sich einem freien Markt anzupassen. Aus diesem Grunde schlagen wir vor, die bisherigen Regulierungen für private Anbieter aufzuheben. Die konkrete Verteilung von Frequenzen und Kanälen sollte unter Kontrolle der Kartellbehörden durch eine Landesbehörde erfolgen. In der Übergangszeit sollte es für die öffentlich-rechtlichen Anstalten bei der bisherigen Begrenzung der Werbezeiten bleiben. Die EG-Richtlinie würde dem nicht entgegenstehen. Denn sie räumt den Mitgliedstaaten die Möglichkeit ein, Sender innerhalb ihres Hoheitsgebietes strengeren Auflagen zu unterwerfen, als sie nach der Richtlinie im Grundsatz vorgesehen sind.

Versteigerung von Frequenzen

48. Da die neuen technischen Infrastrukturen (Satelliten, Breitbandkabelnetze, Low-Power-Sender) sich noch im Aufbau befinden, sind in der Übergangszeit technische Engpässe bei der Bereitstellung von Sendefrequenzen für private Veranstalter nicht völlig auszuschließen. Diese könnten vermutlich durch einen entsprechenden Abbau der Überausstattung der öffentlich-rechtlichen Anstalten beseitigt werden. Eine Ausstrahlung derselben Programme über mehrere Frequenzen, wie sie heute in vielen Sendegebieten üblich ist, dürfte entbehrlich sein. Falls die Anzahl der privaten Interessenten die vorhandenen freien Frequenzen übersteigt, könnten diese nach bestimmten Kriterien versteigert werden.

Anforderungen an die Bundespost

49. Das Fernmeldemonopol der Deutschen Bundespost ist in Frage zu stellen. Eine sachliche Notwendigkeit dafür, daß beispielsweise Sendeeinrichtungen für Hörfunk und Fernsehen von den Veranstaltern nicht selbst betrieben werden dürfen, sondern ausschließlich von der Bundespost, gibt es nicht. Dasselbe gilt für Satelliten-Verbindungen oder Richtfunkverbindungen zwischen einzelnen Sendern oder kleinen Reportage-Einrichtungen, mit denen aktuelle Ereignisse vom Ort des Geschehens zu den Sendezentralen übertragen werden können. Es wäre zu erwarten, daß sich ohne Postmonopol für diese technischen Einrichtungen und Dienstleistungen ähnlich wie in den USA ein reichhaltigeres Angebot zu günstigeren Preisen entwickeln würde.

Die Bundesregierung sollte daher dafür sorgen, daß

- der Ausbau der technischen Infrastruktur schneller und unbürokratischer als bisher möglich wird,

- die Veranstalter von Hörfunk und Fernsehen von technischen Normen und Auflagen befreit werden, die nicht in fernmeldetechnischen Notwendigkeiten, sondern in Interessen deutscher und anderer europäischer Telekommunikationsmonopole begründet sind,

- umgekehrt die Veranstalter selbst über die Techniken bestimmen können, die sie einsetzen wollen, und dafür unter mehreren Dienstleistungsanbietern wählen können,

- das starre Gebührensystem der Fernmelde-Monopolunternehmen der europäischen Staaten abgelöst wird durch leistungs- und wettbewerbsorientierte Marktordnungen, in denen unterschiedliche Anbieter ihre Dienste im Spiel von Angebot und Nachfrage entwickeln können.

Keine Bürokratisierung auf EG-Ebene

50. Bundes- und Länderregierungen sollten gemeinsam dafür sorgen, daß eine Deregulierung im Inneren nicht durch eine neue Bürokratisierung auf der immer wichtiger werdenden europäischen Ebene wirkungslos wird. Falls sich Länder und Bund über ihre Zuständigkeiten nicht verständigen können, werden unvermeidlich der Bundesregierung und dem Deutschen Bundestag zu Lasten der Länder vermehrte Kompetenzen zuwachsen. Andernfalls wäre eine ausreichende Vertretung der deutschen Interessen in den europäischen Institutionen nicht mehr gewährleistet.

Keine konfliktlose Durchsetzung

51. Eine neue Rundfunkordnung wird sich nicht konfliktlos durchsetzen lassen. Insbesondere von den Hauptbetroffenen, die ihre Privilegien verlieren, muß mit nachhaltigem Widerstand gerechnet werden. Dazu gehören auch die Gruppen, die jetzt in den Rundfunkgremien einen starken Einfluß ausüben. Bei den Gewerkschaften kommt hinzu, daß sie über ihre Gremiensitze hinaus noch durch erweiterte Mitbestim-

mungsrechte in den öffentlich-rechtlichen Anstalten ohne zureichende Legitimation mehr Macht haben, als sie in einem privatwirtschaftlichen Hörfunk- und Fernsehsystem je erringen würden.

Man sollte sich aber auch nicht fürchten, eine grundlegende Reform selbst dann in Gang zu setzen, wenn es nicht gelingt, alle Bundesländer zu einem einheitlichen Vorgehen zu gewinnen, und deshalb mindestens vorübergehend unterschiedliche Regelungen des Rundfunksystems in Kauf genommen werden müßten. In der Medienpolitik hat sich die Scheu vor Risiken zur Konservierung von Gruppenprivilegien nutzen lassen. Risikoscheu ist jedoch kein hinreichender Grund, die Bürger der Bundesrepublik Deutschland von den Möglichkeiten einer Erweiterung ihrer Programmauswahlfreiheit und ihres Rechts auf freie Nutzung technischen Fortschritts auszuschließen.

Register